普通高等教育“十二五”规划教材
普通高等学校精品课程教材

C 语言程序设计

主　编　李长云　刘　强
副主编　蒋　鸿　童　启　廖立君
　　　　杨名念　王志兵

科学出版社
北　京

内 容 简 介

本书既充分考虑C语言重要语法的全面性，又突出学生程序开发的实践能力和工程能力的训练。本书采用启发式的写作风格，即每个章节按照提出问题、分析问题、解决问题的思路写作，提出 4W+1H 的教学组织方式。本书在内容上以一明一暗两条线索来组织材料。明线是C语言语法知识点，从简单数据结构、简单控制结构到复杂数据结构、复杂控制结构，循序渐进地展示C语言特性。暗线是两个实际应用贯穿全书，这两个应用涵盖排序、查找、删除等常见程序算法。针对这两个应用，采用螺旋式的讨论方法，由浅入深，相互呼应。

本书可作为普通高等学校“C 语言程序设计”课程的教材，也可作为计算机等级考试培训及 C 语言自学者的参考用书。本书电子教案、扩展练习及其他参考资料请参见网站 http://jsjjc.hut.edu.cn。

图书在版编目（CIP）数据

C语言程序设计/李长云，刘强主编. —北京：科学出版社，2015
普通高等教育“十二五”规划教材・普通高等学校精品课程教材
ISBN 978-7-03-043209-4

Ⅰ. ①C… Ⅱ. ①李… ②刘… Ⅲ. ①C 语言-程序设计-高等学校-教材 Ⅳ. ①TP312

中国版本图书馆 CIP 数据核字（2015）第 021562 号

责任编辑：李淑丽 /责任校对：李 影
责任印制：霍 兵 / 封面设计：华路天然工作室

科学出版社 出版
北京东黄城根北街 16 号
邮政编码：100717
http://www.sciencep.com
北京市密东印刷有限公司印刷
科学出版社发行 各地新华书店经销
*
2015 年 2 月第 一 版 开本：787×1 092 1/16
2016 年 12月第三次印刷 印张：19 1/2
字数：462 000

定价：38.20 元

前　言

程序设计是学习计算机应用与软件开发的基础，如果只会简单的计算机操作，不了解软件开发的实质，就无法从根本上了解计算机的工作原理，也很难应对信息技术日新月异的飞速发展。C 语言作为一种通用的程序设计语言，为大多数高校程序设计课程所选用。C 语言数据类型丰富，运算灵活方便，可用于编写高效简洁、风格优美的应用程序以及计算机系统程序。用 C 语言编写的程序，具有运算速度快、效率高、目标代码紧凑、可移植性好等特点。

本书在知识点的组织结构方面，既充分考虑 C 语言重要语法知识点的全面性，又突出学生程序开发的实践能力和工程能力的训练。本书在内容上以一明一暗两条线索来组织材料。明线是 C 语言的语法知识点，从简单的数据结构、简单控制结构到复杂的数据结构、复杂的控制结构，循序渐进地展示 C 语言的特性。暗线是两个涵盖了排序、查找、删除、修改等常见程序算法的实际应用（科学计算器和学生成绩管理系统）贯穿全书。

在写作风格上本书采用启发式写作风格，每个章节按照提出问题、分析问题、解决问题的思路写作，提出 4W+1H 的教学组织方式如指针章节，首先提出为什么要用指针（Why），然后说明什么是指针（What），怎么用指针（How）、何时何处用指针（Where & When），再到用指针解决实际问题。这样的写作思路便于学生思考问题、提高程序设计能力而不是机械地学习语法；便于教师教会学生如何对一个问题进行分析设计到最后编程的过程。

在内容编排上，全书注重教材的易用性。全书共分为 11 章，主要内容有 C 语言程序设计概述、数据类型、常量、变量与表达式、顺序结构程序设计、选择（分支）结构程序设计、循环结构程序设计、函数、数组、指针、结构体、共用体与枚举、文件和 C 语言综合应用等。每章开头有内容导读与学习目标，每章结尾有本章知识点小结和错误分析，并配备了思考题，方便学生加深理解，即学即练，提高兴趣。

本书是湖南省普通高等学校省级精品课程《C 语言程序设计》、湖南省普通高等学校特色专业计算机科学与技术的建设与研究成果，本书电子教案、扩展练习及其他参考资料请参见网站 http://jsjjc.hut.edu.cn，或联系电子邮箱 hutjsj@163.com。

本书由李长云提出编写思路和编写大纲，刘强、蒋鸿、童启、廖立君、杨名念、王志兵、王平、张宇坤参加编写，最后由李长云统稿。研究生霍阔、居庆玮、赵正伟参与了部分文字编辑与图形绘制工作，胡泰室同学参与了部分程序的编写与测试，在此对它们的辛勤付出表示衷心的感谢。

本书同时配套出版了《C 语言程序设计实验教程》，提供了课内与课外实验指导、习题解答。实验指导中介绍了 Visual C++6.0、Code::Blocks、C4Driod、Turbo C++3.0 等流行的 5 种 C 语言编辑环境。以主要知识点为主线设计的实验题目，兼具趣味性和实用性，并以任务驱动方式指导学生完成实验程序设计。该教程包含的综合应用实例可作为主教材的课程设计。习题指导提供了一定量的习题及解答，供读者练习巩固。

由于编者水平有限，书中难免有错误和不妥之处，恳请读者批评指正。

编　者

2014 年 12 月

目　　录

第一章　C 语言程序设计概述 …… 1
1.1　问题提出 …… 1
1.2　程序设计语言 …… 2
1.3　程序和算法 …… 4
1.4　C 语言的发展及特点 …… 7
1.5　C 语言程序的开发环境 …… 12
1.6　科学计算器与学生成绩管理系统 …… 14
1.7　本章小结 …… 17
习题 …… 17
第二章　数据类型、常量、变量与表达式 …… 19
2.1　问题提出 …… 19
2.2　C 语言的基本数据类型及其内部表示 …… 20
2.3　常量与变量 …… 25
2.4　运算符与表达式 …… 31
2.5　数据类型转换 …… 40
2.6　本章小结 …… 42
习题 …… 44
第三章　顺序结构程序设计 …… 47
3.1　问题提出 …… 47
3.2　C 语言的基本语句 …… 48
3.3　数据输入与输出 …… 49
3.4　算法与程序实现 …… 58
3.5　本章小结 …… 60
习题 …… 62
第四章　选择（分支）结构程序设计 …… 64
4.1　问题提出 …… 64
4.2　关系运算符和关系表达式 …… 65
4.3　条件运算符和条件表达式 …… 66
4.4　逻辑运算符和逻辑表达式 …… 67
4.5　if 语句 …… 69
4.6　switch 语句 …… 75
4.7　选择结构程序综合应用 …… 78
4.8　本章小结 …… 82
习题 …… 84

第五章　循环结构程序设计……87
5.1　问题提出……87
5.2　循环控制语句……89
5.3　程序应用综合举例……100
5.4　本章小结……103
习题……105
第六章　函数……108
6.1　问题提出……108
6.2　函数的定义……110
6.3　函数的声明与调用……111
6.4　函数的参数与值……113
6.5　函数的嵌套调用与递归调用……115
6.6　变量的作用域与存储类别……119
6.7　编译预处理命令……125
6.8　函数应用举例……133
6.9　本章小结……136
习题……141
第七章　数组……144
7.1　问题提出……144
7.2　一维数组……145
7.3　二维数组……149
7.4　字符数组……152
7.5　字符串常用函数……154
7.6　向函数传递数组……157
7.7　应用程序举例……159
7.8　本章小结……166
习题……166
第八章　指针……170
8.1　问题提出……170
8.2　指针变量的定义、赋值和运算……172
8.3　指针与函数……176
8.4　指针、数组、地址间的关系……181
8.5　指针与内存的动态分配……191
8.6　应用程序举例……192
8.7　本章小结……198
习题……201
第九章　结构体、共用体与枚举……204
9.1　问题提出……204
9.2　结构体……205
9.3　共用体……218

9.4　枚举类型 …… 221
9.5　应用程序举例 …… 224
9.6　本章小结 …… 228
习题 …… 229
第十章　文件 …… 232
10.1　问题提出 …… 232
10.2　文件概述 …… 233
10.3　文件的打开与关闭 …… 235
10.4　文件的读写 …… 237
10.5　文件的随机读写 …… 241
10.6　文件的错误检测 …… 243
10.7　应用程序举例 …… 244
10.8　本章小结 …… 248
习题 …… 249
第十一章　C 语言的综合应用 …… 252
11.1　科学计算器 …… 252
11.2　学生成绩管理系统 …… 267
习题 …… 287
附录 …… 288
附录 A　ASCII 码表 …… 288
附录 B　C 语言运算符的优先级与结合性 …… 290
附录 C　C 语言中的关键字及其用途 …… 292
附录 D　C 语言常用语法摘要 …… 293
附录 E　C 语言中最常用标准库函数 …… 297
参考文献 …… 306

第一章　C 语言程序设计概述

“为什么要学习 C 语言？”这个问题被很多同学问起。也许我们会得到各种各样的答案，但 C 语言对锻炼我们的思维能力确是毋庸置疑的。本章从自然语言出发，由浅入深为读者介绍程序设计语言、程序和算法、C 语言的发展历史和特点，在学习过程中要求了解 C 语言程序的基本组成、算法的概念以及结构化程序设计的方法，使读者对 C 语言程序设计有一个初步认识和了解。

【学习目标】

1. 了解程序设计语言的基本知识。
2. 了解 C 语言的发展和特点。
3. 了解 C 语言程序的基本构成。
4. 理解算法的概念和程序设计的思想和方法。
5. 掌握 Visual C++6.0 集成开发环境的使用方法。

1.1　问 题 提 出

1.1.1　What

“究竟什么是程序设计语言”，在我们即将开始学习的时候，我们还是很疑惑。程序设计语言简称编程语言，是人们用计算机解决问题的方法的具体体现，是人与计算机交流与通讯的语言。人们使用程序设计语言进行程序设计，为计算机编写规则，让计算机按自己的意愿自动处理数据，因此程序设计语言提供了一种表达数据与处理数据的功能。

我们即将开始学习的 C 语言是程序设计语言中非常受欢迎的一种高级语言，应用广泛。它既有诸如 Pascal、Fortran 等高级语言的特点，又具有汇编语言中，位、地址、寄存器等概念，拥有其它许多语言所没有的底层操作能力，它既可以应用在操作系统层面、应用程序设计层面，又可以用在需要对硬件进行操作的环境。因此有人把 C 语言看成唯一的介于高级语言和低级语言之间的语言。

1.1.2　Why

“为什么要学习 C 语言？”这个问题每个同学都在问，而且不同学校、不同专业、不同的人都可能给出不通的答案。C 语言作为非常重要的一种高级程序设计语言，具有类型丰富，运算灵活方便等特点。相比较其他的编程语言（如 C++、JAVA、C#等），C 语言算是个“低级语言”。从总体上来说，低级的编程语言可以让你更好地了解计算机工作的一般过程，掌握用计算机解决实际问题的思维和能力。C 的程序比其他用别的语言写的程序，实现相同的功能，它用的代码行数更少，而它带来的运行效率却更快。有时候，你的程序所需要的速度，只有 C 语言能做到。如果你学习过 C 语言，你就能学习现在任何的高级编程语言。因为大多数的“高级编程语言”都是以 C 语言为基础的（如 JAVA、C++、C#、Objective-C 等）。C 语言可以说是现在正在流行的所有语言的鼻祖，基本上在世界排名靠前的编程语言都是 C 语言演变而来的，所以说 C 语言是目前全世界范围内运用最广泛的语言之一。

1.1.3 When & Where

“C 语言能用在什么时候、什么地方？”C 语言目前主要用在四个方面：①编写操作系统不二之选，它为操作系统而生，似乎所有的操作系统底层基本上都是由 C 或者 C++语言编写而成，如 Windows、Unix、Linux、Android 凡涉及系统底层的功能实现都离不开 C 和 C++语言；②对程序运行效率有苛求的地方，比如现在流行的“云计算”领域、物联网、智能终端的底层实现仍然是 C 语言的天下；③应用在网络安全领域，C 语言、脚本语言、Unix 至今仍被认为是黑客必须苦练的三大技艺，C 语言被广泛应用于网络安全的方方面面；④程序设计的入门级语言，C 语言肩负着传播计算思维的责任，通过学习 C 语言程序设计，可以了解抽象、递归、复用、折中等计算思维，能在各行各业中更有效地利用计算机工具解决复杂问题。

1.1.4 How

“如何学习 C 语言？”C 语言的学习主要在于对数据表达和流程控制方面的理解及掌握。语法是次要的，更重要的是学习程序设计的基本思想和方法。C 语言学习可以按照“阅读参考书、阅读代码、编写调试实际程序、上网参与讨论、研究综合性应用”的顺序进行。初学者刚开始用 C 语言进行程序设计时可能会感到无所适从，可以先模仿教材中的程序，理解并修改程序，多读多写多实践，循序渐进，直到掌握利用 C 语言解决复杂的实际问题的能力。

下面本章将分别介绍计算机语言、程序和算法、C 语言的产生、发展与应用，带领你步入程序设计的大门。

1.2 程序设计语言

1.2.1 自然语言与计算机语言

自然语言是人类在自身发展的过程中形成的语言，是一种自然地随文化演化的语言。例如，通常英语、汉语、日语等均为自然语言。人类有别于一般动物，一个重要特征就在于人类创造并使用语言及作为其载体的文字。

动物和人类都有生命周期、个体人和个体动物的生命周期相对物种的延续历史都非常短。动物和人类在实践中获得的知识都无法遗传给后代，而言传身教的知识受个体生物生命周期、活动范围、传播方式的局限，所以人类创造了语言及文字，是与动物最重要的区别！因为语言及文字不仅可以让人类高效、精确、广泛的交流思维成果，更能让人类的智慧得以积累，让后人能够在继承前人积累的智慧（知识）基础上，不断发展。

自然语言是人类交流和思维的主要工具，是人与人之间传递信息的媒介。但是，计算机目前不能识别、理解与执行人类的自然语言，要使计算机执行人们的意志，必须有一种既使人能够掌握和书写，又让计算机能够识别、执行的人工语言。人工语言指的是人们为了某种目的而自行设计的语言。用于人与计算机之间通讯的人工语言就是计算机语言（Computer Laguage）。

与自然语言相比，计算机语言具有如下特点：

（1）严格定义，有严格的语法。

（2）语义上无二义性。

（3）比自然语言要精简。

（4）是人能掌握和书写，计算机可识别和理解的。

总之，计算机语言是人与计算机之间传递信息的媒介，是人用来表达需求并控制计算机执行这种需求的专门语言。

根据分工的不同，计算机语言大致可以分为以下几种类型：

（1）形式化需求规格语言。用于严格地、无二义地表达计算机用户需求的计算机语言，如 Z 语言、VDM 语言。

（2）软件设计语言。用于表达软件设计策略、设计结构和算法的计算机语言，如统一建模语言 UML、软件体系结构设计语言 ACME。

（3）程序设计语言。通常简称为编程语言，让程序员能够准确地定义计算机所需要使用的数据，并精确地定义在不同情况下计算机所应当采取的行动。典型的如 C 语言、JAVA 语言等。程序设计语言是最为重要的计算机语言。

（4）其他计算机语言。如用于表达 Internet 网页内容的 HTML、用于计算机数据交换的 XML、用于数据库操作的 SQL 语言等。

计算机语言的发展也是一个不断演化的过程，其根本的推动力就是抽象机制更高的要求，以及对程序设计思想的更好的支持。具体的说，就是把机器能够理解的语言提升到也能够很好地模仿人类思考问题的形式。例如程序设计语言的演化从最开始的机器语言到汇编语言到各种结构化高级语言，最后到支持面向对象技术的面向对象语言。

1.2.2　程序设计语言介绍

程序设计语言（Programming Language）是最为重要的计算机语言，是用于书写计算机程序的语言，通常简称为编程语言。语言的基础是一组记号和一组规则。根据规则由记号构成的记号串的总体就是语言。在程序设计语言中，这些记号串就是程序。程序设计语言有 3 个方面的因素，即语法、语义和语用。语法表示程序的结构或形式，亦即表示构成语言的各个记号之间的组合规律，但不涉及这些记号的特定含义，也不涉及使用者。语义表示程序的含义，亦即表示按照各种方法所表示的各个记号的特定含义，但不涉及使用者。语用表示程序与使用者的关系。

一般说来，程序设计语言的基本成分不外乎 4 种：①数据成分，用以描述程序中所涉及的数据；②运算成分，用以描述程序中所包含的运算；③控制成分，用以表达程序中的控制构造；④传输成分，用以表达程序中数据的传输。

经过 50 多年的发展，目前已开发出上千种程序设计语言，著名的有 FOTRAN、COBOL、ALGOL、C、PASCAL、JAVA 等。按语言级别，程序设计语言有低级语言和高级语言之分。低级语言包括字位码、机器语言和汇编语言。它的特点是与特定的机器有关，功效高，但使用复杂、烦琐、费时、易出差错。其中，字位码是计算机唯一可直接理解的语言，但由于它是一连串的字位，复杂、烦琐、冗长，几乎无人直接使用。机器语言是表示成数码形式的机器基本指令集，或者是操作码经过符号化的基本指令集。汇编语言是机器语言中地址部分符号化的结果，或进一步包括宏构造。

高级语言的表示方法要比低级语言更接近于待解问题的表示方法，其特点是在一定程度上与具体机器无关，易学、易用、易维护。当高级语言程序翻译成相应的低级语言程序时，一般说来，一个高级语言程序单位要对应多条机器指令，相应的编译程序所产生的目标程序往往功效较低。

按照用户要求，有过程式语言和非过程式语言之分。过程式语言的主要特征是，用户可以指明一列可顺序执行的运算，以表示相应的计算过程。例如，FORTRAN，COBOL，ALGOL60、C 等都是过程式语言。非过程式语言的含义是相对的，凡是用户无法指明表示计算过程的一列可顺序执行的运算的语言，都是非过程式语言。著名的例子是表格的生成程序（RPG），使用者只须指明输入和预期的输出，无须指明为了得到输出所需的过程。

按照应用范围，有通用语言和专用语言之分。目标非单一的语言称为通用语言，例如 FORTRAN、C 等都是通用语言。目标单一的语言称为专用语言，如 APT 等。

按照使用方式，有交互式语言和非交互式语言之分。具有反映人-机交互作用的语言成分的称为交互式语言，如 BASIC 语言就是交互式语言。语言成分不反映人-机交互作用的称非交互式语言，如 FORTRAN、COBOL、C、PASCAL 等都是非交互式语言。

按照成分性质，有顺序语言、并发语言和分布式语言之分。只含顺序成分的语言称为顺序语言，如 FORTRAN、C 等都属顺序语言。含有并发成分的语言称为并发语言，如并发 PASCAL、MODULA 和 ADA 等都属并发语言。考虑到分布计算要求的语言称为分布式语言，如 MODULA 便属于分布式语言。

传统的程序设计语言大都以冯·诺依曼式的计算机为设计背景，因而又称为冯·诺依曼式语言，FORTRAN、COBOL、C、PASCAL、JAVA 等都属于冯·诺依曼式语言。J.巴克斯于 1977 年提出的函数式语言，则以非冯·诺依曼式的计算机为设计背景，因而又称为非冯·诺依曼式语言，著名的如 LISP、PROLOG 语言。

1.3 程序和算法

1.3.1 程序及程序设计

计算机程序或者软件程序（通常简称程序）是指使用某种程序设计语言编写的一组指示计算机每一步动作的指令。在《计算机软件保护条例》中的定义为：为了得到某种结果而可以由计算机等具有信息处理能力的装置执行的代码化指令序列，或者可被自动转换成代码化指令序列的符号化指令序列或者符号化语句序列。

程序设计是给出解决特定问题程序的过程，是软件构造活动中的重要组成部分。由于程序是软件的本体，软件的质量主要通过程序的质量来体现，在软件研究中，程序设计的工作非常重要，内容涉及有关的基本概念、工具、方法以及方法学等。程序设计往往以某种程序设计语言为工具，给出这种语言下的程序。程序设计过程应当包括分析、设计、编码、测试、排错等不同阶段。专业的程序设计人员常被称为程序员。

按照结构性质，有结构化程序设计与非结构化程序设计之分。前者是指具有结构性的程序设计方法与过程。它具有由基本结构构成复杂结构的层次性，后者反之。按照用户的要求，有过程式程序设计与非过程式程序设计之分。前者是指使用过程式程序设计语言的程序设计，后者指非过程式程序设计语言的程序设计。按照程序设计的成分性质，有顺序程序设计、并发程序设计、并行程序设计、分布式程序设计之分。按照程序设计风格，有逻辑式程序设计、函数式程序设计、对象式程序设计之分。

程序设计的基本概念有程序、数据、子程序、函数、模块以及顺序性、并发性、并行性和分布性等。程序是程序设计中最为基本的概念，子程序和函数都是为了便于进行程序设计而建立的程序设计基本单位，顺序性、并发性、并行性和分布性反映程序的内在特性。

1.3.2　算法概念及其特性

著名的计算机科学家尼克劳斯-沃思认为：程序=数据结构+算法。算法（Algorithm）是一系列解决问题的清晰指令，算法代表着用系统的方法描述解决问题的策略机制。也就是说，能够对一定规范的输入，在有限时间内获得所要求的输出。如果一个算法有缺陷，或不适合于某个问题，执行这个算法将不会解决这个问题。一个算法应该具有以下五个重要的特征。

（1）有穷性。算法的有穷性是指算法必须能在执行有限个步骤之后终止。

（2）确切性。算法的每一步骤必须有确切的定义。

（3）输入。一个算法有 0 个或多个输入，以刻画运算对象的初始情况，所谓 0 个输入是指算法本身定出了初始条件。

（4）输出。一个算法有一个或多个输出，以反映对输入数据加工后的结果。没有输出的算法是毫无意义的。

（5）可行性。算法中执行的任何计算步都是可以被分解为基本的可执行的操作步，即每个计算步都可以在有限时间内完成。

不同的算法可能用不同的时间、空间或效率来完成同样的任务。一个算法的优劣可以用空间复杂度与时间复杂度来衡量。

（1）时间复杂度。算法的时间复杂度是指执行算法所需要的时间。一般来说，计算机算法是问题规模 n 的函数 f(n)，算法的时间复杂度也因此记做

$$T(n)=O(f(n))$$

因此，问题的规模 n 越大，算法执行时间的增长率与 f(n)的增长率正相关，称作渐进时间复杂度（Asymptotic Time Complexity）。

（2）空间复杂度。算法的空间复杂度是指算法需要消耗的内存空间。其计算和表示方法与时间复杂度类似，一般都用复杂度的渐近性来表示。同时间复杂度相比，空间复杂度的分析要简单得多。

1.3.3　算法的描述

算法的描述方法可以归纳为以下 4 种。

（1）自然语言，易写易读，但存在表达冗长和语义多义性的缺陷。

（2）图形，如 N-S 图、程序流程图，具简洁、直观、准确特性。

（3）算法语言，即计算机语言、程序设计语言、伪代码。

（4）形式语言，用数学的方法，可以避免自然语言的二义性。

用各种算法描述方法所描述的同一算法，该算法的功能是一样的，允许在算法的描述和实现方法上有所不同。

本书使用程序流程图来描述算法。程序流程图又称程序框图，它定义了一些基本的图框，并用带箭头的直线（称流程线）把各种图框连接起来，箭头表示处理的流向。常用的图框如表 1-1 所示。

表 1-1　常用框图

形　状	名　称	含　义
	起止框	表示一个算法的开始与结束
	数据框	框中指出输入或输出的数据内容
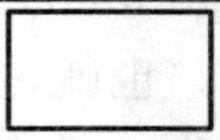	处理框	框中指出所进行的处理
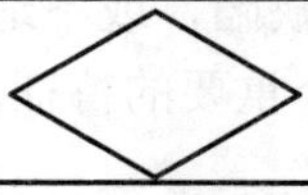	判断框	框中指出判断条件，框外可连接两条流程线，分别指明条件为真（True）时或条件为假（False）时的处理流向

下面举例说明典型的程序流程图。

（1）鸡兔共笼，一共有 30 个头，90 只脚，求鸡兔各有多少？

解：一只鸡有一个头、两只脚，一只兔有一个头、四只脚。设鸡兔的总头数为 H，总脚数为 F，又设鸡的只数为 X，兔的只数为 Y，按数学方法可列出方程组为

$X+Y=H$ 整理后得：　$Y=(F-2H)/2$

$2X+4Y=F$　　　　　$X=(4H-F)/2$

据此可得如图 1-1（a）所示算法。

诸如这种从上至下依次执行一系列操作的算法和程序称为顺序结构。

（2）输入两个数 A、B，求其中的大者并输出。

解：可写出算法如图 1-1（b）所示。

诸如这种需要根据条件判断执行不同操作的算法和程序称为选择结构。

（3）用连加法求自然数 1～100 之和。

解：设 N 表示 1～100 间的一个自然数，用 S 保存累加之和，可写出算法如图 1-1（c）所示。

诸如这种可以多次重复执行某一部分处理的算法和程序称之为循环结构。

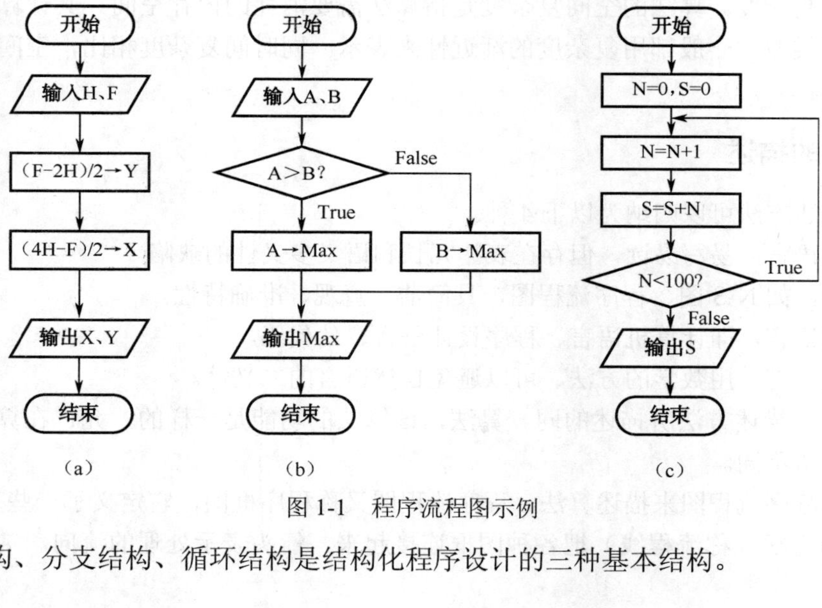

（a）　　（b）　　（c）

图 1-1　程序流程图示例

顺序结构、分支结构、循环结构是结构化程序设计的三种基本结构。

1.4　C 语言的发展及特点

1.4.1　C 语言的发展

汇编语言可以直接对硬件进行操作，例如，对内存地址的操作、位（bit）操作等。早期的操作系统等系统软件主要是用汇编语言编写的，如 UNIX 操作系统。但由于汇编语言依赖于计算机硬件，程序的可读性和可移植性都比较差。为了提高可读性和可移植性，最好改用高级语言，而一般高级语言又难以实现汇编语言的某些功能，人们设想能否找到一种既具有一般高级语言特性，又具有低级语言特性的语言，集它们的优点于一身。于是，C 语言就在这种情况下应运而生了，之后成为国际上广泛流行的计算机高级语言。它适合于作为系统描述语言，即用来写系统软件，也可用来写应用软件。

C 语言是在 B 语言的基础上发展起来的，它的根源可以追溯到 ALGOL 60。1960 年出现的 ALGOL 60 是一种面向问题的高级语言，它离硬件比较远，不宜用来编写系统程序，1963 年英国的剑桥大学推出了 CPL（Combined Programming Language）语言。CPL 语言在 ALGOL 60 的基础上接近硬件一些，但规模比较大，难以实现。1967 年英国剑桥大学的 Matin Richards 对 CPL 语言作了简化，推出了 BCPL（Basic Combined Programming Language）语言。1970 年美国贝尔实验室的 Ken Thompson 以 BCPL 语言为基础，又作了进一步简化，它使得 BCPL 能挤压在 8K 内存中运行，这个很简单的而且很接近硬件的语言就是 B 语言（取 BCPL 的第一个字母），并用它写了第一个 UNIX 操作系统，在 DEC PDP-7 上实现。1971 年在 PDP-11/20 上实现了 B 语言，并写了 UNIX 操作系统。但 B 语言过于简单，功能有限，并且和 BCPL 都是“无类型”的语言。

1972 年至 1973 年间，贝尔实验室的 D．M．Ritchie 在 B 语言的基础上设计出了 C 语言（取 BCPL 的第二个字母）。C 语言既保持了 BCPL 和 B 语言的优点（精练，接近硬件），又克服了它们的缺点（过于简单，数据无类型等）。最初的 C 语言只是为描述和实现 UNIX 操作系统提供一种工具语言而设计的。1973 年，K．Thompson 和 D.M．Ritchie 两人合作把 UNIX 的 90%以上代码用 C 改写，即 UNIX 第 5 版。原来的 UNIX 操作系统是 1969 年由美国的贝尔实验室的 K．Thompson 和 D．M．Ritchie 开发成功的，是用汇编语言写的，这样，Unix 使分散的计算系统之间的大规模联网以及互联网成为可能。

后来，C 语言作了多次改进，但主要还是在贝尔实验室内部使用。直到 1975 年 UNIX 第 6 版公布后，C 语言的突出优点才引起人们普遍注意。1977 年出现了不依赖于具体机器的可移植 C 语言编译程序，使 C 移植到其他机器时所需做的工作大大简化了，这也推动了 UNIX 操作系统迅速地在各种机器上实现。随着 UNIX 的日益广泛使用，C 语言也迅速得到推广。1978 年以后，C 语言已先后移植到大、中、小、微型机上，如 IBM System/370、Honeywell 6000 和 Interdata 8/32，已独立于 UNIX 和 PDP 了。现在 C 语言已风靡全世界，成为世界上应用最广泛的几种计算机语言之一。

1983 年，美国国家标准化协会（ANSl）X3J11 委员会根据 C 语言问世以来各种版本对 C 的发展和扩充，制定了新的标准，称为 ANSI C，ANSI C 比原来的标准 C 有了很大的发展。1987 年，ANSI 又公布了新标准——87 ANSI C。目前流行的 C 编译系统都是以它为基础的。广泛流行的各种版本 C 语言编译系统虽然基本部分是相同的，但也有一些不同。在微型机上使用的有 Visual C、Borland Turbo C，Quick C 和 AT&T C 等，它们的不同版本又略有差异。Java、C++、C#都是以 C 语言为基础发展起来的。本书以 87 ANSI C 标准展开讲解。

1.4.2 C 语言的特点

C 语言具有以下特点：

（1）简洁紧凑、灵活方便。C 语言一共只有 32 个关键字，9 种控制语句，程序书写自由，主要用小写字母表示。它把高级语言的基本结构和语句与低级语言的实用性结合起来。C 语言可以像汇编语言一样对位、字节和地址进行操作，而这三者是计算机最基本的工作单元。

（2）运算符丰富。C 语言的运算符包含的范围很广泛，共有种 34 个运算符。C 语言把括号、赋值、强制类型转换等都作为运算符处理。从而使 C 语言的运算类型极其丰富，表达式类型多样化，灵活使用各种运算符可以实现在其他高级语言中难以实现的运算。

（3）数据结构丰富。C 语言的数据类型有：整型、实型、字符型、数组类型、指针类型、结构体类型、共用体类型等，能用来实现各种复杂的数据类型的运算。并引入了指针概念，使程序效率更高。

（4）C 语言是结构化语言。C 语言是以函数形式提供给用户的，这些函数可方便的调用，并具有多种循环、条件语句控制程序流向，从而使程序完全结构化。

（5）C 语法限制不太严格、程序设计自由度大。一般的高级语言语法检查比较严，能够检查出几乎所有的语法错误。而 C 语言允许程序编写者有较大的自由度。

（6）C 语言允许直接访问物理地址，可以直接对硬件进行操作。因此 C 既具有高级语言的功能，又具有低级语言的许多功能，能够像汇编语言一样对位、字节和地址进行操作。

（7）C 语言程序生成代码质量高，程序执行效率高。一般只比汇编程序生成的目标代码效率低 10%～20%。

（8）C 语言适用范围大，可移植性好。C 语言有一个突出的优点就是适合于多种操作系统，如 DOS、UNIX，也适用于多种机型。

当然，C 语言也有自身的不足，比如：C 语言的语法限制不太严格，对变量的类型约束不严格，影响程序的安全性，对数组下标越界不作检查等。从应用的角度，C 语言比其他高级语言较难掌握。

总之，C 语言既有高级语言的特点，又具有汇编语言的特点；既能用来编写不依赖计算机硬件的应用程序，又能用来编写各种系统程序；是一种受欢迎、应用广泛的程序设计语言。

1.4.3 C 语言的基本结构

为了说明 C 语言源程序结构的特点，先看两个 C 语言程序。

例 1-1

```
#include<stdio.h>
void main()
 {
    printf("世界,您好！\n");
 }
```

（1）main 是主函数的函数名，表示这是一个主函数。

（2）每一个 C 源程序都必须有，且只能有一个主函数（main 函数）。

（3）函数调用语句，printf 函数的功能是把要输出的内容送到显示器去显示。

（4）printf 函数是一个由系统定义的标准函数，可在程序中直接调用。

注意　C 程序是没有行号的，因此本程序左侧的行号并非程序的一部分。这里的行号仅是为了本书对程序进行说明及方便读者阅读程序而添加。

本书中完整的程序或函数都统一添加了行号。

例 1-2

```
#include<stdio.h>
int max(int a,int b);                   /*函数说明*/
void main()                             /*主函数*/
{
     int x,y,z;                         /*变量说明*/
     int max(int a,int b);              /*函数说明*/
     printf("input two numbers:\n");
     scanf("%d%d",&x,&y);               /*输入 x,y 值*/
     z=max(x,y);                        /*调用 max 函数*/
     printf("maxmum=%d",z);             /*输出*/
}
int max(int a,int b)                    /*定义 max 函数*/
{
     if(a>b)return a;
     else return b;                     /*把结果返回主调函数*/
}
```

上面例中程序的功能是由用户输入两个整数，程序执行后输出其中较大的数。本程序由两个函数组成：主函数和 max 函数。函数之间是并列关系，可从主函数中调用其他函数。max 函数的功能是比较两个数，然后把较大的数返回给主函数。max 函数是一个用户自定义函数。因此在主函数中要给出说明。在程序的说明部分中，不仅可以有变量说明，还可以有函数说明。关于函数的详细内容将在以后介绍。在程序的每行后用/*和*/括起来的内容为注释部分，程序不执行注释部分。

上例中程序的执行过程是，首先在屏幕上显示提示串，请用户输入两个数，回车后由 scanf 函数语句接收这两个数送入变量 x、y 中，然后调用 max 函数，并把 x、y 的值传送给 max 函数的参数 a、b。在 max 函数中比较 a、b 的大小，把大者返回给主函数的变量 z，最后在屏幕上输出 z 的值。

从上可知，C 源程序的结构特点：

（1）一个 C 语言源程序可以由一个或多个源文件组成。

（2）每个源文件可由一个或多个函数组成。

（3）一个源程序不论由多少个文件组成，都有一个且只能有一个 main 函数，即主函数。

（4）源程序中可以有预处理命令（include 命令仅为其中的一种），预处理命令通常应放在源文件或源程序的最前面。

（5）每一个说明、每一个语句都必须以分号结尾。但预处理命令、函数头和花括号“}”之后不能加分号。

（6）标识符，关键字之间必须至少加一个空格以示间隔。若已有明显的间隔符，也可不再加空格来间隔。

（7）注释符，C 语言的注释符是以“/*”开头并以“*/”结尾的串。在“/*”和“*/”之间的即为注释。程序编译时，不对注释作任何处理。注释可出现在程序中的任何位置。注释用来向用户提示或解释程序的意义。在调试程序中对暂不使用的语句也可用注释符括起来，使编译程序跳过不作处理，待调试结束后再去掉注释符。

注意　C++风格的注释以//开始，到本行末尾结束，且只能占一行，需要跨行书写时，每一行都须以//开始，Visual C++6.0 支持 C++风格注释，但 Turbo C 不支持。

从书写清晰，便于阅读、理解、维护的角度出发，在书写程序时应遵循以下规则：

（1）一个说明或一个语句占一行。

（2）用{}括起来的部分，通常表示了程序的某一层次结构。{}一般与该结构语句的第一个字母对齐，并单独占一行。

（3）低一层次的语句或说明可比高一层次的语句或说明缩进若干格后书写。以便看起来更加清晰，增加程序的可读性。

在编程时应力求遵循这些规则，以养成良好的编程风格。

1.4.4　C 语言字符集、标识符、关键字、语句与标准库函数

任何程序设计语言如同自然语言一样，都具有自己一套对字符、单词及一些特定符号的使用规定，也有对语句、语法等方面的使用规则。在 C 语言中，所涉及的规定很多，其中主要有：基本字符集、标识符、关键字、语句和标准库函数等。这些规定构成了 C 程序的最小的语法单位。例如，例 1-2 中的 a、b、x、y、z 是标识符，int、if 是关键字，return a 是语句，scanf 和 printf 是标准库函数等，这些都是由 C 语言规定的基本字符组成。

1．基本字符集

一个 C 程序是 C 语言基本字符构成的一个序列。C 语言的基本字符集包括：

（1）数字字符：0、1、2、3、4、5、6、7、8、9。

（2）拉丁字母：A、B、……、Z、a、b、……、z（注意：字母的大小写是可区分的。如：abc 与 ABC 是不同的）。

（3）运算符：+、−、*、/、%、=、<、>、<=、>=、!=、==、<<、>>、&、|、&&、||、^、~、(、)、[、]、->、.、!、?、:、,。

（4）特殊符号和不可显示字符：_（连字符或下划线）、空格、换行、制表符。

对初学者来说，书写程序要从一开始就养成良好的习惯，力求字符准确、工整、清晰，尤其要注意区分一些字形上容易混淆的字符，避免给程序的阅读、录入和调试工作带来不必要的麻烦。

2．标识符

在程序中有许多需要命名的对象，以便在程序的其他地方使用。如何表示在一些不同地方使用的同一个对象？最基本的方式就是为对象命名，通过名字在程序中建立定义与使用的关系，建立不同使用之间的关系。为此，每种程序语言都规定了在程序里描述名字的规则，这些名字包括：变量名、常数名、数组名、函数名、文件名、类型名等，通常被统称为“标识符”。

C 语言规定，标识符由字母、数字或下划线（_）组成，它的第一个字符必须是字母或下划线。这里要说明的是，为了标识符构造和阅读的方便，C 语言把下划线作为一个特殊使用，它可以出现在标识符字符序列里的任何地方，特别是它可以作为标识符的第一个字符出现。C

语言还规定，标识符中同一个字母的大写与小写被看作是不同的字符。这样，a 和 A，AB、Ab 是互不相同的标识符。表 1-2 是合法的和不合法的两组 C 标识符。

表 1-2　标识符示例

合法的 C 标识	不合法的 C 标识符	说　　明
call_name	call...name	（非字母数字或下划线组成的字符序列）
test39	39test	（非字母或下划线开头的字符序列）
_string1	-string1	（非字母或下划线开头的字符序列）

在 C 程序中，标识符的使用很多，使用时要注意语言规则。在例 1-2 的程序中，a、b、x 等就是变量名，main 和 max 是函数名，它们都是符合 C 语言规定的标识符。ANSI C 标准规定标识符的长度可达 31 个字符，但一般系统使用的标识符，其有效长度不超过 8 个字符。

3．关键字

C 语言有一些具有特定含义的关键字，用作专用的定义符。这些特定的关键字不允许用户作为自定义的标识符使用。C 语言关键字绝大多数是由小写字母构成的字符序列，它们分别为：auto，break，case，char，const，continue，default，do，double，else，enum，extern，float，for，goto，if，int，long，registe，return，short，signed，sizeof，static，struct，switch，typedef，union，unsigned，void，volatile，while。

4．语句

语句是组成程序的基本单位，它能完成特定操作，语句的有机组合能实现指定的计算处理功能。所有程序设计语言都提供了满足编写程序要求的一系列语句，它们都有确定的形式和功能。C 语言中的语句有以下几类：

（1）选择语句 if，switch。

（2）控制语句 循环语句 for，while，do_while。

（3）转移语句 break，continue，return，goto。

（4）表达式语句。

（5）复合语句。

（6）空语句。

这些语句的形式和使用见后续相关章节。

5．标准库函数

标准库函数不是 C 语言本身的组成部分，它是由 C 编译系统提供的一些非常有用的功能函数。例如，C 语言没有输入/输出语句，也没有直接处理字符串的语句，而一般的 C 编译系统都提供了完成这些功能的函数，称为标准库函数。常用的有数学函数、字符函数和字符串函数、输入输出函数等几个大类。

在 C 语言处理系统中，标准库函数存放在不同的头文件（也称标题文件）中，例如，输入/输出一个字符的函数 getchar 和 putchar、有格式的输入/输出函数 printf 和 scanf 等就存放在标准输入输出头文件 stdio.h 中，求绝对值函数和三角函数等各种数学函数存放在数学头文件 math.h 中。这些头文件中存放了关于这些函数的说明、类型和宏定义，而对应的子程序则存放在运行库（.lib）中。使用时只要把头文件包含在用户程序中，就可以直接调用相应的库函数了。即在程序开始部分用如下形式：

```
#include <头文件名>    或：  #include "头文件名"
```

标准库函数是语言处理系统中一种重要的软件资源，在程序设计中充分利用这些函数，常常会收到事半功倍的效果。所以，读者在学习 C 语言本身的同时，应逐步了解和掌握标准库中各种常用函数的功能和用法，避免自行重复编制这些函数。

需要说明的是，不同 C 编译系统提供的标准库函数在数量、种类、名称及使用上都有一些差异。但就一般系统而言，常用的标准函数基本上是相同的。附录 E 中列出了一些常用的标准库函数。

1.5　C 语言程序的开发环境

1.5.1　C 语言的一般上机步骤

我们对 C 语言源程序结构有了总体的认识，那么如何在机器上运行 C 语言源程序呢？任何高级语言源程序都要“翻译”成机器语言，才能在机器上运行。“翻译”的方式有两种，一种是解释方式，即对源程序解释一句执行一句；另一种是编译方式，即通过编译系统先把源程序“翻译”成目标程序（用机器代码组成的程序），再经过连接装配后生成可执行文件，最后执行可执行文件而得到结果。

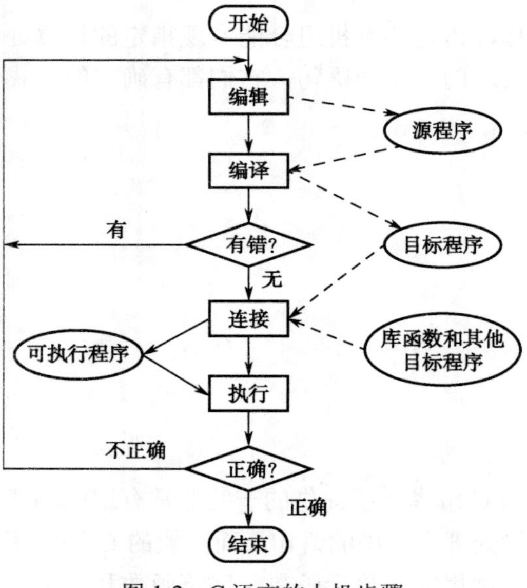

图 1-2　C 语言的上机步骤

C 语言是一种编译型的程序设计语言，它采用编译的方式将源程序翻译成目标程序(机器代码)。运行一个 C 程序，从输入源程序开始，要经过编辑源程序文件（.c 或.cpp）、编译生成目标文件（.obj）、连接生成可执行文件（.exe）和执行四个步骤，如图 1-2 所示。

在编译、连接时，C 语言编译系统往往会提供出错信息，包括出错位置（行号）、出错提示信息等。编程者可以根据这些信息，找出相应错误所在并修改。有时系统提示了一大串错误信息，并不表示真的有这么多错误，往往是因为程序中的一两个错误引起的，所以当纠正了几个错误后，应该重新编译连接一次，然后根据最新的出错信息继续纠正，这是程序调试的一个好方法。

有些程序通过了编译连接，并能够在计算机上运行，但得到的结果和预期的结果不一样，这类错误被称为逻辑错误。这类在程序执行过程中的错误往往难以改正。错误的原因一部分是程序书写错误带来的，例如应该使用变量 x 的地方写成了变量 y，虽然没有语法错误，但意思完全错了；另一部分可能是程序的算法不正确，解题思路不对，得到的结果和预期的结果不一样，例如预期求两个整数的和，在程序中却写为两个整数的差，得到的结果肯定会和预期的不一样。还有一些程序计算结果有时正确，有时不正确，例如求一个整数除以 2 的商，如果将这个商定义为 int 型变量，那么在该整数为偶数时正确，奇数时就会错误，这些现象往往是编程者时对各种情况考虑不周所致。

解决运行错误的首要步骤就是错误定位，即找到出错的位置和错误的原因，才能予以纠正。通常我们需要先设法确定错误的大致位置，然后通过 C 语言提供的调试工具找出真正的错误。但需要大家注意的是，在本书中，大部分的程序在调试时，调试工具都能直接找到程序的错误，但也有部分比较复杂的程序，当程序执行出错时，调试工具发现的错误未必就一定是程序中的真正错误。在将来的实际软件开发中，这样的情况将会出现得更多，所以有经验的程序员往往都认为，寻找程序的错误不能只依靠计算机，也需要我们自己掌握好的方法，在实际的程序调试中积累丰富的经验。

1.5.2　Visual C++6.0 集成开发环境

Visual C++是微软公司的重要产品之一——Visual Studio 工具集的重要组成部分。它用来在 Windows（包括 Windows 95、Windows 98、Windows NT、Windows 2000 等）环境下开发 C 与 C++应用程序。Visual C++ 6.0 是一种集成开发环境（Integrated Development Environment，IDE），它拥有友好的可视化界面。在 Visual C++中能够进行多种操作，包括建立、打开、浏览、编辑、保存、编译等。

从开始菜单中启动 Microsoft Visual C++ 6.0，将进入 IDE 的主窗口，如图 1-3 所示。默认的 IDE 主窗口由标题栏、菜单栏、工具栏、工作区窗口、代码编辑客户区、输出窗口和状态栏等几个部分组成。

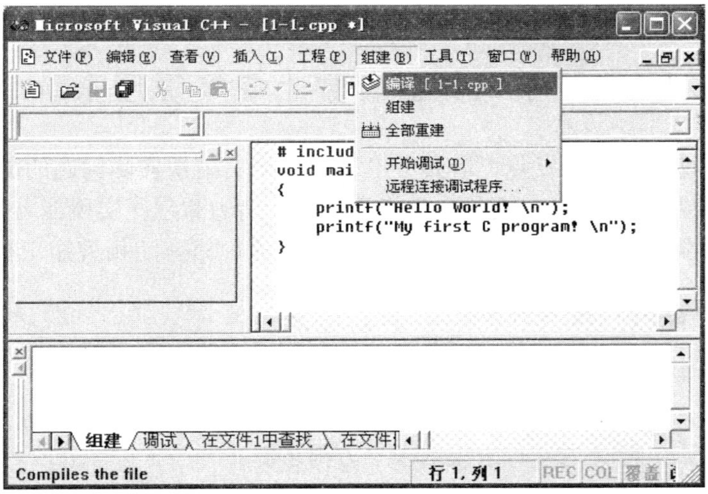

图 1-3　VC++6.0 的 IDE

工作区是 Visual C++的一个最重要的组成部分。程序员的大部分工作都在 IDE 中完成，IDE 使用项目工作区来组织项目、元素以及项目信息在屏幕上出现的方式。项目工作区窗口一般位于屏幕左侧。项目工作区窗口底部有一组标签，用于从不同的角度（视图）查看项目中包含的工程文件信息。

客户区位于整个主窗口的中部，如图 1-3 中的“代码编辑客户区”所示。客户区是程序员进行代码开发的场所，能直接提供给程序员编写代码、改写代码和调试代码的空间。

输出窗口位于整个主窗口的下方，主要用于显示代码调试和运行中的相关信息，包括下面几个方面。

（1）编译（Compile）信息：列出代码和资源编译详细过程及编译过程中的警告（Warning）

和错误（Error）信息。

（2）连接（Link）信息：列出工程对目标模块（Obj）连接过程中的警告和错误信息。

（3）调试（Debug）信息：在调试状态下输出相关的调试信息（如 TRACE 宏输出调试信息等）。

在 VC++6.0 中运行 C 程序的步骤如下：

第一步：打开 VC++6.0。

第二步：选择“文件”→“新建”→“工作区”→“空白工作区”，然后为这个工作区起一个名字并选择存放路径，确定即可。之所以要用工作区，因为可以在工作区中新建很多工程，每个工程可以独立编译、连接、执行，互补干扰，而在学习 C 语言过程中，时常要编辑一些小程序，把它们按工程都存放在一个工作区里，非常方便于查看、执行和管理。

第三步：右击刚才新建的工作区，添加工程，这里选择 Win32 console Application 并确定。

第四步：在新建的工程中添加文件，选择 C++ Source File，但是文件扩展名记得用“.c”。

第五步：编辑源代码。

第六步：单击工程，并选择执行，即可一次性完成编译、连接和执行工作，就可以看到程序运行结果了，当然也可以分步编译、连接、执行。

C 语言程序设计编辑与调试除了 Visual C++外，还可以使用 Code::Blocks、C4Driod、Turbo C++3.0 等，这些调试环境将在实验教程中作详细介绍。本书后续章节的所有程序都以 Visual C++作为编辑调试环境。

1.6　科学计算器与学生成绩管理系统

本书以“一基两能”为出发点，培养学生运用 C 语言解决实际问题的能力，“一基”是指 C 语言的基本语法知识和规则，“两能”是指算法设计能力和程序实现能力。因此，本书主要以科学计算器和学生成绩管理系统两个实际项目来讲解 C 语言的相关知识和应用。

1.6.1　科学计算器的功能及结构

简易计算器能实现以下功能：

（1）数制转换。

（2）加、减、乘、除、求幂、求模，求平方根运算。

（3）比较数的大小。

（4）求和、阶乘、求素数运算。

（5）正弦、余弦函数计算。

（6）指对数计算。

（7）简单的四则混合运算（支持小括号、优先级）。

简单计算器由六大模块组成，模块调用图如图 1-4 所示。

（1）主函数 void main()。调用各个主要模块，实现简单计算器的整体功能。

（2）四则混合运算模块实现简单的加减乘除混合运算，并支持优先级和带括号的运算。

（3）数制转换模块实现基本的二、八、十、十六进制之间的相互转换。

（4）统计计算模块实现统计计算功能。

（5）求阶乘模块是实现阶乘运算功能。

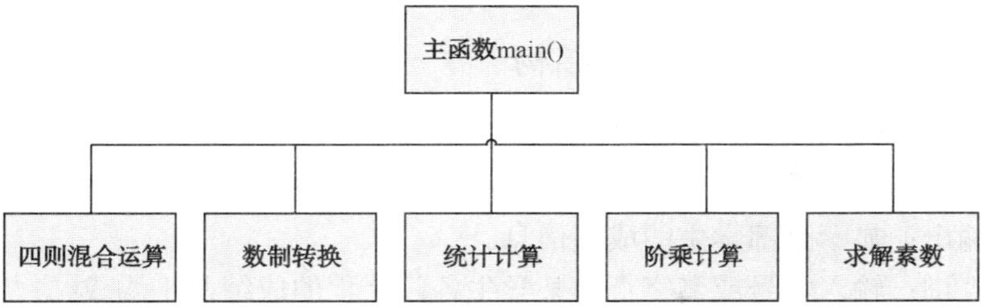

图 1-4　简单计算器模块调用图

（6）求解素数模块实现对素数的判断。

科学计算器的运行界面如图 1-5 所示，源代码及运行截图见图 1-6。

图 1-5　科学计算器运行截图

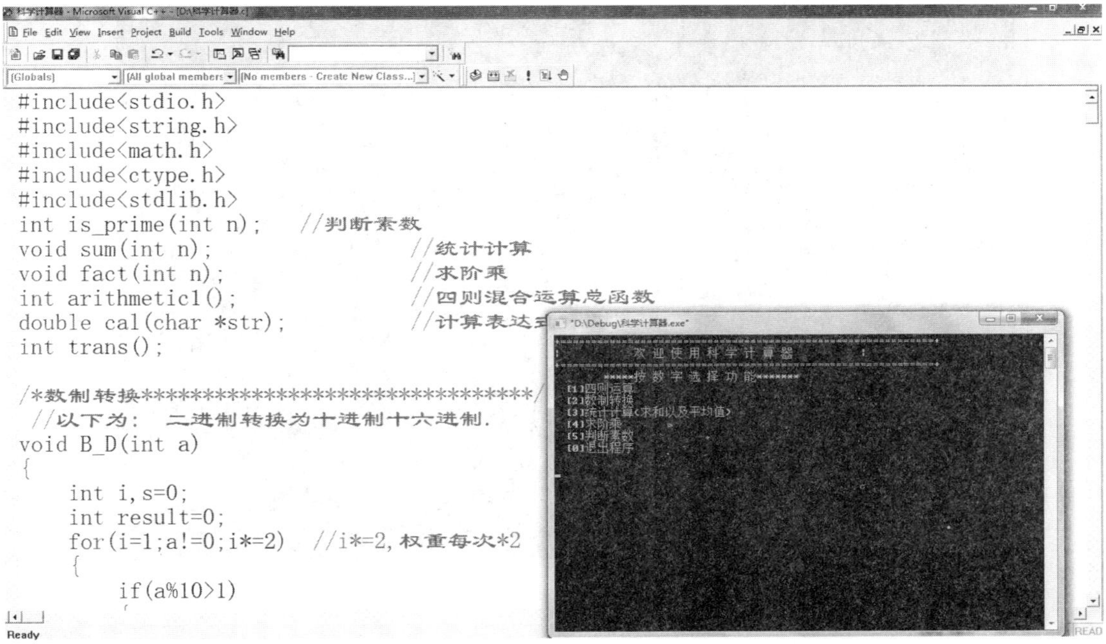

图 1-6　科学计算器源代码及运行图

1.6.2　学生成绩管理系统的功能及结构

学生成绩管理系统的功能如图 1-7 所示，主要由以下 6 个主要功能模块组成。

（1）信息录入：录入学生成绩信息（包括学生学号，姓名，各门课程的成绩等）。

（2）信息输出：显示全部学生的成绩信息。

（3）信息查询：输入学号或名字查询某学生各门课程的成绩及平均成绩。

（4）信息删除与修改：输入学号，删除该学生的成绩信息；输入学号，查询并显示出该学生的成绩信息，并在此基础上进行修改。

（5）排序：对学生数据按学号或者平均分进行排序，显示出排序结果。

（6）信息插入：输入新的学生信息并插入到原来的列表中进行排序。

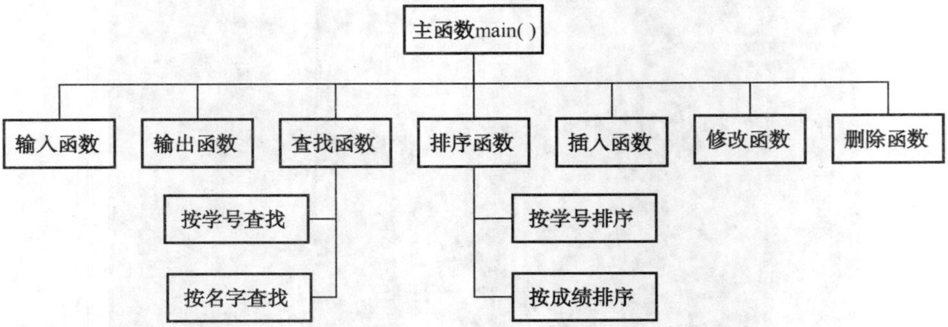

图 1-7　系统功能模块图

学生成绩管理系统运行界面如图 1-8、图 1-9 所示。

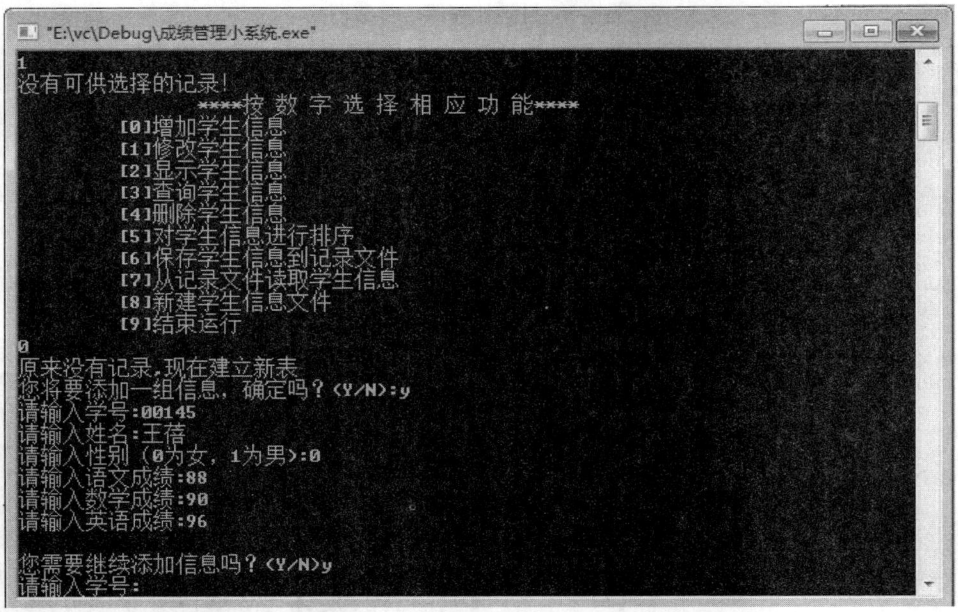

图 1-8　系统运行界面

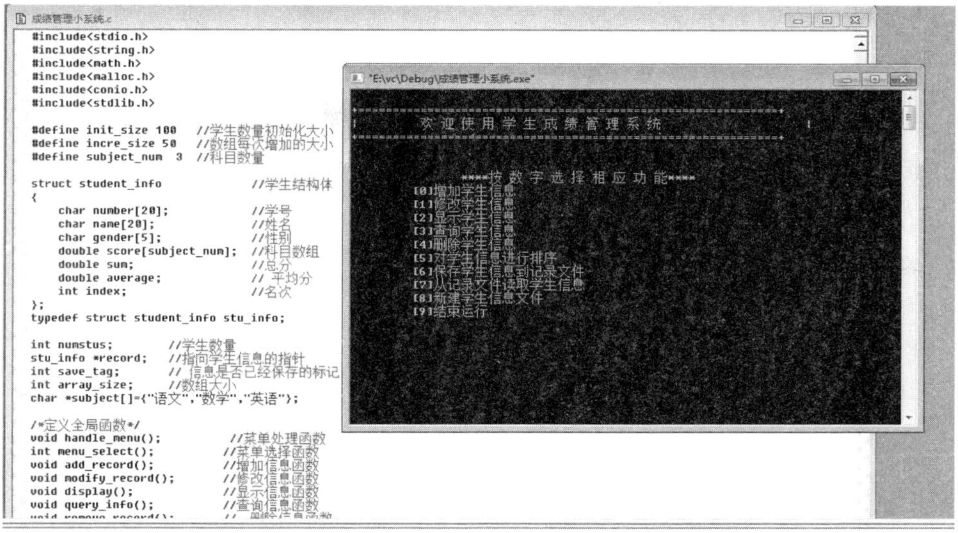

图 1-9　系统源程序及运行界面

1.7　本 章 小 结

本章介绍了程序设计语言的基础知识，首先从自然语言引入程序设计语言，并对程序设计语言作了介绍。本章还讲解了 C 语言的发展历史和特点，在学习过程中要求了解 C 语言程序的基本组成、算法的概念以及结构化程序设计的方法。最后从学习并理解 C 语言的语法和语义出发，讲述了在 Visual C++6.0 集成开发环境下 C 源程序的上机运行步骤和调试方法，使读者对 C 语言程序的上机使用有一个初步认识和了解。

习　　题

一、填空题

1．当一个 C 语言程序只有一个函数时，这个函数的名称是________。

2．一个函数由________和________两部分组成。

3．C 语言程序的基本单位或者模块是________。

4．编写一个 C 程序，上机运行，要经过哪几个步骤________。

5．在 VC6.0 环境中，通过文字编辑建立的源程序文件的扩展名是________；编译后生成目标程序文件，扩展名是________；连接后生成可执行程序文件，扩展名是________；运行得到结果。

6．C 语言程序的语句结束符是________。

二、思考题

1．查找资料，了解有哪些常见的程序设计语言，它们各自的特点和主要应用领域是什么？

2．什么是算法，算法的特性是什么？

3．请写出 C 语言的主要特点。

4．一个已编好的 C 程序源文件（program.c），在计算机上运行，应该经历那些步骤？

5．编写一程序，显示下列文字信息：

```
This is My First Program!
I am a student!
```

6．用流程图描述在三个数中输出最大数的算法。

第二章　数据类型、常量、变量与表达式

从功能而言，计算机的程序是用来解决现实中的某个问题。从程序的内容组成而言，它应该包括对问题中所涉及数据的描述以及处理过程的描述。本章首先介绍程序所处理数据的数据类型以及内部表示，然后介绍用于运算的各种运算符及数据对象：常量、变量和表达式。

【学习目标】

1. 掌握几种基本数据类型的定义、存储方式和表示方法。
2. 了解不同类型间数据转换的原则与方法。
3. 掌握有关运算符与表达式的运用。

2.1　问 题 提 出

2.1.1　What

计算机之所以能解决实际问题，是因为我们给计算机下达的指令中包含了通常所说的规则，即公式，公式告诉了计算机怎么计算。比如公式：s=3.14*r*r。

C 语言中，把 s、3.14、r 称之为操作数，=、*称之为运算符，由这些操作数和运算符组成的式子称之为表达式。计算机计算时，要把操作数（s、r、3.14）存入内存，那么像 r、s 这种计算时可以变化的量我们称之为变量，像 3.14 这种计算时固定不变的量我们称之为常量。而且在 C 语言中必须为变量和常量规定数据类型。数据类型是指按照数据的性质、表示形式、占据存储空间的大小以及构造特点来划分计算机中存储的数据。

2.1.2　Why

计算机中程序处理的对象是数据，不同的程序处理的数据不尽相同，例如在计算器程序中主要针对数值类型的数据进行不同运算，而学生成绩综合管理系统是对学生的学号、姓名以及各门功课的成绩进行各种管理。C 语言在处理数据之前，要求数据必须具有明确的数据类型。计算时数据是存储在内存中的，如果不区分数据类型，那么所有数据在内存中占用的存储空间是一致的，所有数据的取值范围是一样的。而现实生活中的需要计算机解决的问题差异很大，比如数据的取值范围有的大有的小，计算的精度有的要求高有的要求低，因此我们只能用最高标准统一数据格式，这样会浪费内存空间，比如统一标准用 10 个字节来存储一个变量或常量，但大部分计算的数据只需要 4 个字节就可以完成；会造成无法完成某些计算，比如求余运算就要求操作数是整型。最好的解决办法是为数据定义数据类型，不同类型的数据代表不同的数据表示形式、适合的取值范围、占用内存空间的大小、可参与运算的种类。属于同一个数据类型的数据采用统一的书写形式并可对它们执行同样的操作。

2.1.3　When & Where

通过第一章的学习，我们了解到，程序由函数组成，函数分为说明部分和语句部分。每个程序的说明部分需要定义变量及常量，在定义时要规定它们的数据类型，然后才可以对它们赋值及引用。

2.1.4　How

不同的数据类型用不同的符号表示，有基本数据类型，构造数据类型、指针类型、空类型等。变量及常量在使用时必须先定义（声明）再赋值引用。需要注意的是要具体问题具体分析，定义变量的时候要选择适当的数据类型，防止数据溢出。常量有常数、字符常数、字符串、字符常量等，在写入程序时，为了让计算机进行区别，它们有着不同的表示形式。另外，不同的运算可以采用不同的运算符，运算符可以混合使用，当表达式中有多个运算符时，要注意运算符的优先级别。我们在使用数据类型时，按照我们的思维习惯、辅以数学知识，便会轻松掌握各种数据类型的综合应用。

下面本章将分别介绍数据类型、常量、变量、运算符及表达式。

2.2　C 语言的基本数据类型及其内部表示

2.2.1　数据类型概述

在 C 语言中，数据类型可以分为基本数据类型、构造数据类型、指针数据类型以及空类型四大类，具体如图 2-1 所示。

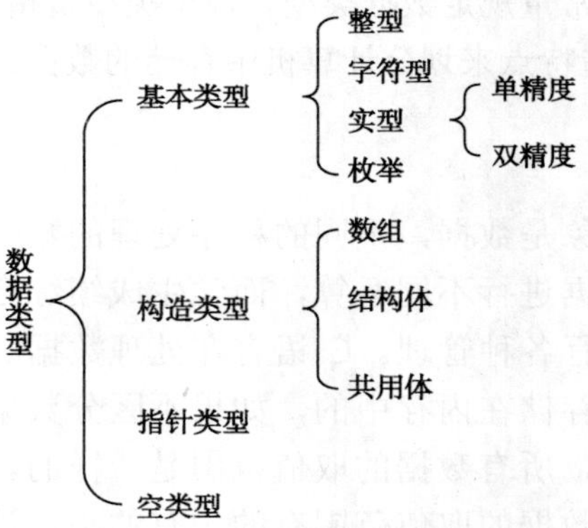

图 2-1　C 语言中数据类型

1. 基本数据类型

基本数据类型是指其值不可再分解为其他类型。例如，假如一个学生的数学成绩为 90，该值不能再拆分为其他几种数据类型表示，同时它在程序中也是通常作为一个整体被处理的。C 语言的基本数据类型分为整型、实型和字符型、枚举类型四大类，枚举类型在后面章节介绍。表 2-1 展示了 ANSI C 中前三种基本数据类型名称及长度、表示范围。

表 2-1　ANSI C 基本数据类型

数 据 类 型	名　　称	位长/b	取 值 范 围
[signed] char	字符型	8	-2^7～（2^7-1），即：-128～127
unsigned char	无符号字符型	8	0～（2^8-1），即：0～255
[signed] short [int]	短整型	16	-2^{15}～（$2^{15}-1$），即：-32768～32767
unsigned short [int]	无符号短整型	16	0～（$2^{16}-1$），即：0～65535
[signed] int	整型	16	-2^{15}～（$2^{15}-1$），即：-32768～32767
unsigned [int]	无符号整型	16	0～（$2^{16}-1$），即：0～65535
[signed] long [int]	长整型	32	-2^{31}～（$2^{31}-1$），即：-2147483648～2147483647
unsigned long [int]	无符号长整型	32	0～（$2^{32}-1$），即：0～4294967295
float	浮点型	32	$-3.4*10^{-38}$～$3.4*10^{38}$ 7～8 有效数字
double	双精度浮点型	64	$-1.7*10^{-308}$～$1.7*10^{308}$ 15～16 有效数字
long double	长双精度浮点型	80	$-1.2*10^{-4932}$～$1.2*10^{4932}$ 19～20 有效数字

注：上表中 [ ] 中的参数表示在书写类型名时是可选的。

说明　编译器不同，个别数据类型占用的字节数不一定相同，取值范围也不一定相同。如：[singend] int 类型在 Turbo C 2.0 中占用 2 个字节 16 位，而在 Visual C++ 6.0 编译器下占用 4 个字节 32 位，与 long 类型相同。表 2-2 展示了在 Visual C++ 6.0 下整型数据的取值范围。

表 2-2　Visual C++ 6.0 下整型数据的取值范围

数 据 类 型	名　　称	位长/b	取 值 范 围
[signed] short [int]	短整型	16	-2^{15}～（$2^{15}-1$），即：-32768～32767
unsigned short [int]	无符号短整型	16	0～（$2^{16}-1$），即：0～65535
[signed] int	整型	32	-2^{31}～（$2^{31}-1$），即：-2147483648～2147483647
unsigned [int]	无符号整型	32	0～（$2^{32}-1$），即：0～4294967295
[signed] long [int]	长整型	32	-2^{31}～（2^{31}-1），即：-2147483648～2147483647
unsigned long [int]	无符号长整型	32	0～（$2^{32}-1$），即：0～4294967295

注：上表中 [ ] 中的参数表示在书写类型名时是可选的。

说明　本书后续内容讲解中如无特别说明，都以表 2-1ANSI C 中的数据类型的取值范围为标准。程序的运行结果则以 Visual C++ 6.0 环境中的实际运行结果为准。

2．构造数据类型

构造数据类型也称复杂数据类型。一个构造类型的数据值是可分的，它可以分解为若干个“元素”，每个元素都属于一个基本数据类型或者构造数据类型。例如，在学生个人信息中，包含由学号、姓名、性别等不同数据，于是我们可以将学生这种数据定义为一个构造数据类型。C 语言中，构造数据类型主要有数组类型、结构体类型、联合体类型、位域、枚举类型五种。这部分内容会在后面章节中介绍。

3．指针类型

指针是 C 语言中的精华，也是难点之一。它是一种特殊却具有重要作用的数据类型。一个指针类型的数据值存放的是某个数据在内存中的地址。指针使用恰当的话，可以提高对数据存取的效率，后面章节有详细介绍。

4．空类型

空类型是从语法完整性的角度给出的一种数据类型。它只是为了一种抽象的需要，用 void 表示，它不能代表一个真实数据，它真正发挥的作用在于以下两个方面。

（1）对函数返回值的限定。

（2）对函数参数的限定。

函数一章有对空类型的具体应用。

思考题 2-1　C 语言中可否只设置一种数据类型以表示所有类型的数据，为什么？

2.2.2　整数类型

由表 2-1 可以看出，C 语言提供了多种整数类型，不同整数类型间的最大差异在于它们可能具有不同的二进制位数，因此表示数据的范围可能不同，从而适应编程中的不同需要。例如，作为学生的年龄与一个国家的人口数目所对应的最大可能数值范围肯定不同。为了不浪费空间，同时又能表示数的大小，应选用合适的整数类型表示数据。

根据表示数值的范围可将整数类型分为基本整型、短整型或长整型。以上类型默认为有符号数，同时根据在实际应用中，很多数值常常是大于等于 0 的非负数（如库存量、年龄、存款额等）。为了充分利用一定存储空间的表数范围，可以将以上三种类型定义为“无符号”类型。归纳起来，总共有以下 6 种整型：

（1）基本整型，以 int 表示，或以 signed int 表示。

（2）短整型，以 short int 表示，或以 short、signed short、signed short int 表示。

（3）长整型，以 long int 表示，或以 long、signed long、signed long int 表示。

（4）无符号基本整型，以 unsigned int 表示。

（5）无符号短整型，以 unsigned short 或 unsigned short int 表示。

（6）无符号长整型，以 unsigned long 或 unsigned long int 表示。

以上各种类型的数据所占内存字节数因机器而异。如在 TC2.0 或者 BC3.1 下，int 占用 2 个字节，而在 VC6.0 下，int 则占 4 个字节。在许多新的微机系统上，以上各种类型数据所占空间位数和数的范围如表 2-1 所示。

由于计算机内存中的数都是以补码形式存放，有符号数最高位用来表示数符：1 表示负数，0 表示非负数。对于无符号数，无符号位，所占字节位都用于表示数值大小。例如，假设 2 个字节的内存单元 1000 0000 0000 0001 如果表示无符号数，则此数为 $2^{15}+1$ 即 32768，而如果表示的是有符号数，最高位为 1，表示为负数，真值等于其余各位取反加 1 得到−32767。

由表 2-1 得知，一个整数的数据类型决定了其所占单元数，如果该数值超过了所属数据类型能表示的数的范围，肯定会出现内存表示与实际数值的不一致。例如 2 个字节单元的有符号整数类型能表示数的范围是−32768 到 32767，如果一个数为 32769，作为有符号基本整型数据放在 2 个字节的内存单元中，其对应二进制为 1000 0000 0000 0001，但此二进制的补码形式对应的数值却是−32768，与原数值不符，故不能正确表示。但同样是整数 32769，如果作为无符号基本整型数据放在 2 个字节的内存单元中，则可以正确表示。

思考题 2-2　请问内存中以 2 个字节的补码表示为 1000 0000 1100 0011 所表示的有符号数真值为多少？如果表示无符号数的真值是多少？

思考题 2-3　请问-1 和+65535（相当于 $2^{16}-1$）在 2 个字节的内存单元中表示形式是什么？如果是 4 个字节呢？它们都能正确表示真值+65535 的大小吗？

2.2.3　实数类型

实数类型也称为浮点型，用来表示实型数据。实数类型一般分为三种：单精度、双精度和长双精度类型，分别以 float、double 和 long double 表示。

在常用的微机系统中，一个单精度实型数据在内存中占 4 个字节（32 位），双精度数据用 8 个字节表示，长双精度在 TC 和 BC 下，用 10 个字节表示。与整型数据的存储方式不同，实型数据是按照指数形式存储的。系统把一个实型数据分成小数部分和指数部分，分别存放。实数在计算机内存中按照标准化指数形式存储。所谓“标准化指数形式”是指这样的指数：其数值部分是一个小数，小数点前的数字是零，小数点后的第一位数字不是零。一个实数可以有多种指数表示形式，但只有一种属于标准化指数形式。例如，实数 3.14159 在内存中的存放形式可以用图 2-2 示意。

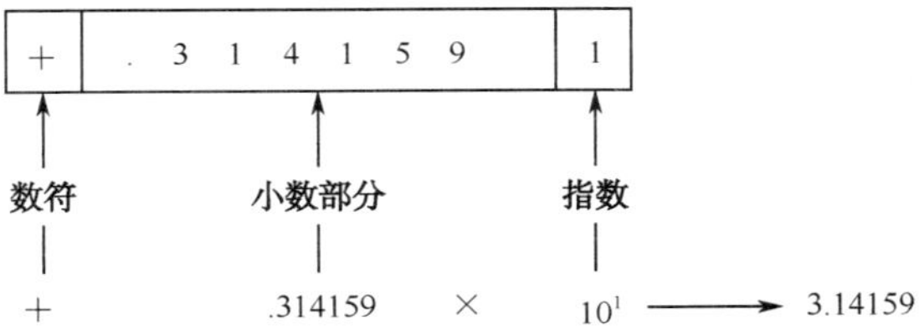

图 2-2　实数 3.14159 在内存中的存放形式

图 2-2 中是用十进制数来示意的，实际上在计算机中是用二进制数来表示小数部分以及用 2 的幂次来表示指数部分的。在 4 个字节（32 位）中，究竟用多少位来表示小数部分，多少位来表示指数部分，标准 C 并无具体规定，由各 C 编译系统自定。不少 C 编译系统以 24 位表示小数部分（包括符号），以 8 位表示指数部分（包括指数的符号）。小数部分占的位数越多，数的有效数字越多，精度越高。指数部分占的位数越多，则能表示的数值范围越大。

由于实型数是由有限的存储单元组成的，因此能提供的有效数字总是有限的，在有效位以外的数字将被舍去，由此可能会产生一些误差。一般情况下，单精度浮点数的有效位数是 7～8 位，双精度的有效位数是 15～16 位，长双精度的有效位数是 19～20 位。下面的程序展示了在使用实数时候可能出现的误差。

例 2-1　实型数据的舍入误差举例。

```
#include “stdio.h”
void main()
{
  float a,b;
  double c,d;
    a = 1.23456789e8;
    b = a + 20 ;
    c=1.23456789e8;
    d=c+20;
```

```
    printf("%f %f \n ",a,b);            /*输出单精度实数 a 和 b 的值*/
    printf("%lf %lf\n ", c,d);          /*输出双精度实数 c 和 d 的值*/
}
```

运行结果：

```
123456792.000000 123456816.000000
123456789.000000 123456809.000000
```

程序内 printf 函数中的“%f”是输出一个单精度实数时的格式符，“%lf”是输出一个双精度实数时的格式符。程序运行时，输出 a 和 b 的值都有误。原因是变量 a 是一个单精度实数，只能保证的有效数字是 7 位有效数字，后面的数字是无意义的，在此 a 不能准确地表示赋给它的数值，同理，变量 b 也不能。而变量 c 和 d 是双精度实数，能有效表示数的大小和精度，输出结果符合实际。编程时，应当避免将一个很大的数和一个很小的数直接相加或相减，否则就会“丢失”小的数。

思考题 2-4　在编程时，如何避免实数的结果出现误差？

2.2.4　字符类型

对于普通的数学计算而言，有了整型和实型就可以了，但计算机除了数学计算功能外，还应当具备对文本信息的综合处理功能，如学生的姓名、性别、籍贯，商品的商品名称、编号等信息。此外，大部分程序都需要从外部接收输入信息，并产生输出信息给用户看，因此字符类型的数据在程序中使用很广泛。

字符类型的数据值包括本计算机所用编码字符集的所有字符。目前的微机系统通常使用 ASCII 字符集，其中包括所有大小写英文字母、数字、标点符号等字符，还有一些控制字符，一共 128 个，扩展的 ASCII 字符集包括 256 个。

字符数据在内存中存放的是该字符相应的 ASCII 代码。例如字符‘a’的 ASCII 代码为 97，‘b’为 98，它们在内存中的值如图 2-3（a）所示。实际上是以二进制形式存放的，如图 2-3（b）所示。

字符	ASCII码
‘a’	97
‘b’	98

（a）

字符	内存表示
‘a’	01100001
‘b’	01100010

（b）

图 2-3　字符对应的 ASCII 代码

它的存储形式就与整数的存储形式类似。事实上，C 语言把字符看作一种 1 个字节的整数，并允许程序中直接使用字符的值参与数学运算，所以字符型数据和整数型数据之间经常混合使用，如‘a’+10 相当于 97+10。

字符类型包括有符号和无符号两种类型，分别以 char 和 unsigned char 表示，有符号字符型数取值范围为-128～127，无符号字符型数取值范围是 0～255。

思考题 2-5　既然字符类型数据只包括 ASCII 字符集的字符，如何表示汉字呢？此外，字符类型数据只能代表一个字符，如何表示由多个字符组合而成的字符串，如书的编号？

2.3　常量与变量

2.3.1　常量

在程序运行过程中，其值不能被改变的量称为常量。根据常量所属的数据类型，可将它们划分为以下几类。

1．整型常量

根据表 2-1 所示，整数类型有 6 种，不同类型表示了所能表示数的不同范围。如果我们在常量的后面加上符号 L 或者 U，则表示该常量是长整型或者无符号整型（两者可以混合使用，如 123LU 代表无符号长整型，后缀可以是大写，也可以是小写）。如果整型常量后面没有加以上符号，则 C 语言根据常量值的大小来决定整型常量的类型。具体而言，在 TC2.0 或者 BC3.1 下，当整型常量的值处于-2^{15}～$2^{15}-1$ 之间时，默认为 int 型常量，如果超出此范围且位于-2^{31}～$2^{31}-1$ 之间时，则认定为 long int 常量。

C 语言中的整数可以用三种形式表示：十进制、八进制或十六进制。

（1）十进制由数字 0 到 9 和正负符号表示且第一个数字不能为 0。如 124，−457，1250 都是合法的表示，而 012，68A 则是不合法的。

（2）八进制整数由数字 0 开头，后跟 0～7 来表示。如 0101，0743 是八进制合法表示，而 234，0678，O201 则不是。

（3）十六进制由 0x 或 0X 开头，后跟 0～9，a～f 或者 A～F 来表示。注意，空白字符不可出现在整数数字之间。以下各数是合法的十六进制表示：0x3a，0X4f01，0xAf1。而 5A,0X4H 则不是。

表 2-3 列出了一些整常数的三种不同形式。

表 2-3　整常数的三种不同形式

十　进　制	八　进　制	十 六 进 制
10	012	0Xa 或 0XA
132	0204	0X84
32179	07663	0X7db3 或 0X7DB3

思考题 2-6　下列哪些整数常量是合法表示？如果是合法的，分别是什么进制的常量？

012，ox8f，078，−0XFF10，0034，7B

2．实型常量

实型常量也称为实数又称浮点数。实际应用中，实数有两种表示形式：

（1）十进制小数形式。它由数字和小数点组成（注意必须有小数点）。.123、123.、123.0、0.0 都是十进制小数形式。

（2）指数形式。也称科学计数法，其一般形式为 aEb 或者 aeb，且 E（e）后面的指数必须为整数，字母 E（e）之前必须有数字，代表 $a\times10^b$。如 123e3 或 123E3 都代表 123×10^3。，如 e3、2.1e3.5、.e3、e 等都不是合法的指数形式。

一个实数可以有多种指数表示形式。例如 123.456 可以表示为 123.456e0，12.3456e1、1.23456e2、0.123456e3、0.0123456e4、0.00123456e5 等。把其中的 1.23456e2 称为“规范化的指数形式”，即在字母 e（或 E）之前的小数部分中，小数点左边应有一位（且只能有一位）非零的数字。例如 2.3478e2、3.0999e5、6.46832e12 都属于规范化的指数形式，而 12.908e10、0.4578e3、756e0 则不属于规范化的指数形式。一个实数在用指数形式输出时，是按规范化的指数形式输出的。例如，指定将实数 5689.65 按指数形式输出，必然输出 5.68965e+003，而不会是 0.568965e+004 或 56.8965e+002。这与之前介绍的实数在内存中存放的“标准化的指数形式”有所区别，可以相互参照。

值得注意的是，与整型常数不同，实数不管表现形式如何，都默认为双精度数据，即占用 8 个字节的存储空间。如果在实型常量后加字母 f 或 F，则认为它是 float 型。

思考题 2-7　一个实数一般在什么情况下适合用指数形式表示？

3．字符常量

字符常量是由一对单引号括起来的单个普通字符或转义字符，普通字符是指如‘a’、‘A’等 ASCII 字符。一个字符常量的值就是该字符的 ASCII 码值，如‘A’的值相当于 65。

除了以上普通形式的字符常量外，C 还允许用一种特殊形式的字符常量，就是以一个‘\’开头的字符序列，斜线后面跟一个字符或一个代码值表示。转义字符具有特定的含义，不同于字符原有的意义，故称“转义”字符。例如，在前面各例题 printf 函数的格式串中用到的“\n”就是一个转义字符，其意义是“回车换行”。转义字符主要用来表示那些用一般字符不便于表示的控制代码。

常用的转义字符及其含义如表 2-4 所示。

表 2-4　常用的转义字符及其含义

转义字符	意　义	ASCII 码值（十进制）
\a	响铃（BEL）	007
\b	退格（BS）	008
\f	换页（FF）	012
\n	换行（LF）	010
\r	回车（CR）	013
\t	水平制表（HT）	009
\v	垂直制表（VT）	011
\\\\	反斜杠	092
\?	问号字符	063
\'	单引号字符	039
\”	双引号字符	034
\0	空字符（NULL）	000
\ddd	任意字符	三位八进制
\xhh	任意字符	二位十六进制

使用转义字符时需要注意以下问题：

（1）转义字符中只能使用小写字母，每个转义字符只能看作一个字符。

（2）\v 垂直制表和\f 换页符对屏幕没有任何影响，但会影响打印机执行响应操作。

（3）在 C 程序中，使用不可打印字符时，通常用转义字符表示。

（4）\n 其实应该叫回车换行。换行只是换一行，不改变光标的横坐标；回车只是回到行首，不改变光标的行坐标。

（5）\t 光标向前移动四格或八格，可以在编译器里设置。

例 2-2　转义字符的应用示例。

```
#include “stdio.h”
void main ()
{
      printf("\101 \x42 C\n");
      printf("I say:\"How are you?\"\n");
      printf("\\C Program\\\n");
      printf("Turbo \'C\'");
}
```

运行结果：

```
A B C
I say:“How are you?”
\C Program\
Turbo ‘C’
```

广义地讲，C 语言字符集中的任何一个字符均可用转义字符来表示。表 2-3 中的\ddd 和\xhh 正是为此而提出的。ddd 和 hh 分别为八进制和十六进制的 ASCII 代码。如\101 表示字符‘A’，\x42 表示字母‘B’，\134 表示反斜线，\x0A 表示换行等。

思考题 2-8　使用转义字符能表示所有的字符常量吗？

4．字符串常量

字符串常量是由一对双引号括起的字符序列。例如："CHINA"，"C program"，"$12.5"等都是合法的字符串常量。编译程序会自动在每一个字符串末尾添加串结束符‘\0’，因此，一个字符串所需要的存储空间比字符个数多一个字节。如“I am a boy”在内存中的存放如下：

I		a	m		a		b	o	y	\0

字符串常量和字符常量是不同的量。它们之间主要有以下区别：

（1）字符常量由单引号括起来，字符串常量由双引号括起来。

（2）字符常量只能是单个字符，字符串常量则可以含零个、一个或多个字符（零个字符串代表空串）。

（3）字符常量占一个字节的内存空间。字符串常量占的内存字节数等于字符串中所有字符所占总字节数加 1。增加的一个字节中存放字符‘\0’（ASCII 码为 0）。这是字符串结束的标志。字符常量‘a’和字符串常量“a”虽然都只有一个字符，但在内存中的情况是不同的。

‘a’在内存中占一个字节，可表示为：a

“a”在内存中占二个字节，可表示为：a \0

思考题 2-9　既然字符常量不能表示汉字或者多于一个以上的字符序列，用字符串常量可以表示吗？

5. 符号常量

以上四种类型的常量从其字面形式即可判别其值，这种常量也称为常数或直接常量。还有一种常量用一个标识符代表一个常量，其功能是把该标识符定义为其后的常量值。一经定义，以后在程序中所有出现该标识符的地方均代之以该常量值。习惯上符号常量的标识符用大写字母。定义一个符号常量需要用到一条预处理命令，其格式为：

```
#define 符号常量  常量
```

例如：

```
#define   PI   3.1415926
#define   MAX    10
```

有关#define 命令行的详细用法参见后面章节。

例 2-3　符号常量的应用。

```
#include "stdio.h"
#define   PRICE   30
void main ()
{
   int    num, total;
   num=10;
   total=num * PRICE;              /*总价等于数量乘以单价*/
   printf("total=%d",total);        /*输出总价*/
}
```

程序中用#define 命令行定义 PRICE 代表常量 30，此后凡在本文件中出现的 PRICE 都代表 30，可以和常量一样进行运算，以上程序运行结果为

```
total=300
```

使用符号常量的好处如下：

（1）含义清楚。如上面的程序中，看程序时从 PRICE 就可知道它代表价格。因此定义符号常量名时应考虑“见名知意”，可使常量的含义更明确，易读性强，这也是使用符号常量的优点。在一个规范的程序中不提倡使用很多的常数，如：sum= 15 * 30 * 23.5 * 43。在检查程序时搞不清各个常数究竟代表什么。应尽量使用“见名知意”的变量名和符号常量。

（2）在需要改变一个常量时能做到“一改全改”。例如在程序中多处用到某物品的价格，如果价格用常数表示，则在价格调整时，就需要在程序中作多处修改，若用符号常量 PRICE 代表价格，只需改动一处即可。如：

```
#define PRICE 35
```

在程序中所有以 PRICE 代表的价格就会一律自动改为 35。

思考题 2-10　什么情况下适合在程序中使用符号常量？

2.3.2　变量

1. 变量的含义与意义

变量是内存或寄存器中用一个标识符命名的存储单元，可以用来存储一个特定类型的数

据，与常量的值不可改变的特性相反，变量的值在程序中是可以改变的，其结构如图 2-4 所示。每个变量对应于内存中的一块存储空间，可以存放程序中的数据，如宿舍号码对应一个房间，变量名对应一段存储空间。

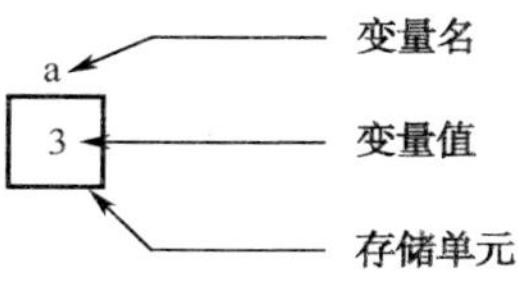

图 2-4　变量组成

任何一种编程语言都离不开变量，C 语言又是一种应用广泛的善于实现控制的语言，变量的使用非常频繁，没有变量参与的程序甚至无法编制，即使编制运行后的意义也不大，因为无法记录程序中需要发生的一系列计算结果。例如，在第一章的示例 1 中，用变量 X 代表鸡的只数，Y 代表兔的只数；在示例 2 中，以 A 和 B 分别代表要比较大小的二个数；示例 3 中，设 N 表示 1～100 间的一个自然数，并用 S 保存累加之和…。除了这些数值计算类型程序外，变量也同样广泛使用在其他信息处理程序中，如学生成绩管理系统中需要用变量来表示学生的姓名、性别、各门功课的成绩等等。可以毫不夸张的说，变量是一条贯穿程序中的生命线，而且大部分程序是根据先给变量赋初值（已知条件的输入）、然后对变量做各种运算（综合处理），最后输出变量的结果（结果输出）三部曲来组织程序编写的。

2．变量名的命名规则

一个变量应该有一个名字，程序通过名字使用变量，进而使用或者改变在内存存放变量的值，请注意区分变量名和变量值这两个不同的概念，如图 2-4 所示。

C 语言规定变量名需要标识符来标识，所以变量名的取名规则同样要符合合法标识符的约定：标识符只能由字母、数字和下划线三种字符组成，且第一个字符必须为字母或下划线。表 2-5 列出了一些合法与不合法的变量名。

表 2-5　合法变量名与不合法变量名示例

合法变量名	不合法变量名
sum，average，_total，class，day，month，student_name	M．d．，#33，3d64，a >b

注意　大写字母和小写字母被认为是两个不同的字符。因此，sum 和 suM，Class 和 class 是两个不同的变量名。一般，变量名用小写字母表示，与人们日常习惯一致，以增加可读性。

ANSI C 标准没有规定标识符的长度（字符个数），但各个 C 编译系统都有自己的规定。有的系统（如 IBM PC 的 MS C）取 8 个字符，假如程序中出现的变量名长度大于 8 个字符，则只有前面 8 个字符有效，后面的不被识别。例如，有两个变量：student_name 和 student_number，由于二者的前 8 个字符相同，系统认为这两个变量相同而不加区别。可以将它们改为 stud_name 和 stud_num，以使之区别。Turbo C 则允许 32 个字符。因此，在写程序时应了解所用系统对标识符长度的规定，以免出现上面的混淆。

如前所述，在选择变量名和其他标识符时，应注意做到“见名知意”，即选有含意的英文单词（或其缩写）作标识符，如 count、name、day、month、total、country 等，除了一些数值计算程序外，一般不要用代数符号（如 a、b、c、x1、y1 等）作变量名，

思考题 2-11　如果需要你为一个班级学生成绩管理系统里面的变量命名，该如何命名？假设该系统主要功能是针对你目前班上学生的个人信息及各门功课的成绩做综合处理。

3．变量的定义

在 C 语言中，要求对所有用到的变量作强制定义，也就是“先定义，后使用”，且定义位置一般放在函数开头。对变量的说明可以包括三个方面：数据类型、存储类型、作用域。定义变量的通用格式如下所示，在本讲中，我们只介绍数据类型说明。中括号里面的内容是可

选项，有关存储类型以及作用域的内容见后面章节。

```
[存储类型] 数据类型 变量名1 [, 变量名2, …, 变量名n]
```

例如：在求一个圆的面积和周长的程序中我们定义：float radius, length, area;

在求一批数据最大值、最小值和总和的时候定义：int max, min, sum;

在定义变量的同时可以对某些变量进行赋初值的操作，即对变量初始化。其格式如下所示：

```
[存储类型] 数据类型 变量名1=初值1 [, 变量名2=初值2, …]
```

例如：

```
float radius=10.2, length, area;
int max, min, sum=0;
```

例 2-4　求华氏温度100° F对应的摄氏温度。假设摄氏温度为C，华氏温度为F，两者转化公式为C=(5/9)(F-32)。程序清单如下：

```
#include <stdio.h>
void main()
{
    int celsius, fahr;                                      /*变量定义*/
    fahr = 100;                                             /*变量使用*/
    celsius = 5 * (fahr - 32) / 9;                          /*变量使用*/
    printf("fahr = %d, celsius = %d\n", fahr, celsius);     /*取出变量的值进行输出*/
}
```

先定义，后使用变量的目的如下：

（1）凡未被事先定义的，不作为变量名，这就能保证程序中变量名使用得正确。例如，如果在定义部分写了int student，而在执行语句中错写成staent。如：staent=30；在编译时检查出statent未经定义，不作为变量名。因此输出“变量statent未经声明”的信息，便于用户发现错误，避免变量名使用时出错。

（2）每一个变量被指定为一确定类型，在编译时就能为其分配相应的存储单元。如指定a、b为int型，Turbo C编译系统为a和b各分配两个字节，并按整数方式存储数据，同时也就决定了它们能表达整数的范围。

（3）一个数据的数据类型决定了在其上能进行的合法操作。当指定某一变量属于一个类型后，编译时就会据此检查该变量所进行的运算是否合法。例如，整型变量a和b，可以进行求余运算：a%b（%是求余运算符），得到a除以b的余数。如果将a、b指定为实型变量，则不允许进行“求余”运算，在编译时会给出有关“出错信息”。

4．变量的操作

程序中对变量定义之后就能使用变量进行多种合法操作，而所有针对变量的操作可以分成两大类：

（1）赋值：将数据存入变量中。定义变量只是使编译程序给变量分配了相应数据类型字节数的内存空间，只有对变量赋值后才使之拥有了“有意义的值”。而对一个变量能赋什么值往往也受数据类型及系统的限制。例如例2-4中的语句“fahr = 100;”是对变量fahr赋值。

（2）取值：取得变量当时保持的值。变量有保持值的特性，也就是说，如果给变量赋了一个值，在给它赋新值之前，使用该变量时得到的总是那个值。当然，由于变量的本质在于“值可以变化”，变量在程序中某一个时刻的值取决于它最近一次的赋值结果。例如例 2-4 中的语句“celsius = 5 * (fahr - 32) / 9;”是取出变量 fahr 的值进行计算，并将计算的结果赋值给变量 celsius。同理，语句“printf("fahr = %d, celsius = %d\n", fahr, celsius);”是取出变量 fahr 和 celsius 的值进行输出。

了解了变量的定义和操作后，就可以写出很多程序了，而且写出的程序大致具有以下结构，如同上例所示：

```
#include <stdio.h>
/*如需其他的库函数，则包含对应的头文件*/
void main( )
{
 /*若干变量的定义（以及初始化）*/
/*若干包括对变量赋值和取值的计算语句*/
/*若干对变量最后的计算结果进行输出的语句*/
}
```

思考题 2-12　请指出下列程序中有哪些变量，并分别指出对各个变量的定义和使用（包括赋值和取值）位置。

```
#include<stdio.h>
#define PI 3.1416
void main( )
{
        float radius, length, area;
        printf("please enter radius\n");                    /*提示输入圆半径*/
        scanf("%f",&radius);                                /*输入半径*/
        length =2*PI* radius;                               /*计算周长*/
        area =PI* radius * radius;                          /*计算面积*/
        printf("length =%f\n area =%f\n", length, area);    /*输出周长和面积*/
}
```

2.4　运算符与表达式

从以上小节中我们了解了基本数据的描述：包括基本数据类型以及运算对象常量和变量的描述，现在可以讨论有关计算过程的描述问题了。在 C 语言的程序中，描述计算的最基本结构是表达式，表达式是由被计算的对象（如常量、变量、函数等）和表示运算的符号按一定规则构造而成。单个常量、变量、函数可以看作是表达式的一种特例。描述运算的符号称为运算符。如 5 * (fahr - 32) / 9 表达式中，*、-、/、()都是运算符，而常量 5、32、9、变量 fahr 则是运算对象。

C 语言中运算符和表达式数量之多，在高级语言中是少见的，正是丰富的运算符和表达式使 C 语言功能十分完善。C 语言的运算符不仅具有不同的优先级，而且还有一个特点，就是它的结合性。以便确定是自左向右进行运算还是自右向左进行运算，这种结合性也增加了 C 语言的复杂性。总之，学习运算符时需要了解以下方面知识：

（1）运算符功能：指示运算符能进行何种计算。例如加法运算符+可以对两数求和。

（2）与运算量关系。①要求运算量个数：根据需要运算量的个数分为单目、双目和三目运算符。②要求运算量类型：一般运算符规定运算量必须符合某种数据类型，如求余数运算符%规定左右两边的数必须为整型。或者可以允许不同的数据类型的数参与运算，但结果不一样。如 3/2 得到 1，而 3.0/2 得到 1.5。

（3）运算符优先级别：当一个表达式中有多个运算符的时候，就需要考虑哪里计算在前，哪里计算在后的次序问题。而计算的顺序是由运算符优先级决定的。

（4）结合方向：确定是自左向右进行运算还是自右向左进行运算。

（5）结果的类型：指进行运算符指定的计算后的返回值类型。例如对于除法，如果是两个整数相除，得到的便是整数；但只要其中一个数为实数，则得到的值为实数类型。

C 语言的所有运算符的功能、优先级、结合性及结果类型可参考附录。下面介绍常用的运算符和表达式。

2.4.1　赋值运算符与赋值表达式

1. 赋值运算符

C 语言的赋值运算符包括基本赋值运算符和复合赋值运算符两种。

（1）基本赋值运算符。

形式：

```
变量=表达式
```

功能：将赋值运算符右边表达式的值赋给其左边的变量。

例如：x=10+y 意思是将 10+y 的运算结果赋给变量 x。

说明：

① 赋值号（=）左边只能是变量，绝对不能是常数或表达式。这是因为常数和表达式是不对应存储单元的。

② 赋值号右边表达式类型要与左边的变量保持一致。如果不一致，则先将右边表达式的值转换为与左边变量相同的类型，然后进行赋值。

③ 赋值运算符的结合方向为自右向左。即先计算赋值运算符 = 右边表达式的值，然后再赋给左边的变量。例如思考题 2-12 中，length =2*PI* radius 是表示先使用符号常量 PI 和变量 radius 的值进行计算，得到右边表达式的值后赋给左边的变量 length。

（2）复合赋值运算符。

为了简化程序并提高编译效率，C 语言允许在赋值运算符“=”之前加上其他运算符，这样就构成了复合赋值运算符。

形式：

```
变量 算术运算符=表达式
```

功能：对赋值运算符左、右两边的运算对象进行指定的算术运算符运算，再将运算结果赋予左边的变量。

例如：

```
a+=b;      等价于 a=a+b;
```

```
a-=b;      等价于 a=a-b;
a*=b;      等价于 a=a*b;
a/=b;      等价于 a=a/b;
a%=b;      等价于 a=a%b;
```

说明：

① 复合赋值运算符右边的表达式是一个运算“整体”，不能把它们分开。如：a*=b+1;等价于 a=a*(b+1);。如果把：a*=b+1;理解为 a=a*b+1;那就错了。同理，x*=y+8 等价于 x=x*(y+8)。

② 凡是二元（二目）运算符，都可以与赋值符一起组合成复合赋值符。C 语言规定可以使用 10 种复合赋值运算符。即+=，-=，*=，/=，%=，<<=，>>=，&=，∧=，|=，后 5 种是有关位运算的，将在后面章节介绍。

2．赋值表达式

由赋值运算符将一个变量和一个表达式连接起来的式子称为“赋值表达式”。它的一般形式为

```
<变量><赋值运算符><表达式>
```

如“a=5”是一个赋值表达式。对赋值表达式求解的过程是：将赋值运算符右侧的“表达式”的值赋给左侧的变量。赋值表达式的值就是被赋值的变量的值。例如，“a=5”这个赋值表达式的值为 5（变量 a 的值也是 5）。

上述一般形式的赋值表达式中的“表达式”，又可以是一个赋值表达式。如 a=(b=5)括弧内的“b=5”是一个赋值表达式，它的值等于 5。“a=(b=5)”相当于“b=5”和“a=b”两个赋值表达式，因此 a 的值等于 5，整个赋值表达式的值也等于 5。赋值运算符按照“自右而左”的结合顺序，因此，“b=5”外面的括弧可以不要，即“a=(b=5)”和“a=b=5”等价，都是先求“b=5”的值（得 5），然后再赋给 a，下面是赋值表达式的例子：

赋值表达式	结果
a=b=c=5	（表达式值为 5，a、b、c 值均为 5）
a=5+(c=6)	（表达式值为 11，a 值为 11，c 值为 6）
a=(b=4)+(c=6)	（表达式值为 10，a 值为 10，b 等于 4，c 等于 6）
a=(b=10)/(c=2)	（表达式值为 5，a 等于 5，b 等于 10，c 等于 2）

赋值表达式也可以包含复合的赋值运算符。如下：

a+=a-=a*a 也是一个赋值表达式。

如果 a 的初值为 12，此赋值表达式的求解步骤如下：

（1）先进行“a-=a*a”的运算，它相当于 a=a-a*a=12-144=-132。

（2）再进行“a+=-132”的运算，相当于 a=a+(-132)=-132-132=-264。

将赋值表达式作为表达式的一种，使赋值操作不仅可以出现在赋值语句中，而且可以以表达式形式出现在其他语句（如输出语句、循环语句等）中，如：printf("%d", a=b)；如果 b 的值为 3，则输出 a 的值（也是表达式 a=b 的值）为 3。在一个语句中完成了赋值和输出双重功能，这是 C 语言灵活性的一种表现。

赋值表达式在 C 语言中不能独立存在，但按照 C 语言规定，任何表达式在其末尾加上分号就构成为能独立存在的语句。因此如 x=8；a=b=c=5；都是赋值语句。在下一章介绍“语句”之后，就可以了解到赋值表达式和赋值语句之间的联系和区别了。

2.4.2　算术运算符与算术表达式

算术运算符用于各类数值运算。包括加（+）、减（-）、乘（*）、除（/）、求余（或称模运算，%）、求负数（-）、自增（++）、自减（--）共八种。算术表达式是由计算对象、算术运算符以及圆括号构成，如 1+8*（12-4）%3。其基本形式与数学上的算术表达式类似。

1. 基本算术运算符

基本算术运算符包括加（+）、减（-）、乘（*）、除（/）、求余（或称模运算，%）、求负数（-）六种，它们的优先级从高到低分别为

-（求负数）—>* / %（乘、除、取余）　—> + -（加、减）

结合方向：求负数从右到左，其余都是从左向右。

此外，除了求负数是单目运算符之外，其余都是双目运算符（表 2-6）。

表 2-6　基本算术运算符

运算符	作　用	运算符	作　用
-	减法	%	模运算
+	加法	--	自减（减 1）
*	乘法	++	自增（增 1）
/	除法		

说明

（1）除法运算的区别。对于除法运算符，如果左右两边都是整数，则商取整数部分，舍弃小数部分，如 6/4 得到的是 1，而不是 1.5。但只要其中一个为实数，结果便为 double 类型，如 6/4.0 得到的是 1.5。

（2）取模运算符%，又称取余运算符，要求两侧数据皆为整数，结果为两者相除之后的余数。如 6%4 的余数为 2。

下面是说明运算符/和%用法的程序段。

```
int x,y;
x=10;
y=3;
printf("%d",x/y);              /*显示 3 */
printf("%d",x%y);              /*显示 1,整数除法的余数 */
x=1;
y=2;
printf("%d,%d",x/y,x%y);       /*显示 0,1   */
```

2. 自增自减运算符

除了以上几种基本算术运算符外，C 语言还有两个独特的单目运算符（只带一个操作数的运算符）：自增运算符++、自减运算符--，且只能作用于变量，使变量值增 1 或者减 1。自增、自减运算符不能作用于常量或表达式，因为它们具有对运算量重新赋值的功能。

自增和自减运算符有两种用法：

（1）前置运算：运算符放在变量前面，即++变量、--变量。先使变量的值增 1 或减 1，再以变化后的值参与运算。例如前置++i 和--i 代表先执行 i+1 或 i-1，再使用 i 值。即前缀运算

是“先变后用”。

（2）后置运算：运算符放在变量后面，即变量++、变量--。先使变量参与运算，再使变量的值增 1 或减 1。例如 i++和 i--代表先使用 i 值，再执行 i+1 或 i-1。后缀运算是“先用后变”。

下面展示了自增和自减运算符的用法与运算规则一些应用示例：

```
前提                              结果
j=3;  k=++j;                     /*k=4,j=4*/
j=3;  k=j++;                     /*k=3,j=4*/
j=3;  printf("%d",++j);          /*4*/
j=3;  printf("%d",j++);          /*3*/
a=3;b=5;c=(++a)*b;               /*c=20,a=4*/
a=3;b=5;c=(a++)*b;               /*c=15,a=4*/
```

C 语言允许在一个表达式中使用一个以上的赋值类运算，包括赋值运算符、自增运算符、自减运算符等。这种灵活性使程序简洁，但同时也会引起副作用。这种副作用主要表现在：使程序费解，并易于发生误解或错误。例如，当 i=3 时，表达式(i++)+(i++)+(i++)的值为多少，各种教材说法不统一：有的认为是 9(3+3+3)，如谭浩强的《C 程序设计》，清华大学出版社，1991；也有的认为是 12（3+4+5），如王森的《C 语言程序设计》，电子工业出版社，1995。到底哪一个说法正确呢？不妨看看例 2-5 程序的运行情况：

例 2-5　自增和自减运算符的应用。

```
#include "stdio.h"
void main()
{
        int i,j;
        i=3;
        j=(i++)+(i++)+(i++);
        printf("j=%d\n ",j);
        i=3;
        printf("j=%d",(i++)+(i++)+(i++));
}
```

上述程序在 TC2.0 上运行，其结果则是：j=9 j=12，而在 VC6.0 上，运行结果为 j=9 j=9，究其原因，“先用后变，先变后用“中的“先”和“后”是一个模糊的概念，很难给出顺序或时间上的准确定论。“先”到什么时候，“后”到什么程度？没有此方面的详细资料可供查询。克服这类副作用的方法是，尽量把程序写得易懂一些，即将费解处分解成若干个语句。如：k=i+++j：可写成 k=i+j：i++：而类似(i++)+(i++)+(i++)这类连续自增、自减的运算最好不要使用，以避免疑团的出现，同时也可减少程序出错的可性能。

思考题 2-13

（1）5/4 和 5.0/4 结果是否相同？

（2）表达式++i+(++i)能否写成 ++i +++i ？

2.4.3　位运算符及位运算表达式

在计算机程序中，数据的位是可以操作的最小数据单位，理论上可以用“位运算”来完成所有的运算和操作。一般的位操作是用来控制硬件的，或者做数据变换使用，但是灵活的位操作可以有效地提高程序运行的效率。C 语言提供了位运算的功能，这使得它也能像汇编语言一样用来编写系统程序。此功能使得 C 语言与其他高级语言相比，具有很大的优越性。

C 语言提供了六种位运算符，具体符号与含义如表 2-7 所示：

表 2-7　C 语言位运算符

运 算 符	含　义	运 算 符	含　义
&	按位与	~	取反
|	按位或	<<	左移
∧	按位异或	>>	右移

说明

（1）位运算符中除 ~ 以外，均为二目（元）运算符，即要求两侧各有一个运算量。

（2）运算量只能是整型或字符型的数据，不能为实型数据。

1．“按位与”运算符（&）

按位与是指：参加运算的两个数据，按二进制位进行“与”运算。如果两个相应的二进制位都为 1，则该位的结果值为 1；否则为 0。即：

0&0=0，0&1=0，1&0=0，1&1=1

例：3&5 并不等于 8，应该是按位与运算：

```
     00000011（3）
&    00000101（5）
-----------------
     00000001（1）
```

3&5的值得1

按位与运算一般用于以下场合。

（1）清零。

若想对一个存储单元清零，即使其全部二进制位为 0，只要找一个二进制数，其中各个位符合以下条件：原来的数中为 1 的位，新数中相应位为 0。然后使二者进行&运算，即可达到清零目的。

（2）取一个数中某些指定位。

如有一个整数 a（2 个字节），想要取其中的低字节，只需将 a 与 8 个 1 按位与即可。

```
     0100010001010100（8788）
&             1111111（255）
-----------------------------
     0000000001010100
```

2．按位或运算

只要对应的二个二进位有一个为 1 时，结果位就为 1。参与运算的两个数均以补码出现。

1|1=1，1|0=1，0|1=1，0|0=0

例：060|017，将八进制数 60 与八进制数 17 进行按位或运算。

```
      00110000
|     00001111
--------------
      00111111
```

应用：按位或运算常用来对一个数据的某些位定值为 1。例如：如果想使一个数 a 的低 4 位改为 1，只需将 a 与 017 进行按位或运算即可。

3．“异或”运算符（∧）

若参加运算的两个二进制位同号则结果为 0（假），异号则结果为 1（真）：0∧0=0，0∧1=1，1∧0=1，1∧1=0

```
      00111001
∧     00101010
--------------
      00010011
```

异或运算可以使特定位翻转。设有 01111010，想使其低 4 位翻转，即 1 变为 0，0 变为 1。可以将它与 00001111 进行∧运算，即：

```
      01111010
∧     00001111
--------------
      01110101
```

运算结果的低 4 位正好是原数低 4 位的翻转。可见，要使哪几位翻转就将与其进行∧运算的该几位置为 1 即可。

4．求反运算

求反运算符～为单目运算符，具有右结合性。其功能是对参与运算的数的各二进位按位求反。例如～9 的运算为：～（00001001）结果为：11110110。

5．左移运算

功能把“<<”左边的运算数的各二进位全部左移若干位，由“<<”右边的数指定移动的位数，高位丢弃，低位补 0。例如：a<<4 指把 a 的各二进位向左移动 4 位。如 a=00000011（十进制 3），左移 4 位后为 00110000（十进制 48），相当于 3 乘以 2^4。

左移 1 位相当于该数乘以 2，左移 2 位相当于该数乘以 $2^2=4$，例如 15<<2=60。但此结论只适用于该数左移时被溢出舍弃的高位中不包含 1 的情况。

6．右移运算

右移运算符“>>”是双目运算符。其功能是把“>>”左边的运算数的各二进位全部右移若干位，“>>”右边的数指定移动的位数。

例如：设 a=15，则 a>>2 表示把 000001111 右移 2 位变为 00000011（相当于十进制 3）。对无符号数，右移时左边高位移入 0；对于有符号的值，如果原来符号位为 0（表示该数为正），则左边也是移入 0。如果符号位原来为 1（表示负数），则左边移入 0 还是 1，要取决于所用的计算机系统。有的系统移入 0，有的系统移入 1。移入 0 的称为“逻辑右移”，即简单右移；移入 1 的称为“算术右移”。

思考题 2-14 请分析以下程序的输出结果。

```
#include "stdio.h"
```

```
void main()
{
        int a,b,yu,huo,yihuo,zuo,you,fan;
        a=1;
        b=10
        yu=a&b;
        huo=a|b;
        yihuo=a^b;
        zuo=a<<2;
        you=a>>2
        fan=~a;
        printf("a=%d b=%d \n ",a,b);
        printf("yu=%d huo=%d yihuo=%d\n”,yu,huo,yihuo);
        printf("zuo=%d you=%d fan=%d\n”,zuo,you,fan);
}
```

2.4.4 逗号运算符和求字节运算符

1. 逗号运算符

C 语言提供一种特殊的运算符——逗号运算符。用它将两个表达式连接起来。格式为

```
表达式 1 ，表达式 2 ，… 表达式 n，
```

逗号运算符又称为“顺序求值运算符”。求解过程是：按顺序从左到右依次求出表达式的值（先求表达式 1，再求表达式 2，再求……，直到求表达式 n），整个表达式的值是最后一个表达式即表达式 n 的值。例如逗号表达式 3+5，6+8 的值为 14。

一个逗号表达式又可以与另一个表达式组成一个新的逗号表达式，如(a=3*5，a*4)，a+5 先计算出 a 的值等于 15，再进行 a*4 的运算得 60（但 a 值未变，仍为 15），再进行 a+5 得 20，即整个表达式的值为 20。

逗号运算符是所有运算符中级别最低的。因此，下面两个表达式的作用是不同的：

（1）x=(a=3，6*3)。

（2）x=a=3，6*a。

式（1）是一个赋值表达式，将一个逗号表达式的值赋给 x，x 的值等于 18。式（2）是逗号表达式，它包括一个赋值表达式和一个算术表达式，x 和 a 的值都为 3，整个逗号表达式的值为 18。

其实，逗号表达式无非是把若干个表达式“串联”起来。在许多情况下，使用逗号表达式的目的只是想分别得到各个表达式的值，而并非一定需要得到和使用整个逗号表达式的值，逗号表达式最常用于循环语句（for 语句）中，详见第五章。

请注意并不是任何地方出现的逗号都是作为逗号运算符。例如函数参数也是用逗号来间隔的。如 printf("%d，%d，%d"，a，b，c);

上一行中的 a，b，c 并不是一个逗号表达式，它是 printf 函数的 3 个参数，参数间用逗号间隔。有关函数的详细叙述见后面章节。如果改写为 printf("%d，%d，%d"，(a，b，c)，b，c)；则(a，b，c)是一个逗号表达式，它的值等于 c 的值。括弧内的逗号不是参数间的分隔符而是逗号运算符。括弧中的内容是一个整体，作为 printf 函数的一个参数。

C 语言表达能力强，其中一个重要方面就在于它的表达式类型丰富，运算符功能强，因而

C 使用灵活，适应性强。在后面几章中将会进一步看到这一点。

思考题 2-15　假设变量 a 和 b 都是整型，则表达式(a=2,b=4,b++,a+b)的值是多少？

2．求字节运算符 sizeof

1）sizeof 的概念与意义

sizeof 是 C 语言的一种单目操作符，如 C 语言的其他操作符++、--等。它并不是函数。sizeof 操作符以字节形式给出了其操作数的存储空间大小。操作数可以是一个表达式或括在括号内的类型名。

该运算符可提高程序的可移植性、通用性以及延长软件的生命周期。因为在软件开发时，程序中对一种数据类型所占空间大小不应做任何假定，而应通过 sizeof 运算符获得。此外，sizeof 操作符的一个主要用途是与存储分配和 I/O 系统的例程进行通信。

2）sizeof 的使用方法

（1）用于数据类型。

由于不同机器中数据类型的所占空间可能有所区别，使用 sizeof 可以准确了解本机器中不同数据类型所占的字节数。

使用形式：

```
sizeof（类型名）
```

说明　数据类型必须用括号括住，如 sizeof（int）。

例 2-6　输出不同类型所占的字节数

```c
#include <stdio.h>
void main()
{
      /* sizeof()是保留字，它的作用是求某类型或某变量类型的字节数，*/
      /*  括号中可以是类型保留字或变量。*/
      /*int 型在不同的机器，不同的编译器中的字节数不一样,*/
      /*一般来说在 TC2.0 编译器中字节数为 2,在 VC 编译器中字节数为 4 */
      printf("The bytes of the variables are:\n");
      printf("int:%d bytes\n",sizeof(int));
      /* char 型的字节数为 1 */
      printf("char:%d byte\n",sizeof(char));
      /* short 型的字节数为 2 */
      printf("short:%d bytes\n",sizeof(short));
      /* long 型的字节数为 4 */
      printf("long:%d bytes\n",sizeof(long));
      /* float 型的字节数为 4 */
      printf("float:%d bytes\n",sizeof(float));
      /* double 型的字节数为 8 */
      printf("double:%d bytes\n",sizeof(double));
      /* long double 型的字节数为 8 或 10 或 12 */
      printf("long double:%d bytes\n",sizeof(long double));
      getchar();
}
```

（2）用于变量或表达式。

使用形式：

```
sizeof（）或 sizeof 变量名或表达式
```

变量名可以不用括号括住。带括号的用法更普遍，大多数程序员采用这种形式。

（3）sizeof 的结果。

sizeof 操作符的结果指示对象所占存储空间的字节数，类型是 unsigned int 类型。该类型保证能容纳实现所建立的最大对象的字节大小。注意以下③～⑥方面的内容有待参照以后章节的学习内容。

① 若操作数具有类型 char、unsigned char 或 signed char，其结果等于 1。ANSI C 正式规定字符类型为 1 字节。

② int、unsigned int、short int、unsigned short、long int、unsigned long、float、double、long double 类型的 sizeof 在 ANSI C 中没有具体规定，大小依赖于机器实现，一般可能分别为 2、2、2、2、4、4、4、8、10。

③ 当操作数是指针时，sizeof 依赖于编译器。例如 Microsoft Visual C++ 7.0 中，near 类指针字节数为 2，far、huge 类指针字节数为 4。一般 Unix 的指针字节数为 4。

④ 当操作数具有数组类型时，其结果是数组的总字节数。

⑤ 联合类型（共用体）操作数的 sizeof 是其最大字节成员的字节数。结构类型（结构体）操作数的 sizeof 是这种类型对象的总字节数，包括任何垫补在内。让我们看如下结构：

```
struct {char b; double x;} a;
```

在某些机器上 sizeof（a）=12，而一般 sizeof（char）+ sizeof（double）=9。这是因为编译器在考虑对齐问题时，在结构中插入空位以控制各成员对象的地址对齐。如 double 类型的结构成员 x 要放在被 4 整除的地址。

⑥ 如果操作数是函数中的数组形参或函数类型的形参，sizeof 给出其指针的大小。

2.5　数据类型转换

2.5.1　类型自动转换

自动转换发生在不同数据类型的量进行混合运算时，由编译系统自动完成。例如在 C 语言中可以使用 char、short、int、unsigned、long、float、double、long double 这些类型的数据组成表达式进行混合运算，这涉及参与运算的各个操作数具体应转换成什么类型，及结果应是什么类型。

在处理这样表达式时，首先将参与混合运算的不同数据类型的数据转换成相同的数据类型再进行运算。

自动转换遵循以下规则：

（1）若参与运算量的类型不同，则先转换成同一类型，然后进行运算。

（2）转换按数据长度增加的方向进行，以保证精度不降低。如 int 型和 long 型运算时，先把 int 量转成 long 型后再进行运算。C 语言的数据类型的取值范围由小到大的顺序为：

char→short→int→long→float→double→long double

（3）所有的浮点运算都是以双精度进行的，即使仅含 float 单精度量运算的表达式，也要先转换成 double 型，再作运算。

（4）char 型和 short 型参与运算时，必须先转换成 int 型。

（5）在赋值运算中，赋值号两边量的数据类型不同时，赋值号右边量的类型将转换为左边量的类型。如果右边量的数据类型长度比左边长时，则要进行截断或舍入操作。图 2-5 表示了类型自动转换的规则。

图 2-5 表示出了以上规则。在该图中，向左的箭头表示一定会发生转换，如 char，short 在参与运算时首先转化成 int 类型后再计算。向上的纵向箭头表示数据类型级别的高低，各种不同类型数据转换的方向。如：int 与 float 参与运算把 int 与 float 转化为 double 类型再运算，结果为 double 类型。下面以一个实例看看算术表达式中不同数据类型的转换。

例 2-7　假设变量的定义为 char ch; int i; float f; double d; 现在求表达式 ch/i + f*d − (f+i) 的结果值类型。

按照运算符优先级及数据类型自动转换规则，计算过程中，其类型转化及结果如图 2-6 所示。

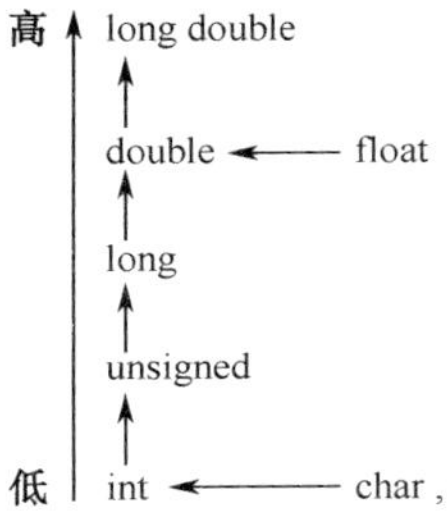

图 2-5　数据类型自动转换规则

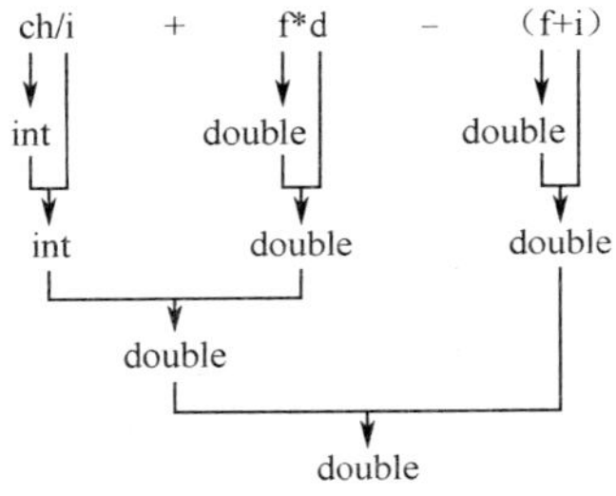

图 2-6　数据类型转换示例

2.5.2　赋值转换

在对变量进行赋值操作时，赋值运算符右边的数据类型必须转换成赋值号左边的类型，若右边的数据类型的长度大于左边，则要进行截断或舍入操作。将丢失一部分数据，这样会降低精度，丢失的部分按四舍五入向前舍入。

下面用一实例说明：

例 2-8　变量赋值类型转换例题

```
#include "stdio.h"
void main()
{
        float PI=3.14159;
        int s,r=5;
        s=r*r*PI;
        printf("s=%d\n",s);
}
```

本例程序中，PI 为实型；s，r 为整型。在执行 s=r*r*PI 语句时，r 和 PI 都转换成 double 型计算，结果也为 double 型。但由于 s 为整型，故赋值结果仍为整型，舍去了小数部分。

总之，在赋值语句中，=右边的值在赋予=左边的变量之前，首先要将右边的值的数据类型转换成左边变量的类型。也就是说，左边变量是什么数据类型，右边的值就要转换成什么数据类型的值。这个过程可能导致右边的值的类型升级（原来右边的数据类型字节数比左边的低），也可能导致其类型降级（原来右边的数据类型字节数比左边的高）。所谓“降级”，是指等级较高的类型被转换成等级较低的类型。

由于“降级”赋值损失了数的精度甚至使数据不能正常表示而造成溢出，在某些情况下会产生严重后果。一个著名的例子发生在 1996 年 6 月 4 日，阿利亚纳五号 Ariane 5 火箭的初次航行在发射后仅仅 37 秒，火箭就偏离了它的飞行路径，解体并爆炸了。火箭上载有价值 5 亿美元的通信卫星，6 亿美元付之一炬。失事调查报告指出，火箭爆炸是因为在将一个 64 位浮点数转换成 16 位有符号整数时，产生了溢出。尽管当时是由 Ada 语言在编译过程的检查失败导致的，但同其他语言一样，将大的浮点数转换成整数是一种常见的程序错误来源。

2.5.3　强制类型转换

强制类型转换是通过类型转换运算来实现的。其一般形式为

```
（类型说明符）（表达式）
```

其功能是把表达式的运算结果强制转换成类型说明符所表示的类型。例如：(float) a 是把 a 转换为实型；(int)(x+y)是把 x+y 的结果转换为整型。在使用强制转换时应注意以下问题：

（1）类型说明符和表达式都必须加括号（单个变量可以不加括号），如把(int)(x+y)写成(int)x+y 则成了把 x 转换成 int 型之后再与 y 相加了。

（2）无论是强制转换或是自动转换，都只是为了本次运算的需要而对变量的数据长度进行的临时性转换，而不改变数据说明时对该变量定义的类型。

```
void main()
{
    float f=5.75;
    printf("(int)f=%d,f=%f\n",(int)f,f);
}
```

程序运行结果是：(int)f=5,f=5.750000

本例表明，f 虽强制转为 int 型，但在运算中起作用是临时的，f 本身的类型并不改变。因此，(int)f 的值为 5（舍去了小数）而 f 的值仍为 5.75。

思考题 2-16　若有定义 int a=7; float x=2.5, y=4.7; 则表达式 x+a%3*(int)(x+y)%2/4 的值是多少，结果是什么数据类型？

2.6　本 章 小 结

本章主要内容包括：C 语言基本数据类型介绍；整型、实型、字符型数据的常量表示；变量的定义与使用；以及可用于这些数据的运算符。内容多，语法繁杂，但本章知识却是学好 C 语言的基础，因为无论简单还是复杂的程序都要涉及要处理的数据。而且，编程前一般需要对数据将采用什么数据类型表示、涉及何种操作等做必要分析。

1．本章需要理解和掌握的知识点

（1）基本数据类型在内存中所占字节数、表示形式、表示范围以及所允许的操作。

（2）各种类型常量的表示形式和特点，例如字符常量和字符串常量的区别；转义字符和普通字符的不同等。

（3）有符号数和无符号数的区别；字符型和数值型的混合运算和转换。

（4）变量的定义和使用。“先定义后使用”是变量的使用规则，同时，对变量的操作无外乎“赋值”和“取值”两种，前者将一个值赋给变量，后者则是使用变量的值做其他的运算。

（5）部分运算符的用法、优先级及结合性。容易出错的运算符包括自增运算符++，自减运算符--、复合运算符。

（6）数据类型的自动转换和强制转换。

2．常见错误分析

（1）书写标识符时，忽略了大小写字母的区别。

```
void main()
{
  int   a=5;
  printf("%d",A);
}
```

编译程序把 a 和 A 认为是两个不同的变量名，而显示出错信息。C 认为大写字母和小写字母是两个不同的字符。习惯上，符号常量名用大写，变量名用小写表示，以增加可读性。

（2）忽略了变量的类型，进行了不合法的运算。

```
void main()
{
  float   a,b;
  printf("%d",a%b);
}
```

%是求余运算，得到 a/b 的整余数。整型变量 a 和 b 可以进行求余运算，而实型变量则不允许进行“求余”运算。

（3）将字符常量与字符串常量混淆。

```
char   c;
c="a";
```

在这里就混淆了字符常量与字符串常量，字符常量是由一对单引号括起来的单个字符，字符串常量是一对双引号括起来的字符序列。C 规定以“\0”作字符串结束标志，它是由系统自动加上的，所以字符串“a”实际上包含两个字符：‘a’和‘\0’，而把它赋给一个字符变量是不行的。

（4）忽略了“=”与“==”的区别。

在许多高级语言中，用“=”符号作为关系运算符“等于”。如在 BASIC 程序中可以写

```
if(a=3)then…
```

但 C 语言中，“=”是赋值运算符，“==”是关系运算符。如

```
if(a==3)a=b;
```

前者是进行赋值，将 3 赋值给 a，if 后的表达式的值一直为真；后者表示如果 a 和 3 相等，把 b 值赋给 a。由于习惯问题，初学者往往会犯这样的错误。

（5）忘记加分号。分号是 C 语句中不可缺少的一部分，语句末尾必须有分号。

```
a=1
b=2
```

编译时，编译程序在“a=1”后面没发现分号，就把下一行“b=2”也作为上一行语句的一部分，这就会出现语法错误。改错时，有时在被指出有错的一行中未发现错误，就需要看一下上一行是否漏掉了分号。

（6）多加分号。

对于复合语句来说，最后一个语句中最后的分号不能忽略不写。如：

```
{ z=x+y;
  t=z/100;
  printf("%f",t);
};
```

复合语句的花括号后不应再加分号，否则将会画蛇添足。如：

```
if(a%3==0);
I++;
```

本是如果 3 整除 a，则 I 加 1。但由于 if(a%3==0)后多加了分号，则 if 语句到此结束，程序将执行 I++语句，不论 3 是否整除 a，I 都将自动加 1。再如：

```
for(I=0;I<5;I++);
{ scanf("%d",&x);
  printf("%d",x);
}
```

本意是先后输入 5 个数，每输入一个数后再将它输出。由于 for()后多加了一个分号，使循环体变为空语句，此时只能输入一个数并输出它。

习　　题

一、填空题

1．C 语言所提供的基本数据类型包括：________、________、________、________。

2．已定义 char ch=‘$’;int i=1,j;执行 j=!ch&&i++以后，i 的值为________。

3．假设所有变量均为整型，则表达式(a=2,b=5,a++,b++,a+b)的值为________。

4．以下程序运行后的输出结果是________。

```
void main()
{    int m=12,n=34;
     printf("%d%d",m++,++n);
     printf("%d%d\n",n++,++m);
}
```

5．有以下程序

```
void main()
{    int a,b,d=25;
     a=d/10%9;
```

```
    b=a&&(-1);
    printf("%d,%d\n",a,b);
}
```

程序运行后的输出结果是________。

6．数字字符 0 的 ASCII 值为 48，若有以下程序

```
void main()
{   char a='1',b='2';
    printf("%c,",b++);
    printf("%d\n",b-a);
}
```

程序运行后的输出结果是________。

7．以下程序运行后的输出结果是________。

```
void main()
{   int a,b,c;
    a=10; b=20; c=(a%b<1)||(a/b>1);
    printf("%d %d %d\n",a,b,c);
}
```

8．执行以下程序后的输出结果是________。

```
void main()
{   int a=10;
    a=(3*5,a+4); printf(“a=%d\n”,a);
}
```

9．有以下程序

```
void main()
{   int x,y,z;
    x=y=1;
    z=x++,y++,++y;
    printf("%d,%d,%d\n",x,y,z);
}
```

程序运行后的输出结果是________。

10．设有以下变量定义，并已赋确定的值：

```
char  w; int  x; float  y; double  z;
```

则表达式:w*x+z-y 所求得的数据类型为________。

二、思考题

1．熟悉 Visual C++、Turbo C、Code::Blocks 等多种 C 语言集成开发环境，运行以下程序，在每一行输出变量的值以后，再输出该变量所占内存的字节数，观察程序的运行结果有什么不同？

```
#include "stdio.h"
void main()
```

```
{
    int a=1;
    float b=2.5;
    char c='A';
    printf("a = %d\n",a);
    printf("b = %f\n",b);
    printf("c = %c\n",c);
}
```

2．C 语言编程时，经常遇到整数运算之后的结果超出计算机能表示的数据范围，即溢出。请思考如果发生溢出会产生什么后果？应该如何避免数据溢出？

3．编程计算当 x=5 时，公式 $\dfrac{1+x^3}{x^3+x^2+x+1}\times 6$ 的值，运行看输出结果与答案（本题答案是：24.230769）是否一致。

提示：注意数学中公式的表示与计算机中的区别。

4．三个同学数学成绩分别是 87 分、72 分和 93 分，求这三位同学的数学平均分。

输入输出示例：

三个同学数学的平均分是：84

5．已知有一个整数 152，计算其每位数字的累加和。

输入输出示例：

152 每位数字的累加和是 8

提示：

（1）用变量 n 存放一整数，a、b、c 分别存放个位数、十位数、百位数的值，sum 存放每位数的累加和。

（2）利用求余运算 % 求出每位数字，除法运算 / 去除个位数。例如，152%10=2，152/10=15。

拓展思考　4 位整数或者 5 位整数的各位数字的累加和?

6．学习完本章后，可以着手对简易计算器和学生管理系统进行需求分析，为下一步的程序设计做准备：

（1）需要定义哪些变量、常量?

（2）可能要用到哪些数据类型?

（3）各种类型的数据的取值范围是怎样的?

第三章　顺序结构程序设计

结构化程序设计中的三种基本结构是：顺序结构、选择结构和循环结构。顺序结构是最简单的一种程序结构，其他的结构可以包含顺序结构也可以作为顺序结构的组成部分。

【学习目标】

1. 了解C语言程序的结构。
2. 掌握语句的概念。
3. 掌握格式输入输出函数的用法。
4. 掌握字符输入输出函数的用法。
5. 了解最简单的C顺序程序编写方法。

3.1　问 题 提 出

3.1.1　What

本章所介绍的语句，将按它们在程序中书写的先后顺序逐条执行，由这样的语句构成的程序结构称为顺序结构。

3.1.2　Why

顺序结构是最简单的一种程序结构，其他的结构可以包含顺序结构也可以作为顺序结构的组成部分，可见顺序结构无处不在，它是构成其他程序结构的基础。

3.1.3　When & Where

任何一个程序都会用到顺序结构，即使是最简单的程序也不例外。

3.1.4　How

要了解顺序结构，首先要了解C语言的语句，在3.2节中我们将介绍C语言的几种基本语句。其中，键盘输入和屏幕输出是编写简单的顺序结构程序时最常用到的操作，我们将在3.3节进行介绍。

如果要让计算机完成一个任务，我们先要将这个任务分解成一步一步的具体步骤，再将这些步骤全部翻译成计算机能理解的语言，然后将翻译好的步骤输入计算机。

第一步就是我们平时说的设计程序，也就是设计解题步骤，即算法。

第二步利用一种计算机能理解的语言来描述算法，也叫编写程序。

第三步将描述好的算法输入计算机。

我们学习C语言重点是学习第二步，就是已经有一个算法，然后编写一个程序来描述这个算法。至于这个算法好不好，能不能解决问题，就不是C语言这门课程的学习重点了。

下面我们通过图3-1来看一看C程序的构成。

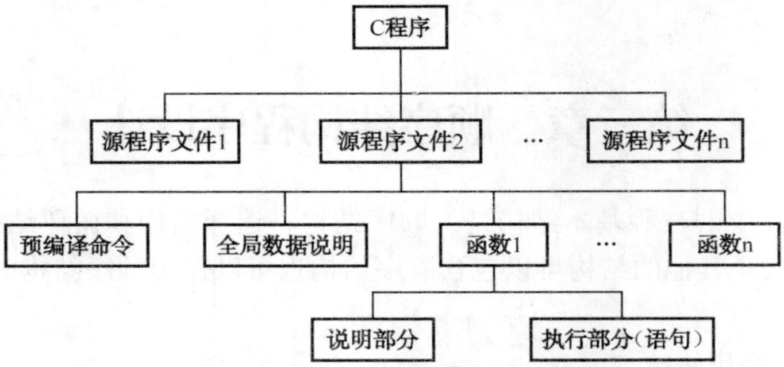

图 3-1 C 程序的构成

图 3-1 说明 C 程序是由若干源程序构成的。而在大多数情况下，一个 C 程序只是由一个源程序构成。一个源程序中又包含编译预处理命令（预编译命令）、全局变量的定义命令和多个用户函数。而各函数又由说明部分和执行部分组成。说明部分主要是定义本函数中要用到的变量，执行部分是由语句组成的。我们用 C 语言来编写程序就是学习组合使用语句来描述一个算法。

下面我们就先开始学习 C 语言的语句。

3.2 C 语言的基本语句

C 程序的执行部分是由语句组成的。程序的功能也是由执行语句实现的。C 语句通常以“;”结尾（复合语句及末尾包含复合语句的控制语句除外），编译后产生机器指令。C 语句可分为 5 类：控制语句、函数调用语句、表达式语句、空语句、复合语句。

1. 控制语句

控制语句用于控制程序的流程，以实现程序的各种结构方式。它们由特定的语句定义符组成。C 语言有 9 种控制语句，可分成以下 3 类。

（1）条件判断语句：if 语句、switch 语句。

（2）循环执行语句：do…while 语句、while 语句、for 语句。

（3）转向语句：break 语句、goto 语句（此语句尽量少用，因为它不利于结构化程序设计，滥用它会使程序流程无规律、可读性差）、continue 语句、return 语句。

2. 函数调用语句

函数调用语句由一个函数调用加一个分号“;”构成。其一般形式为：

```
函数名(实际参数表);
```

执行函数语句就是调用函数体并把实际参数赋予函数定义中的形式参数，然后执行被调函数体中的语句，求取函数值。例如：

```
printf("Hello");
```

其中，printf("Hello")是一个函数调用，加上一个分号就成为了一条语句。

3. 表达式语句

表达式语句由表达式加上分号“;”构成，其中最典型的是，由赋值表达式构成的赋值语句。执行表达式语句就是计算表达式的值，任何表达式都可以加上分号而成为语句，分号是语句中不可缺少的组成部分，而不是两个语句之间的分隔符号。例如：

```
y+z        是一个加法表达式
y+z;       加法运算语句，但计算结果不能保留，无实际意义
i++;       自增 1 语句，i 值增 1
x=y+z;     赋值语句
a=10;      赋值语句
```

其实函数调用语句也属于表达式语句，因为函数调用也属于表达式的一种，只是为了便于理解和使用，才把函数调用语句和表达式语句分开来说明。

4．空语句

只有分号“;”组成的语句称为空语句。空语句只有一个分号，它什么也不做。空语句的作用主要是用来作为空循环体或程序流程的转向点。

5．复合语句

把一些说明和若干个语句用括号{}括起来组成的一个语句称为复合语句（又称语句块）。在程序中应把复合语句看成是单条语句，而不是多条语句。例如：

```
{
    int x;      /* 定义变量 */
    x=b-c;
    a=b+c;
    printf("%d %d", x, a);
}
```

是一条复合语句。复合语句内的各条语句都必须以分号“;”结尾，即使是复合语句中最后一个语句最后的分号也不能忽略不写。此外，在括号“}”外不能加分号。

复合语句中可以包含说明部分，也可以没有，C99 甚至允许将说明部分放在复合语句中的任何位置，但习惯上把它放在复合语句的开头位置。

复合语句通常作为 if 语句的子句或循环的循环体，此时程序需要连续执行一组语句。

3.3 数据输入与输出

数据的输入与输出是程序中最基本的操作之一，没有输出的程序是没有意义的。C 语言本身不提供输入输出语句，所有的输入输出操作都是由 C 标准函数库中的函数来实现的。C 语言的标准函数以库的形式在 C 的编译系统中提供，它们不是 C 语言的组成部分。

不同的编译系统所提供的函数库中，函数的数量、名字和功能是不完全相同的。不过有些通用的函数（如 printf 和 scanf 等），各种编译系统都提供，成为各种系统的标准函数。

3.3.1 字符输入输出函数

1．putchar 函数（字符输出函数）

putchar 函数是字符输出函数，其功能是在显示器上输出单个字符。其一般形式为：

```
putchar(字符变量或字符常量);
```

例如：

```
putchar('A');          /* 输出大写字母 A */
```

```
putchar(x);          /* 输出字符变量 x 的值 */
putchar('\101');     /* 也是输出字符 A */
putchar('\n');       /* 输出换行 */
```

对控制字符则执行控制功能，不在屏幕上显示。

使用本函数前必须要用文件包含命令：

```
#include <stdio.h>
```

或

```
#include "stdio.h"
```

例 3-1　输出单个字符。程序源代码如下：

```
#include <stdio.h>
void main()
{
    int c=65;
    char a='B';
    putchar(c);
    putchar('\n');
    putchar(a);
}
```

程序运行结果为

```
A
B
```

2．getchar 函数（字符输入函数）

getchar 函数的功能是从键盘上输入一个字符。通常把输入的字符赋予一个字符变量，构成赋值语句，其一般形式为

```
字符变量=getchar();
```

例如：

```
char c;
c=getchar();
```

例 3-2　输入单个字符。程序源代码如下：

```
#include <stdio.h>
void main()
{
    int c;
    printf("请输入一个字符：");
    c=getchar();
    printf("%c 的十六进制为：%x\n",c,c);
}
```

运行程序时会显示“请输入一个字符：”，光标闪烁，等待输入数据。假设输入 A，并按回

车确认，则输出结果为：“A 的十六进制为：41”

使用 getchar 函数还应注意几个问题：

（1）getchar 函数只能接受单个字符，输入数字也按字符处理。输入多于一个字符时，只接收第一个字符。

（2）使用本函数前必须包含头文件“stdio.h”。

思考题 3-1　有以下程序，假设运行程序时输入“x□y□z↙”，输出结果是否为“xyz”？为什么？（本章中，凡出现“□”字符的地方都视为空格，“↙”字符都视为回车符）

```
#include <stdio.h>
void main()
{
        char a,b,c;
        a=getchar();
        b=getchar();
        c=getchar();
        putchar(a);
        putchar(b);
        putchar(c);
}
```

3.3.2　printf()函数

格式化输出函数 printf()，其功能为按控制字符串规定的格式，向缺省输出设备（一般为显示器）输出在输出项列表中列出的各输出项，其基本格式为

```
printf("格式控制字符串", 输出项列表);
```

输出项可以没有，也可以是一个或多个。输出项是多个时，各项之间用逗号分隔。输出项可以是常量、变量、表达式，其类型与个数必须与格式控制字符串中格式字符的类型、个数一致。

格式控制字符串必须用双引号括起（实际上，等大家学过字符串和指针以后会发现，这个格式控制字符串除了可以是双引号括起来的字符串常量以外，还可以是一个指向字符串的指针），由格式说明和普通字符两部分组成。

1．普通字符

普通字符包括可打印字符和转义字符。

可打印字符主要是一些说明性的文本，这些字符按原样显示在屏幕上，如果有汉字系统支持，也可以输出汉字。

转义字符如第二章所讲，一般是不可打印的字符，它们其实是一些控制字符，控制产生特殊的输出效果，例如换行等。当然转义字符也用来表示一些字符串中不方便直接表示的字符，例如双引号本身。

2．格式说明

格式说明由“%”和格式字符组成，其一般格式为

```
%[<修饰符>]<格式字符>
```

格式字符是必须的，它规定了对应输出项数据的输出形式。而修饰符是可选的，用于确

定数据输出的宽度、精度、小数位数、对齐方式等，用于产生更规范整齐的输出，当没有修饰符时，以上各项按系统缺省设定显示。printf 函数用到的格式字符见表 3-1，其中输出结果以 VC6.0 为例。

表 3-1　printf 函数的格式字符

字　符	说　明	举　例	输出结果
d 或 i	按带符号的十进制整数输出	printf("%d",19);	19
x 或 X	按无符号十六进制整数输出	printf("%x",255);	ff
o	按无符号八进制整数输出	printf("%o",65);	101
u	按无符号十进制整数输出	printf("%u\n",1); printf("%u",-1);	1 4294967295
c	按字符型输出	printf("%c",'B'); printf("%c",65);	BA
s	按字符串输出	printf("%s","AB");	AB
f	按小数形式输出单、双精度实数	float a=567.789; printf("%f",a);	567.789001
e 或 E	按指数形式输出单、双精度实数	float a=567.789; printf("%e",a);	5.677890e+002
g 或 G	按 e 和 f 格式中较短的一种输出	float a=567.789; printf("%g",a);	567.789
p	输出变量的内存地址	详见第八章	
%	输出百分号（%）	printf("%%");	%

printf 函数用到的格式修饰符见表 3-2。

表 3-2　printf 函数的格式修饰符

修饰符	功　能
m（十进制正整数）	表示输出的最小宽度。数据长度<m 时，左补空格，否则按实际输出
.n（小数点加十进制非负数）	在 e,E,f 前，指定小数点后位数（四舍五入）
	在 g,G 前，指定输出的有效数字
	对于整数，指定必须输出的数字个数，不足的在数字前补 0
	对字符串，指定实际输出字符数
-	输出的数据在输出宽度内左对齐（缺省为右对齐）
+	强制在正数前显示正号（+），负数前显示负号（-）
0	将输出宽度内的前导空格替换成 0，数据左对齐时无效
#	在八进制和十六进制数前显示前导 0 或 0x
l	对于整数，指定输出 long 型数据
	对于实型，指定输出精度为 double 型
h	输出整型数据时，强制输出为 short 型数据

printf 函数用到的格式字符和格式修饰符比较多，也比较烦琐，初学时不易掌握，更不易记住。初学时不必花很多精力去深究每一个细节，重点掌握最常用的一些规则即可。学习这部分的内容最好边看书边上机练习，通过实践锻炼逐步掌握这些知识的应用。以下是一些常

见的用法：

（1）%d：用来输出十进制整数。常见的有以下几种用法：

① %d：按整型数据的实际长度输出。例如：

```
printf("%d",567);
```

输出结果为

```
567
```

② %md：m 为指定的输出数据的最小宽度。若数据的位数小于 m，则左端补以空格；若大于 m，则按实际位数输出，此时可以配合修饰符“0”和“-”加以控制。例如：

```
int a=1234;
printf("%3d\n",a);
printf("%8d\n",a);
printf("%08d\n",a);
printf("%-8d\n",a);
```

输出结果为

```
1234
□□□□1234
00001234
1234□□□□
```

③ %ld 和%hd：输出长整型和短整型数据。例如：

```
long a=65536L;
printf("%hd,%ld,%d\n",(short)a,a,a);
```

16 位编译系统（如：TC2.0）上的输出结果为

```
0,65536,0
```

32 位编译系统（如：VC6.0）上的输出结果为

```
0,65536,65536
```

（2）%o：以无符号八进制形式输出整数。对长整型可以用"%lo"格式输出，短整型可以用"%ho"格式输出，同样也可以指定最小宽度用"%mo"格式输出，还可以使用"%#o"格式强制输出前导 0。例如：

```
printf("%d,%o,%#o,%#o,%o,%d",10,10,10,010,010,010);
```

输出结果为

```
10,12,012,010,10,8
```

对于有符号的数直接转成无符号输出，例如：

```
printf("%d,%o",-1,-1);
```

16 位编译系统上的输出结果为

```
-1,177777
```

程序解析：-1 在 16 位编译系统的内存单元中（以补码形式存放）为$(11111111\ 11111111)_2$，转换为八进制数为$(177777)_8$。

（3）%x：以无符号十六进制形式输出整数。对长整型可以用"%lx"格式输出，短整型可以用"%hx"格式输出，同样也可以指定最小宽度用"%mx"格式输出，还可以使用"%#x"格式强制输出前导 0x。例如：

```
printf("%d,%x,%#X,%#x,%x,%d",10,10,10,0x10,0x10,0x10);
```

输出结果为

```
10,a,0XA,0x10,10,16
```

对于有符号的数同样也是直接转成无符号数后输出。

（4）%u：以无符号十进制形式输出整数。对长整型可以用"%lu"格式输出，短整型可以用"%hu"格式输出。同样也可以指定最小宽度用"%mu"格式输出。

（5）%c：输出一个字符。也可以指定最小宽度用"%mc"格式输出。

```
printf("%3c%3c", 'a', 65);
```

输出结果为

```
□□a□□A
```

（6）%s：用来输出一个字符串。可以用"%ms"指定最小输出宽度，也可以使用"%m.ns"在指定最小输出宽度的同时只取字符串左端 n 个字符进行输出。但这些用法使用率不高。

（7）%f：以小数形式输出实型数（包括单、双精度）。主要有以下几种用法：

① %f：不指定宽度，整数部分全部输出并默认输出 6 位小数。

② %m.nf：输出至少占 m 列，其中有 n 位小数，如数值宽度大于 m，则按实输出，如果小于 m，则左端补空格。

③ %-m.nf：输出至少占 m 列，其中有 n 位小数，如数值宽度小于 m，则右端补空格。

例如：

```
float f=123.456;
printf("%f\n%10.2f\n%-10.1f\n",f,f,f);
```

输出结果为

```
123.456001
□□□□123.46
123.5□□□□□
```

思考题 3-2

上例中第一个输出结果为什么是“123.456001”，而不是“123.456000”呢？

（8）%e：以指数形式输出实型数。主要有以下几种用法：

① %e：数字部分（又称尾数）输出 6 位小数，指数部分占 5 位或 4 位。

② %m.ne 和%-m.ne：m、n 和”-”字符含义与前相同。此处 n 指数据的数字部分的小数位数，m 表示整个输出数据所占的最小宽度。

例如：

```
float f=123.456;
printf("%e,%.2e\n",f,f);
```

输出结果为

```
1.234560e+002,1.23e+002
```

（9）%g：自动选 f 格式或 e 格式中较短的一种输出，且不输出无意义的零。

思考题 3-3　设有“float f=123.456;”，则按%g 输出变量 f 时，是按 f 格式还是 e 格式？

3．调用 printf 函数时的注意事项

在调用 printf 函数进行输出时需要注意：

（1）在格式控制串中，格式说明与输出项从左到右在类型上必须一一对应匹配。如不匹配，将导致数据不能正确输出。

（2）在格式控制串中，格式说明与输出项的个数应该相同。如果格式说明的个数少于输出项的个数，多余的输出项不予输出；如果格式说明的个数多于输出项的个数，则对于多余的格式说明在不同的编译系统将输出不定值或 0 值。

（3）如果需要输出百分号“%”，则应该在格式控制串中用两个连续的百分号“%%”来表示。

（4）在输出语句中改变输出变量的值，如：

```
int i=5;
printf("%d %d\n",i,i++);
```

则不能保证先输出 i 的值，然后再求 i++并输出。这里的输出结果跟编译平台有关，我们编写程序的时候尽量避免使用这种写法。

（5）printf 函数的返回值通常是本次调用中输出字符的个数。

3.3.3　scanf()函数

与格式化输出函数 printf()相对应的是格式化输入函数 scanf()。格式化输入函数 scanf()的功能是从键盘上输入数据，该输入数据按指定的输入格式被赋给相应的输入项。函数一般格式为

```
scanf("格式控制字符串", 输入项列表);
```

输入项列表由一个或多个变量地址组成，当变量地址有多个时，各变量地址之间用逗号“，”分隔。scanf()中各变量要加求地址运算符，就是变量名前加“&”，这是初学者容易忽略的一个问题。这也是 scanf()和 printf()的不同之处。

其中格式控制字符串规定数据的输入格式，必须用双引号括起，其内容由格式说明和普通字符两部分组成。

1．格式说明

格式说明规定了输入项中的变量以何种类型的数据格式被输入，形式是

```
%[<修饰符>]<格式字符>
```

其中，格式字符见表 3-3。

表 3-3　scanf 函数的格式字符

字　符	说　明
d	输入一个十进制整数
u	输入无符号十进制整数
o	输入一个八进制整数（可以带前导 0，也可以不带）
x	输入一个十六进制整数（可以带前导 0x 或 0X，也可以不带）
i	输入一个整数，根据输入的前导符号自动判断是八进制、十六进制还是十进制
c	输入一个字符，空白字符（包括空格、回车、制表符）也作为有效字符输入
s	输入一个字符串，遇到第一个空白字符（包括空格、回车、制表符）时结束
f 或 e	输入一个单精度实数，以小数或指数形式输入均可

scanf 函数的格式修饰符相比 printf 函数要少很多，这些修饰符也是可选的，分别如下。

（1）l 和 h。

可以和 d、u、o、x、i 一起使用，加 l 表示输入数据为长整型数据，加 h 表示输入数据为短整型数据。

另外 l 还可以修饰 f 和 e，用于输入 double 型数据，这一点需要特别注意。在 printf 函数输出时使用 f 和 e 可以输出单精度实数，也可以输出双精度实数，但是在 scanf 函数输入数据时，f 和 e 只能输入单精度实数，要正确的输入双精度实数的值，必须使用 lf 或 le。

（2）输入数据所占宽度 m。例如：

```
scanf("%4d%2d%2d",&yy,&mm,&dd);
```

若程序运行时从键盘输入：

```
19991015↙
```

将把 1999 赋给 yy，把 10 赋给 mm，把 15 赋给 dd。又如：

```
scanf("%3c%2c",&c1,&c2);
```

输入：

```
abcde↙
```

则把'a'赋给 c1，把'd'赋给 c2。

（3）字符*。

*表示按规定格式输入但不赋予相应变量，作用是跳过相应的数据。例如：

```
scanf("%3d%*4d%f",&k,&f);
输入：
12345678765.43↙
```

则 123 赋给 k，8765.43 赋给 f，4567 被跳过，不赋给任何变量。

2．普通字符

与 printf 函数的普通字符不同，scanf 的格式控制字符串中普通字符是不显示的，而是规定了输入时必须输入的字符，例如：

```
scanf("%d,%d",&a,&b);
```

若输入为

```
1,2↙
```

则 a 和 b 分别得到值 1 和 2。若输入为

```
1  2↙
```

则除 a 能正确赋予值 1 外，对 b 的赋值将以失败告终。同理，对于以下语句：

```
scanf("a=%d",&a);
```

正确的输入格式应为

```
a=5↙
```

其中，“a=”并不是输出的提示，而是运行时需要从键盘上原样输入的，这显然增加了用户输入的负担，可见在 scanf 的格式控制串中尽量少用甚至不用普通字符，而只用格式说明就行了。

思考题 3-4　用语句“scanf("%d:%d:%d",&a,&b,&c);”将数据 3、4、5 输入给变量 a、b、c，应该以什么样的格式输入？

3．使用 scanf 函数时应注意的问题

（1）scanf 函数的“格式控制串”后面的输入项应当是变量地址，而不应是变量名。

（2）scanf 函数输入多个数值数据时，数据之间需要分隔符。

当格式控制串中没有其他普通字符来分隔各格式说明时，一般以空格、制表符或回车作为输入的分隔符。当格式串中两个格式符间有其他字符时，就必须以其做分隔符。例如：

```
scanf("%d%d",&a,&b);
```

正确的输入形式如下：

```
5  6↙
```

中间可以是一个或多个空格，又如：

```
scanf("%d,%d",&a,&b);
```

正确的输入形式如下：

```
5,6↙
```

中间必须以“,”分隔。

（3）用“%c”格式符时，空格、制表符和回车均作为有效字符输入，例如：

```
scanf("%c%c%c",&c1,&c2,&c3);
```

若输入：

```
a□b□c↙
```

则 a 赋给 c1，空格赋给 c2，b 赋给 c3。

（4）scanf 函数输入数据时不能规定精度。例如：

```
scanf("%5.2f",&a);
```

是不合法的。

（5）在格式控制串中，格式说明与输出项从左到右在类型上必须一一对应匹配。如不匹配，系统并不给出出错信息，但不可能得到正确的数据。

（6）在格式控制串中，格式说明与输入项的个数应该相同。如果格式说明的个数少于输入项的个数，scanf 函数结束输入，多余的数据项并没有从终端获得数据；如果格式说明的个数多于输入项的个数时，同样结束输入。

（7）当输入的数据少于 scanf 函数的要求时，scanf 函数将继续等待输入，直到输入满足要求或遇到非法字符为止；当输入的数据多于 scanf 函数的要求时，多余的数据将留在缓冲区，作为下一次输入操作的输入数据。

（8）scanf 函数的返回值为本次调用中得到输入值的输入项的个数。

思考题 3-5　从键盘上输入 x 的值为 456，ch 的值为'a'，程序源代码如下：

```
#include <stdio.h>
void main()
{
    int x; char ch;
    scanf("%d",&x);
    scanf("%c",&ch);
    printf("x=%d,ch=%c\n",x,ch);
}
```

若输入：

```
456□a↙
```

（1）能不能按要求输入 x 和 ch 的值？

（2）输入方式不变，要使输入符合要求，应怎样修改程序？

3.4　算法与程序实现

例 3-3　试编写求梯形面积的程序，梯形的上底、下底和高由键盘输入。

分析：所以先定义一些实型变量，用来存放上底、下底、高和面积的值，再调用输入函数输入上底、下底和高的值，然后利用公式求出面积，最后调用输出函数输出面积。设梯形上底为 a，下底为 b，高为 h，面积为 S，则 $S=(a+b)\times h\div 2$。

程序源代码如下：

```
#include <stdio.h>
void main()
{
    float a,b,h,s;
    printf("Please input a,b,h:");
    scanf("%f%f%f",&a,&b,&h);
    s=0.5*(a+b)*h;
    printf("a=%.2f b=%.2f h=%.2f\n",a,b,h);
    printf("s=%.4f\n",s);
}
```

运行结果如下：

```
Please input a,b,h:2.6 3.4 3.0↙
a=2.60 b=3.40 h=3.00
s=9.0000
```

例 3-4　已知某同学三门课程的成绩，求平均分。

分析：

（1）定义三个变量 yu、shu、wai、average 来存放三门课程的成绩及平均分。

（2）调用输入函数输入三门课程成绩存入变量 yu、shu、wai。

（3）计算三门课程的平均分赋给变量 average。

（4）最后调用输出函数输出 average。

程序源代码如下：

```
#include <stdio.h>
void main()
{
        float yu,shu,wai,average;
        printf("Please input yu,shu,wai:");
        scanf("%f,%f,%f",&yu,&shu,&wai);
        average=(yu+shu+wai)/3.0;
        printf("The average is:%.2f\n",average);
}
```

运行结果如下：

```
Please input yu,shu,wai:93,88.5,89↙
The average is:90.17
```

例 3-5　求方程 $ax^2+bx+c=0$ 的实根。

分析：

（1）定义变量 a、b、c、x1、x2、d、p、q。

（2）调用 scanf 函数输入实数 a、b、c，且要求满足 a 不等于 0，$b^2-4ac>0$。

（3）根据求根公式，先求 b*b-4*a*c 的值存入变量 d，再调用求平方根函数 sqrt()，求出 sqrt(d)/(2*a)的值存入 q；求出-b/(2*a)的值存入 p。

（4）求方程的根 x1=p+q，x2=p-q。

（5）调用 printf 函数输出方程的根。

程序源代码如下：

```
#include <stdio.h>
#include <math.h>
void main()
{
        float a,b,c,d,x1,x2,p,q;
        printf("Please input a,b,c:");
        scanf("%f%f%f",&a,&b,&c);
        d=b*b-4*a*c;
```

```
        p=-b/(2*a);
        q=sqrt(d)/(2*a);
        x1=p+q; x2=p-q;
        printf("x1=%.2f   x2=%.2f\n",x1,x2);
}
```

运行结果如下：

```
Please input a,b,c:2 -5 2↙
x1=2.00   x2=0.50
```

3.5 本 章 小 结

本章主要讲述了 C 语言的基本语句，并在此基础上介绍了格式输入函数 scanf()、格式输出函数 printf()、字符输入函数 getchar()和字符输出函数 putchar()。通过函数调用语句调用这些函数可帮助我们完成原始数据输入和运算结果的输出。掌握了输入输出的基本方法，我们就可以学习编写简单的顺序结构的程序了。

1. 学写简单的顺序结构程序

从前面的例子我们可以看出，一个最简单的顺序结构程序是由一些编译预处理命令和一个主函数组成。

编译预处理命令：如果要使用标准库函数，应该使用编译预处理命令，将相应的头文件包含进来。

前面讲过 C 的库函数非常丰富，它是由系统提供的，不必定义就可以直接使用。在 VC6.0 中使用库函数，一定要把它所对应的头文件包含进来。如果说使用库函数是典型的“拿来主义”，我们就把编译预处理命令当作是跟主人“打招呼”吧！

例如：如果我们要使用 scanf()、printf()、getchar()、putchar()函数，就要加上以下编译预处理命令

```
#include <stdio.h>
```

注意后面没有分号“;”，因为它并不属于不是 C 语言的语句。

主函数：主函数的函数体中，包含说明部分和执行部分，其中说明部分主要定义函数中要用到的一些变量，执行部分包含着按顺序执行的一些语句。大体上分为三步：

（1）数据提供部分，主要方式有 scanf()、getchar()函数、赋值语句、变量赋初值。

（2）数据运算部分，现阶段最主要是利用运算符和基本语句。

（3）结果输出部分，主要用 printf()、putchar()函数。

2. 常见错误分析

（1）语句末尾忘记分号。“;”是 C 语句结束的标志，一定不能忘记。

（2）括号不匹配。初学者很容易忘记 main 主函数后面的圆括号()和函数体的花括号{}，因为初学者多数在书写程序时没有养成对齐和缩进的好习惯，造成在写表达式时也经常少写了半边括号。编译时会指出错误，但不一定能指出错误类型，往往显示的是其他类型的错误。因此，应养成良好的习惯，括号应当成对输入。

（3）用 scanf 函数输入数据时忘记在变量前加求地址运算符。例如：

```
#include <stdio.h>
void main()
{
        int a,b,c;
        scanf("%d,%d",a,b);
        c=a+b;
        printf("%d",c);
}
```

编译时会有警告(warnings)：使用了未初始化的变量 a、b。如果执行程序，会出现错误。需要将程序中的 scanf 所在行改成如下形式：

```
scanf("%d,%d",&a,&b);
```

（4）在 scanf 函数中加入“\n”。例如：

```
scanf("%d\n",&a)
```

这样的结果是当输入数据并回车后，程序仍在继续等待输入而不继续运行。

（5）忘记定义变量。例如：

```
1    #include <stdio.h>
2    void main()
3    {
4            a=b=3;
5            c=a+b;
6            printf("%d",c);
7    }
```

编译时会出现错误(errors)：a,b,c undeclared identifier。C 语言中变量必须先定义后使用，应在第 3 行和第 4 行之间加入变量的定义：

```
int a,b,c;
```

（6）引用还未赋值的变量。例如：

```
1    #include <stdio.h>
2    void main()
3    {
4            int a,b,c;
5            c=a+b;
6            printf("%d",c);
7    }
```

编译时会有警告(warnings)：使用了未初始化的变量 a、b。因为在执行第 5 行的赋值语句时，a 和 b 均未赋值，虽然程序可以执行，但执行结果是一个混乱的数字。因此变量要先赋值后引用。

（7）变量赋值超过取值范围。通过第二章的学习，我们知道不同类型的变量取值范围不同，在程序设计中应注意这一点。

（8）main 函数的名字写错了。有些初学者会把 main 写成 mian，造成程序找不到入口，无法执行。

（9）在字符串以外的地方使用了全角字符。特别是在源程序中有一些中文提示信息，需要不断切换输入法状态，在输入分号、引号、括号等标点符号时容易将半角字符错输成全角字符。因此，必须养成随时切换到英文半角字符状态下进行输入的习惯。

习　　题

一、填空题

1．C 语句分为五种：________、函数调用语句、________、空语句和________。

2．一个简单语句的最后一个字符是________。

3．复合语句是用________括起来的语句。

4．getchar 函数的作用是从终端输入________个字符。

5．如果从键盘输入字符 a 并按回车键，则以下程序运行结果是________。

```
#include <stdio.h>
void main()
{
        putchar(getchar());
}
```

6．以下程序段的输出结果为________。

```
char c='x';
printf("c:dec=%d,oct=%o,hex=%x,ASCII=%c\n",c,c,c,c);
```

7．若有以下程序段（n 所赋的是八进制数）：

```
int m=32767,n=032767;
printf("%d,%o\n",m,n);
```

执行后输出结果是________。

8．有以下程序段：

```
int m=0,n=0; char c='a';
scanf("%d%c%d",&m,&c,&n);
printf("%d,%c,%d\n",m,c,n);
```

若从键盘上输入：10A10↙，则输出结果是________。

9．以下程序段的输出结果为________。

```
int y=3,x=3,z=1;
printf("%d %d\n",(++x,y++),z+2);
```

10．以下程序的输出结果为________。

```
#include <stdio.h>
void main()
{
        float a=123.456; double b=8765.4567;
        printf("(1) %f\n",a);
        printf("(2) %14.3f\n",a);
```

```
        printf("(3) %6.4f\n",a);
        printf("(4) %lf\n",b);
        printf("(5) %14.3lf\n",b);
        printf("(6) %8.4lf\n",b);
        printf("(7) %.4f\n",b);
}
```

二、思考题

1．若 a=3, b=4, c=5, x=1.2, y=2.4, z=-3.6, u=51274, n=128765, c1='a', c2='b'。想得到以下的输出格式和结果：

```
a=□3□□b=□4□□c=□5
x=1.200000,y=2.400000,z=-3.600000
x+y=□3.60□□y+z=-1.20□□z+x=-2.40
u=□51274□□n=□□□128765
c1='a'□or□97(ASCII)
c2='b'□or□98(ASCII)
```

请写出程序（包括定义变量类型和设计输出）。

2．编写程序，从键盘上输入 3 个数分别给变量 a、b、c，求它们的平均值。并按如下形式输出：average of **、** and ** is **.**。其中，三个**依次表示 a、b、c 的值，**.**表示 a,b,c 的平均值。

3．编写程序，输入圆的半径，求出圆的周长和面积并输出。

4．从键盘输入一个小写字母，要求改用大写字母输出。提示：查阅 ASCII 码表，找规律。

5．从键盘输入一个三位数，将该数的各位反序输出。如输入“567”，输出“765”。

6．从键盘输入三角形三边长度，输出三角形面积。要求输出结果保留两位小数。提示：根据三角形三边长求面积公式：

$$\text{面积} = \sqrt{s \times (s-a) \times (s-b) \times (s-c)}$$

其中，$s = \dfrac{a+b+c}{2}$。开方可以调用系统数学函数 sqrt()。

7．编写一个根据商品原价和折扣率，计算商品的实际售价的程序。原价和折扣率由键盘输入。

第四章　选择（分支）结构程序设计

顺序结构的程序虽然能解决计算、输出等问题，但不能做判断再选择。对于要先做判断再选择的问题就要使用选择（分支）结构。本章将介绍选择结构的运算符、表达式以及分支控制语句。

【学习目标】

1. 熟练应用关系表达式和逻辑表达式。
2. 熟练使用 if-else 实现选择结构。
3. 熟练使用 switch 和 break 实现多分支选择结构。
4. 掌握选择结构的嵌套使用。

4.1　问 题 提 出

4.1.1　What

选择程序结构用于判断给定的条件，根据判断的结果判断某些条件，根据判断的结果来控制程序的流程。

4.1.2　Why

上一章介绍的顺序结构是比较简单的，只要按照顺序写出程序的相应语句就行，程序的执行顺序是自上而下，依次执行。使用顺序结构虽然能解决简单的输入、计算、输出等问题，但单独用这种结构组织程序的话，程序的功能是很弱的，它不能做判断再选择。而在实际问题中，我们经常需要在不同条件下进行不同操作的情况，以下列举了一些常见的例子。

（1）在简易计算器中，比较数的大小是其功能之一，如找出两个或者三个数中的最大者。类似例子：学生成绩管理系统中求成绩的最高分、最低分。

$$y=\begin{cases}1 & x>0\\ 0 & x=0\\ -1 & x<0\end{cases}$$

图 4-1　符号函数

（2）根据参数 x 的值求符号函数的值，当参数 x 的值在大于、等于或者小于 0 时，这一函数分别得到 1、0、−1，函数定义如图 4-1 所示。类似问题如：在学生成绩管理系统中，根据一个学生的成绩来划分到不同的等级中（等级有五种：优、良、中、及格、不及格）。

（3）在现实生活购买商品时，卖家在购买者购买不同金额或数量货物时提供不同的折扣，购买量越大打折越多。类似问题如：政府对不同收入人群按不同比率征收收入税；公司员工按每月销售额进行不同比率提成等。

（4）输入一个三角形的三条边的边长，判断能否构成一个三角形，如果可以构成，判断该三角形是否属于等腰、等边三角形？类似问题如：输入一个二元方程的系数，求方程的根（根据系数的不同，可得出无根、有相同实数根、不同实数根等情况）。

（5）要判别某一年是否闰年，类似问题有：判断一个数是否为奇数、偶数；水仙花数等。

（6）在简易计算器中，可以根据用户的选择进行不同计算，如：加减乘除等。

通过分析以上问题不难发现它们都存在不同的前提条件，并且针对不同条件需要进行不同操作。对以上例子的粗略分析如下：

（1）程序中需要比较两个或三个数据的大小，然后根据比较的结果再决定谁是其中的最大者。而求成绩的最高分、最低分涉及对多位同学的成绩进行多次比较。

（2）对参数 x 的值和 0 进行大小的比较，然后决定函数的结果。

（3）对顾客购买货物的金额或数量进行判断，根据不同范围的值进行不同的折扣计算。

（4）对输入的三个边长进行是否合法的判断，得到“合法”与“不合法”两种结果，对“合法”三角形的三边继续判断是否满足等腰或者等边三角形的条件，并对结果进行输出。

（5）根据数的值按对应的要求进行某种运算，然后根据运算结果得出结论。例如要判断一个数是否是偶数，只要和 2 进行求余数运算，如果余数为 0 则为偶数，否则为奇数。

（6）根据用户选择的不同计算类型来确定两数进行何种计算。

4.1.3　When & Where

C 语言为了使程序能解决以上及类似问题，提供了另外一种控制结构—选择（分支）结构。

4.1.4　How

分支结构的执行是依据一定的条件选择执行路径，而不是严格按照语句出现的物理顺序。它适合于带有逻辑或关系比较等条件判断的计算，编程之前，需要先分析程序中所处理的数据、构造合适的分支条件以及程序流程，然后将程序流程用程序流程图绘制出来（流程图图符可以参照 1.2 小节），最后根据程序流程写出源程序。这样做可以把程序的分析、算法流程与程序实现分开，使得问题简单化，易于理解。

而要实现这种结构，需要更多的运算符、表达式和相应的控制语句，下面小节将逐一介绍。

思考题 4-1　通常程序在解决何种问题时需要用到选择结构？

4.2　关系运算符和关系表达式

从上一节提出的问题可以看出，在程序中经常需要比较两个量的大小关系，以决定程序下一步的工作。比较两个量大小的运算符称为关系运算符。

关系运算符都是双目运算符，其结合性均为左结合。关系运算符的优先级低于算术运算符，高于赋值运算符。在 C 语言中共有六个关系运算符。它们的名称、符号以及优先级如图 4-2 所示。

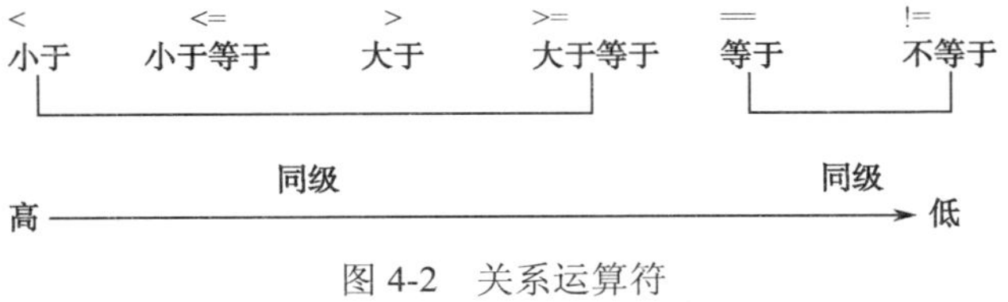

图 4-2　关系运算符

所谓“关系运算”实际上是“比较运算”。将两个值进行比较，判断其比较的结果是否符合给定的条件。可以对各种数值类型的数据使用关系运算符来进行大小比较。例如：下面是两个简单的关系表达式，其结果表明了关系是否成立。

（1）3<=5　　关系成立。

（2）5 != 10/2　关系不成立。

程序中使用关系运算的时候需要注意以下方面：

（1）关系表达式也是表达式的一种，C 语言规定关系运算结果是整型数 0 或者 1：如果关系成立，表达式的值就是 1，代表“真”；关系不成立结果为 0，代表“假”。

（2）如果进行关系比较的两个数据类型不同，则按与数学运算一样的规则，先进行类型转换，变成同一种类型后再做比较。具体转换规则详见第二章。

例如‘a’>90　结果为 1，因为‘a’对应的 ASCII 码值为 97。

‘A’>90　结果为 0，因为‘A’对应的 ASCII 码值为 65。

（3）注意在程序中连续写一个以上关系运算符与传统数学表达的区别。

例如，尽管 C 语言 5>=3>=2 是一个合法的关系表达式，但它的结果不是为“真”，而是“假”。因为关系符的结合性是从左到右，于是先计算 5>=3，结果为真，即整数 1，然后进行 1>=2 的比较，结果当然为“假”，即整数 0。

如果要表达数学中类似 5>=3>=2 情况的多个关系，需要用到我们即将学习的逻辑运算符和逻辑表达式。

（4）应避免对实数作相等或不等的判断。因为实数在计算机的存储中，可能因为有效位数的不足而造成精度的损失。

如 1.0/3.0*3.0= =1.0 结果为 0，要表达实数的相等可采用近似或逼近的方式，如上述情况可改写为 fabs(1.0/3.0*3.0−1.0)<1e−6。

（5）注意区分“=”与“= =”。“=”运算符是赋值运算符，它的作用是将等号右边的值赋给左边的变量。而“= =”运算符是关系是否相等的比较符，比较的结果是 0（代表不相等）或者 1（代表相等）。例如：

假设有 int a=0，b=1；那么 a= =b 的结果是 0；而 a=b 的结果是使变量 a 得到和 b 一样的值 1。

思考题 4-2

（1）5>2>7>8 的值为多少？

（2）假如有 int i=1，j=7，a；a=i+j%4!=0；
　　则 a=？

4.3　条件运算符和条件表达式

C 语言中有一个特殊的三目条件运算符“?:”。由这个运算符构成的表达式为条件表达式，恰当使用可以得到不同条件下的不同值。

条件表达式的格式为

e? e1：e2　　　　其中，e、e1、e2 代表表达式。

条件表达式的求值法则是：首先求解 e 的值，若 e 值为非 0（代表条件成立），则取 e1 的值作为条件表达式的值；若 e 值为 0（代表条件不成立），则取 e2 的值作为条件表达式的值。下面是条件表达式的应用举例。

例 4-1　如有以下函数：

$$y=\begin{cases}1 & x>=0\\ -1 & x<0\end{cases}$$，请用赋值表达式描述。

描述如下，下式中赋值号右边的是条件表达式：

y=(x>=0)?1:-1

注意条件表达式还可以嵌套使用。

例如：如果要表示图 1 所示的代数函数，则可用以下的赋值表达式来表示：

y=(x>0)?1:(x==0)?0:-1

解释为：x 如果大于 0，则 y 等于 1；否则的话（意味 x 不大于 0，即小于或者等于 0），x 如果等于 0，则 y 等于 0，否则 y 等于-1。

例 4-2　输入英文字母，编写程序改变字母的大小写，即若为大写字母，则变为小写字母；否则，变为大写字母。

程序源代码如下：

```
#include "stdio.h"
void main()
{   char ch;
    scanf("%c",&ch);          /*输入字符存入变量 ch*/
    ch=(ch>='a' && ch<='z' )? (ch+'A'-'a') : (ch>='A' && ch<='Z' )? (ch+'a'-'A') : ch;
    /*当 ch 为小写英文字母的时候，将字母变成大写; */
    /*否则，当 ch 为大写英文字母的时候，将字母变成小写，非英文字符不变*/
    printf("ch=%c \n",ch);   //输出字符 ch
}
```

程序运行结果为

```
输入：A
输出：ch=a
输入：b
输出：ch=B
输入：?
输出：ch=?
```

思考题 4-3　如果已知 a=10，b=20，则表达式 max=a>b?a : b 的值为多少？该语句实现了什么功能？

4.4　逻辑运算符和逻辑表达式

编程的时候我们经常需要描述多个关系，例如在第 1 节中提出的若干问题中，学生成绩管理系统需要根据一个学生的成绩来划分到不同的等级中，当 100>=成绩>=90 成立时，等级为优；当 90>成绩>=80 成立时，等级为良等等。虽然从理论上讲，有了前面两节学过的关系表达式和条件表达式，就已经可以描述任何复杂的条件了。但多于一个以上的关系需要用嵌套的条件表达式才能表达，而过多的嵌套显然影响程序的可阅读性。为了能使程序容易阅读，同时又能描述复杂的条件，C 语言提供了三个逻辑符号，利用它们可以描述多个条件同时成立或者其中一个成立，或者某个或多个条件不成立等。

C 语言的三个逻辑符号分别是！（逻辑非）、&&（逻辑与）、||（逻辑或），它们分别代表“否定”、“并且”、“或者”三种逻辑运算。三个运算符中，!是单目运算符，其余两个为双目运算符。

三个逻辑符优先级次序：

（1）!（非）→&&（与）→（或），即“!”为三者中最高的。

（2）逻辑运算符中的“&&”和“||”低于关系运算符，“!”高于基本算术运算符，与其他运算符优先级的比较可参考附录。

根据以上逻辑符优先级规则，以上(a＞b) && (x＞y)可写成 a＞b && x＞y；(a= =b) || (x= =y)可写成 a= =b || x= =y；(!a) || (a＞b)可写成!a || a＞b。

表 4-1 解释了这三个运算符的含义及其计算方式。

表 4-1　逻辑运算符的含义及其计算方式

<table>
<tr><td>!表达式</td><td>把表达式的值的否定作为结果：如果表达式的值是 0，则结果为 1；如表达式的值非 0，则结果为 0。</td></tr>
<tr><td>表达式 1&&表达式 2</td><td>只有两个表达式都非 0 时结果为 1，否则为 0。
计算方式：先求表达式 1；若得到 0 则不计算表达式 2，直接以 0 作为整个表达式的结果；否则（当表达式 1 的值非 0），就计算表达式 2，如果它为 0 则整个表达式结果为 0，否则结果为 1。</td></tr>
<tr><td>表达式 1||表达式 2</td><td>只有两个表达式的值都为 0 时结果为 0，否则为 1。
计算方式：先求表达式 1；若得到非 0 则不计算表达式 2，以 1 作为整个表达式的结果；否则（当表达式 1 的结果为 0 时）计算表达式 2，如果它也为 0 则整个表达式结果为 0，否则结果为 1。</td></tr>
</table>

注意　C 语言把参与逻辑运算的表达式的值看作逻辑值。0 表示“假”，非 0 表示“真”，而逻辑运算的结果和关系运算结果一样：条件不成立结果为 0，表示“假”，条件成立结果为 1，表示“真”。

如果一个表达式中包含逻辑运算符，且逻辑运算符是所有运算符中优先级最低的，则称该表达式为逻辑表达式。一般情况下，我们用逻辑运算符将关系表达式或逻辑量连接起来，以下是逻辑表达式的应用举例。

（1）用逻辑表达式表示 100>=成绩>=90 这一条件。

解释：以上条件蕴含了两个关系：成绩>=90 和成绩<=100，并且两个关系必须同时成立，所以用 C 逻辑表达式表示为：成绩>=90 &&成绩<=100。

（2）要判别某一年是否闰年。闰年的条件是符合下面二者之一：①能被 4 整除，但不能被 100 整除。②能被 4 整除，又能被 400 整除。

解释：要表示一个数能被另一个数整除，只要将前者和后者进行取模运算，如果得到 0 表示可以整除，否则不能。如 year%4 ==0 关系成立，表示 year 能被 4 整除。

所以该例题的第一个条件可以用 year%4= =0 && year%100 != 0 表示。第二个条件可以简化为一个条件：能被 400 整除（因为能被 400 整除意味这能被 4 整除）。即 year%400 = =0。

经过以上分析，这个例题的条件可以用如下逻辑表达式来表示：

```
(year%4==0 && year%100!=0) || (year%400==0)
```

思考题 4-4

（1）假如有 int x=3，y=4，z=5；根据运算符的优先级关系，求出下列逻辑表达式的值：x+10 > y*z && y<10 || y>12。

（2）请用逻辑表达式表示以下问题的条件：

输入一个三角形的三条边的边长 a，b，c，判断能否构成一个三角形（提示：三角形的三条边必须满足任意两边之和大于第三边）。

（3）有以下程序段：

```
int a,b,c;
a=b=c=1;
++a || ++b && ++c;
```

问执行后 a、b、c 的值各是多少？

4.5 if 语句

实现分支结构的语句也称为分支控制语句。C 语言的分支语句常见的有 if 语句和 switch 语句，if 语句用于二路分支的情况，而 switch 用于多路分支的情况。

if 语句是用来判定所给定的条件是否满足，根据判定的结果（真或假）决定执行给出的两种操作之一。

C 语言提供了三种形式的 if 语句。

4.5.1 简单 if 语句

其一般格式和对应的流程图如图 4-3 所示。

```
简单 if语句的一般格式为
if (表达式)
语句;
```

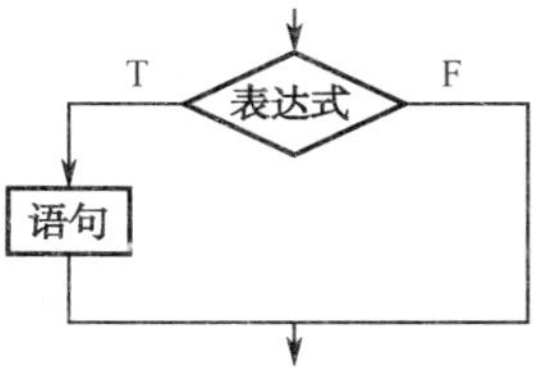

图 4-3 简单 if 语句格式及流程图

简单 if 语句功能：如果表达式的值为真（值为非零），则执行其后的语句，否则不执行该语句。注意：语句可以是单条语句，也可以是由多条语句组合而成的复合语句，复合语句必须加“{}”。

简单 if 语句适用于只对满足一个条件下需要操作的情况。以下例题是简单 if 语句的应用：

例 4-3 从键盘输入一个整数，输出该数的绝对值。

分析：该程序涉及数据只有一个整数，假设为 a，当 a>0 值不变，当 a<0 使它变为相反值 −a。最后输出 a 的值。

以上分析对应流程图及程序实现见图 4-4。

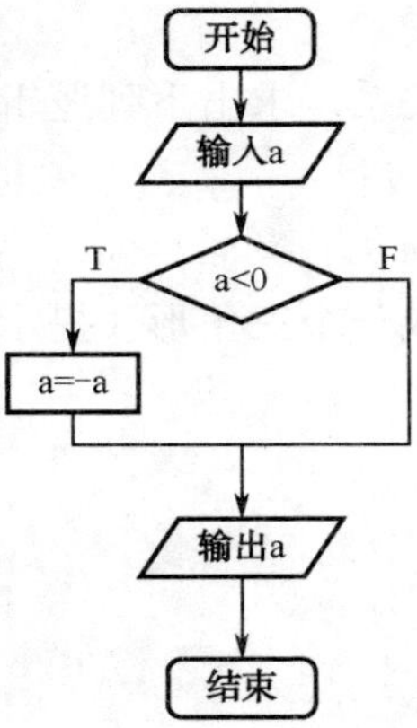

程序源代码如下：

```
#include <stdio.h>
void main( )
{
    int   a;
    printf("请输入一个整数:\n");
    scanf("%d", &a );
    if   ( a < 0 )
        a = -a;
    printf("绝对值为: %d\n", a );
}
```

图 4-4　求数绝对值流程图及程序

例 4-4　任意输入两个整数，将较大的数输出。

分析：该程序涉及数据为两个整数，假设以 a 和 b 表示，当 a>=b 输出 a，当 a<b 则输出 b。要使用简单分支，可以借助另外一个变量 max，使它的初值等于 a，这样就只要在 a<b 的情况下使 max=b 就行了。最后输出 max。

以上分析对应流程图及程序实现见图 4-5。

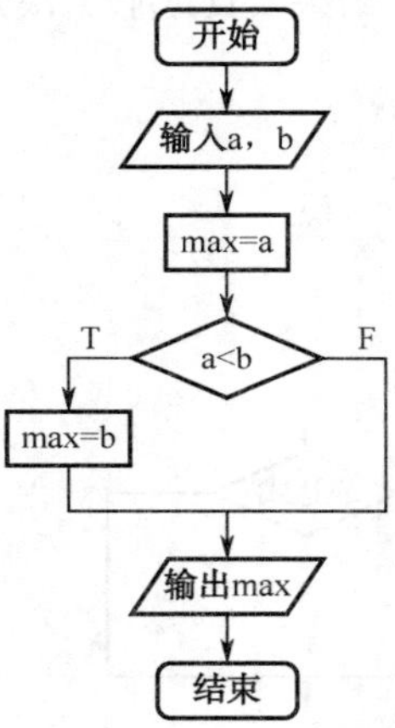

程序源代码如下：

```
#include <stdio.h>
void main( )
 {
    int   a, b, max;
    printf("请输入两个整数：\n");
    scanf("%d%d", &a, &b );
    max=a;
    if ( a < b )
       max=b;
    printf("max=%d \n",max );
 }
```

图 4-5　求两数中较大数流程图及程序

4.5.2　if-else 语句

简单 if 语句只适用于很简单的分支情况，if-else 形式语句提供了针对条件满足和不满足两种情况的分支。其一般格式和对应的流程图如图 4-6 所示。

语句形式如下：

```
if-else 语句的一般格式为
if (表达式)
   语句 1;
else
   语句 2;
```

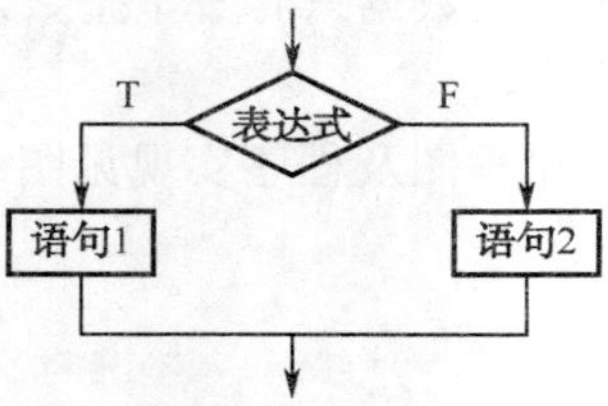

图 4-6　if-else 语句形式及其流程图

语句功能：如果表达式的值为真（值为非零），则执行语句 1，否则执行语句 2。

以下例题是 if-else 形式语句的应用。

例 4-5 使用 if-else 形式语句实现例 4-4 的功能：任意输入两个整数，将较大的数输出。

分析：该程序涉及数据两个整数，假设以 a 和 b 表示，当 a>=b 使得 max=a，当 a<b 则使 max=b，最后输出 max 值。

以上分析用图 4-7 流程图实现。可以看出，用 if-else 形式语句比用简单 if 语句实现更加直观、简洁。

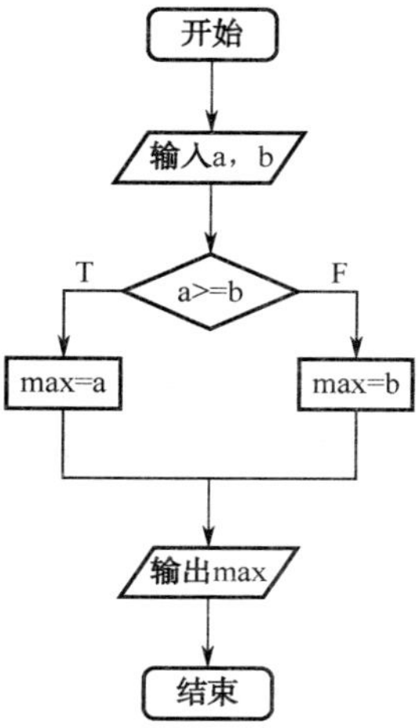

程序源代码如下：

```
#include <stdio.h>
void main( )
 {
   int   a, b, max;
   printf("请输入两个整数：\n");
   scanf("%d%d", &a, &b );
   if ( a >= b )
     max=a;
   else
     max=b;
   printf(" \n max=%d \n",max );
 }
```

图 4-7 if-else 形式语句实现求两数最大值

4.5.3 if-else-if 语句

if-else 形式语句提供了针对条件满足和不满足两种情况的分支。多于两个以上分支情况却无能为力（除非用到后面的一般嵌套形式），if-else-if 形式则可以处理多分支问题，且后一层分支的条件都是包含在上一层条件否定之下的。其一般格式和对应的流程图如图 4-8 所示。

if-else-if 形式语句的一般格式为：

```
if (表达式 1)
语句 1;
else if (表达式 2)
语句 2;
…
else
语句 n;
```

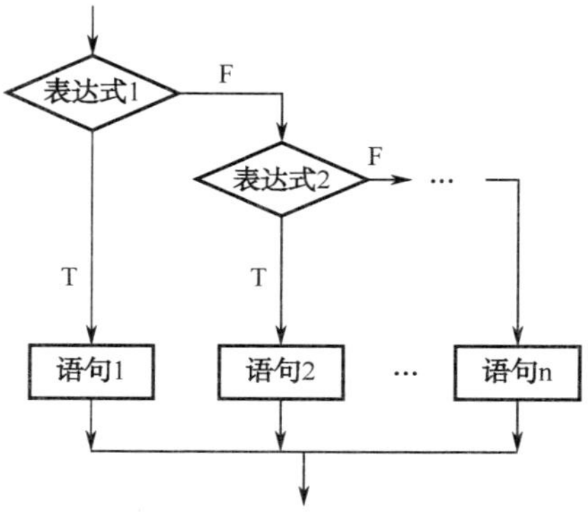

图 4-8 if-else-if 语句一般格式和对应的流程图

if-else-if 形式语句功能：依次判断表达式的值，当出现某个值为真时（值为非零），则执行对应的语句，执行完后跳到整个 if 语句之外继续执行后面的程序。如果所有的表达式值均为假（值为 0），则执行语句 n，然后执行后续程序。

if-else-if 形式语句应用举例。

例 4-6　根据图 1 所示的代数符号函数定义编程：输入参数 x 的值求符号函数 y 的值，当参数 x 的值在大于、等于或者小于 0 时，这一函数分别得到 1、0、−1。

分析：输入 x，x 如果大于 0，则 y 等于 1；否则的话（意味 x 不大于 0 即小于或者等于 0）：x 如果等于 0，则 y 等于 0，否则 y 等于−1。

以上分析对应流程图及程序实现见图 4-9。

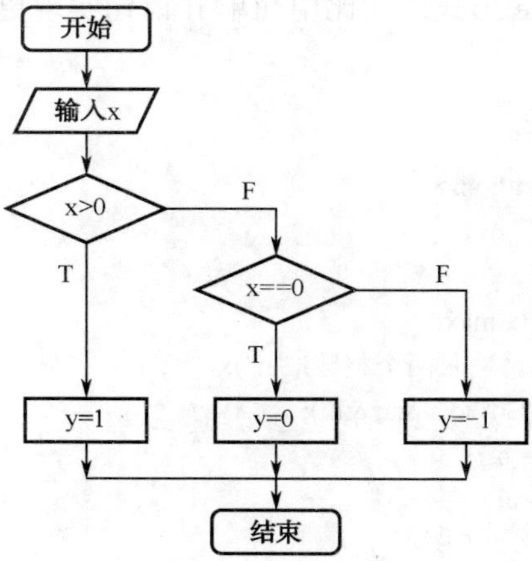

程序源代码如下：

```
#include <stdio.h>
void main(   )
{
    int    x,y;
    printf("请输入参数 x：\n");
    scanf("%d ", &x);
    if (x>0) y=1;
    else if (x==0) y=0;
    else y=−1;
    printf("参数 x= %d，函数 y=%d\n", x, y);
}
```

图 4-9　符号函数求解流程图

4.5.4　if 语句嵌套

在 if 语句中又包含一个或多个 if 语句称为 if 语句的嵌套，被嵌套的 if 语句可以包含在上一层满足条件之下，也可嵌套在上一层不满足条件之下。if-else-if 语句可以视为 if 语句嵌套的一种特殊形式，后面的 if 是嵌套在上一层的 else 之下。一般的 if 语句嵌套可以表示为图 4-10 两种形式之一：

```
嵌套 if 语句格式一：
if (表达式)
  if 语句;
```

```
嵌套 if 语句格式二：
if (表达式)
  if 语句;
else
  if 语句;
```

图 4-10　嵌套 if 语句两种形式

注意　在嵌套内的 if 语句可能又是 if-else 型的，如图 4-11 中嵌套 if 语句参考形式，这将出现多个 if 和多个 else 的情况，其中的 else 究竟和哪一个 if 配对呢？C 语言规定，else 总是与它上面的离它最近的且未配对的 if 配对，如上述形式中的 else 是和 if（表达式 2）中的 if 配对，而且 if（表达式 2）-else 语句是嵌套在外层的 if 语句中的，其控制流程如图 4-11 所示。

如果 else 需要与 if（表达式 1）中的 if 配对，也是可以的，只要把 if（表达式 2）加上花括弧就行。图 4-12 展示了{ }限定了内嵌 if 语句的作用范围之后的控制流程，这里的大括弧{ }限定了内嵌 if 语句的作用范围，因此 else 与第一个 if 配对。

嵌套 if 语句参考形式：

```
if (表达式 1)
if (表达式 2)
语句 1;
else
语句 2;
```

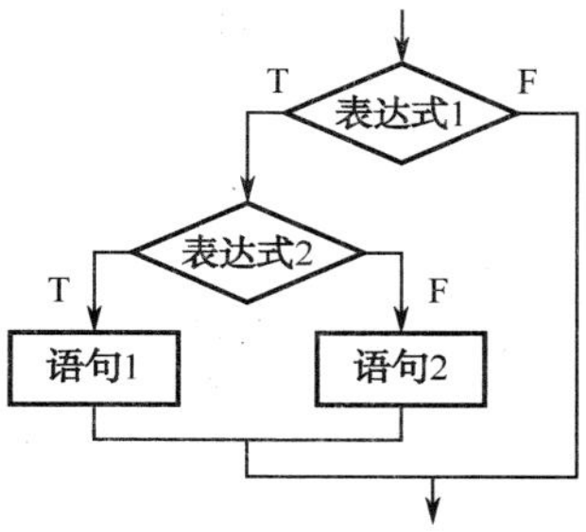

图 4-11　嵌套 if 语句参考形式及其控制流程

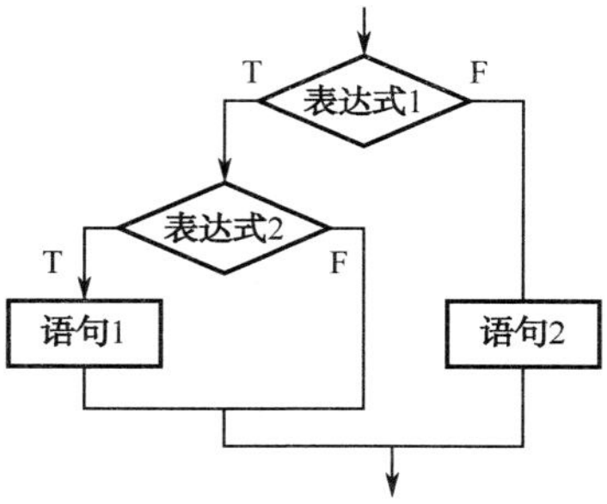

图 4-12　使用{ }限定内嵌 if 语句的作用范围

If 嵌套语句应用举例。

例 4-7　请用 If 嵌套实现例 4-6 的功能：对代数符号函数定义编程。

为了进行比较，下面用图 4-13 和图 4-14 分别展示了正确使用嵌套实现和错误使用的两种方法。

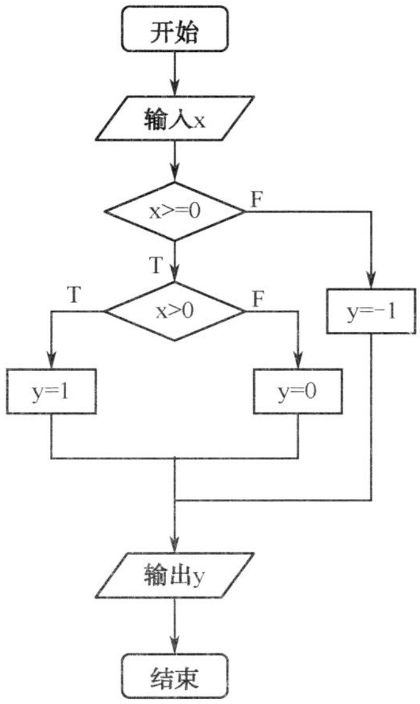

程序源代码如下：

```
#include <stdio.h>
void main()
{
    float x,y;
    printf("请输入参数 x：\n");
    scanf("%f",&x);
    if(x>=0)
        if(x>0)
          y=1;
        else
          y=0;
    else
          y=-1;
printf("y=%4.0f\n",y);
}
```

图 4-13　正确使用 if 嵌套举例

从图 4-14 源程序的缩排上可以看出，作者希望 else 是与 if (x>=0) 配对，但是 C 语言规定 else 总是与离它最近的上一个 if 配对，结果，上述算法的流程图完全违背了设计者的初衷。

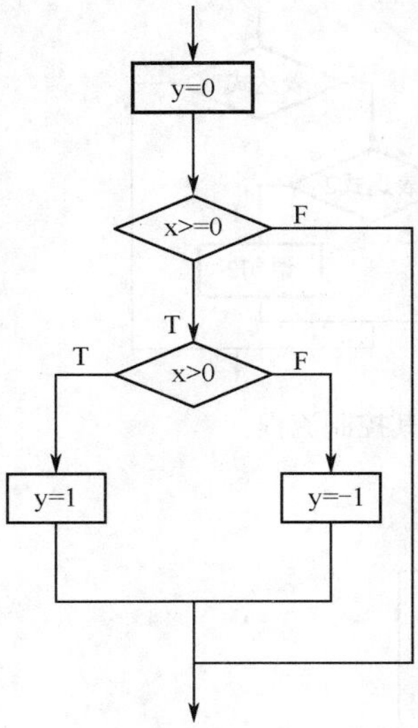

程序源代码如下：

```
#include <stdio.h>
void main()
{
    float x,y;
    printf("请输入参数 x：\n");
    scanf("%f",&x);
    y=0;
    if(x>=0)
      if(x>0)
        y=1;
    else
        y=-1;
    printf("y=%4.0f\n",y);
}
```

图 4-14　错误使用 if 嵌套举例

改进的办法是使用复合语句，将上述程序段的 if 语句部分改写如下，这时的程序流程能正确反映函数的取值。

```
y=0;
if (x>=0)
{
  if (x>0)
  y=1;
}
else
  y=-1;
```

例 4-8　任意输入三个整数，找出其中最大的整数。

分析：设三个数用 a，b，c 表示，用 max 表示最大数。按流程图所示过程依次对三个数进行比较，找出最大数。流程图见图 4-15。

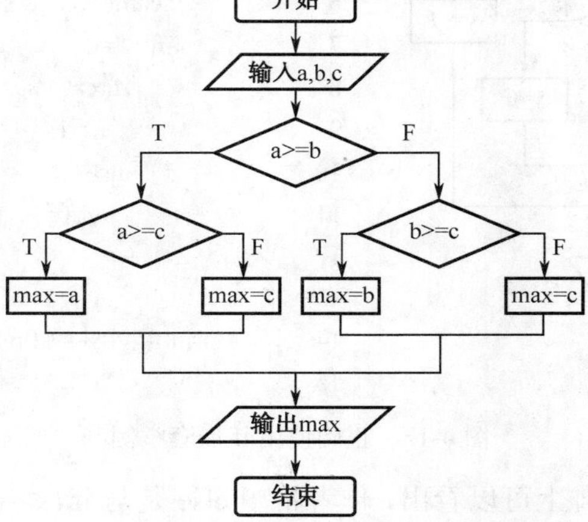

图 4-15　求三个整数最大值

程序源代码如下：

```
#include <stdio.h>
void main( )
{
    int     a, b, c, max ;
    printf ("请输入三个整: \n");
    scanf("%d%d%d", &a, &b, &c );
    if ( a>=b )
        if   ( a>=c )   max=a;
        else    max=c;
    else
        if ( b>=c )    max=b;
        else     max=c;
    printf ("\n 最大数为：%d\n",max );
}
```

思考题 4-5

（1）if 语句有哪几种形式？各自适用什么场合？

（2）如何避免 if 语句嵌套时出现错误？

（3）请用 if 语句实现求输入三个数中最大值的问题。

4.6　switch 语句

从上一小节可以看出，当要面临多于一个以上选择情况时，需要用嵌套 if 来实现。而当分支较多时，程序变得复杂冗长，可读性降低，且容易出错。为了改善这种情况，C 语言提供了 switch 开关语句来专门处理多路分支的情形，使程序变得简洁。

switch 语句的一般格式和控制流程如图 4-16 所示。switch 语句的功能是：根据 switch 后表达式的取值，依次判断其与哪一个 case 后常量表达式相等。如等于表达式 i，则自语句 i 开始执行，直到语句 break 为止，如果没有 break，则到语句 n+1 止。若与所有常量表达式值不相等，则从 default 后的语句开始执行。

```
switch 语句的一般格式为：
switch<表达式>
{
    case 常量表达式 1 ：语句序列 1 ；
    break;
    case 常量表达式 2 ：语句序列 2 ；
    break;
    …
    case 常量表达式 n: 语句序列 n;
    break;
    default:语句 n+1;
}
```

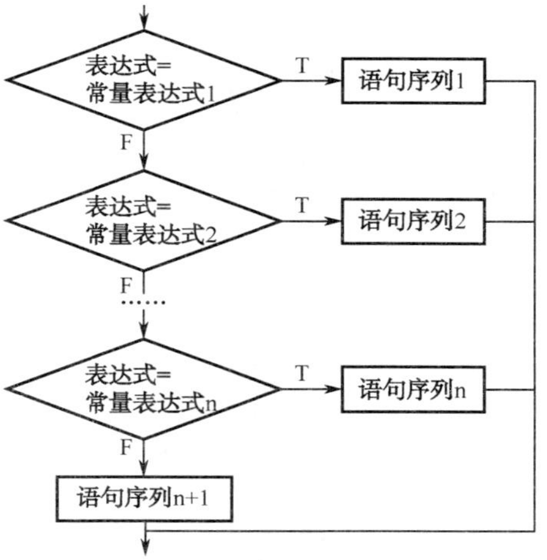

图 4-16　switch 语句的一般格式和控制流程

使用 switch 语句须注意以下方面：

（1）其中常量表达式的值必须是整型，字符型或者枚举类型，各语句序列允许有多条语句，按复合语句处理，但不需{}界定，这是与 if 的区别。

（2）对于满足条件之后执行的语句，执行完后必须用 break 跳出，否则继续往下执行，直到碰到 break 或 switch 语句结束。

（3）特殊情况下，如果 switch 表达式的对应的多个值都需要执行相同的语句，多个 case 可共用一组执行语句。

例如下面图 4-17 例子中，当整型变量 i 的值为 1、2 或 3 时，执行语句 1；否则，执行语句 2。

```
switch(i)
{
    case 1:
    case 2:
    case 3:语句 1；
    break;
    default:语句 2；
}
```

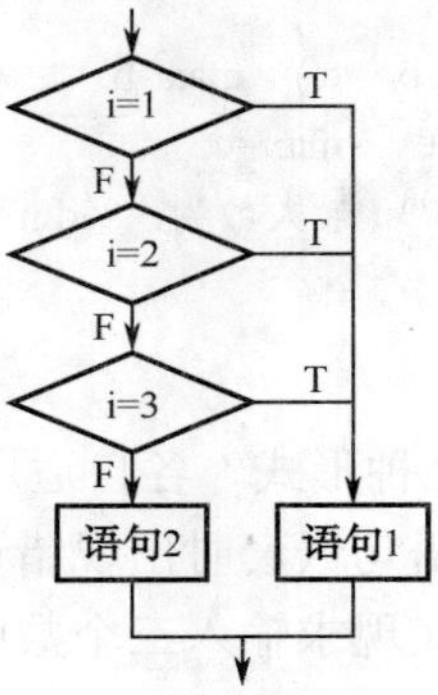

图 4-17　多个 case 可共用一组执行语句示例

例 4-9　switch 应用举例：输入某年的某一个月份，显示该月有几天。

分析：1、3、5、7、8、10、12 月份有 31 天，4、6、9、11 月份是 30 天，平年的 2 月份有 28 天，闰年的 2 月份有 29 天。如果输入的月份值不在 1 到 12 之间，则为非法输入。源程序源代码如下：

```
#include<stdio.h>
void main()
{
    int year, month, day;
    printf("请输入年份和月份：");
    scanf("%d%d",&year,&month);
    switch(month)
    {
        case 1:
        case 3:
        case 5:
        case 7:
        case 8:
        case 10:
        case 12:day=31; /*当月份 1、3、5、7、8、10、12 时，天数为 31 天*/
        break;
        case 4:
        case 6:
        case 9:
```

```
            case 11:day=30;// 4、6、9、11 月份是 30 天
            break;
            case 2:
            if(year%400==0||(year%4==0&&year%100!=0))
                day=29;
            else
                day=28;
           /*闰年的 2 月份有 29 天，平年的 2 月份有 28 天*/
            break;
            default:day=-1; /*其他月份输入非法*/
        }
        if (day==-1)
            printf("无效输入\n");
        else
            printf("%d 年%d 月有%d  天\n",year,month,day);
}
```

例 4-10　在例 8 的基础上有所变化：输入某年某月某日，判断这一天是这一年的第几天？

程序分析：以 3 月 5 日为例，应该先把前两个月的加起来，然后再加上 5 天即本年的第几天，特殊情况，闰年且输入月份大于 3 时需考虑多加一天。

程序源代码如下：

```
#include<stdio.h>
void main()
{
    int day,month,year,sum,leap;
    int flagm=0; /*用于标识输入月份是否为合法月份。*/
    printf("\n 请输入年、月、日\n");
    scanf("%d,%d,%d",&year,&month,&day);
    switch(month)//先计算某月以前月份的总天数
    {
      case 1:sum=0;break;
      case 2:sum=31;break;
      case 3:sum=59;break;
      case 4:sum=90;break;
      case 5:sum=120;break;
      case 6:sum=151;break;
      case 7:sum=181;break;
      case 8:sum=212;break;
      case 9:sum=243;break;
      case 10:sum=273;break;
      case 11:sum=304;break;
      case 12:sum=334;break;
      default: flagm=1; printf(" 月份输入不合法");break;
    }
    if (flagm==0)
    {
```

```
        sum=sum+day;    /*再加上某天的天数*/
        if(year%400==0||(year%4==0&&year%100!=0))//判断是不是闰年
          leap=1;
        else
          leap=0;
        if(leap==1&&month>2) /*如果是闰年且月份大于 2,总天数应该加一天*/
          sum++;
        printf("%d 月%d 日是%d 年的第%  天", month, day, year, sum);
    }
}
```

4.7 选择结构程序综合应用

例 4-11 简易计算器系统中，求解简单的四则运算表达式：输入加、减、乘、除四种运算表达式中的任意一个（输入的表达式中间不含空格或其他字符），即可给出计算结果。如果输入 3+1，程序应给出 3+1=4 的结果。

分析：该程序输入两个数及运算符，要求自动给出表达式的运算结果。两个数需要采用两个变量表示，并且为了能正确反映除法的结果，最好采用双精度实数类型，因为整数型数据相除时会自动取整。此外，运算符用字符型表示。

程序的处理关键在于对运算符的判断：比较运算符是否属于加、减、乘、除的一种，是则给出相应结果，不是则给出非法运算符提示。此例的比较运算适合使用 switch 语句。

鉴于目前所学的有限知识，只能处理输入的表达式中间不含空格的情况。程序源代码如下：

```
#include <stdio.h>
void main(void)
{
    double value1, value2;
    char op;
    printf("输入一个表达式: ");
    scanf("%lf%c%lf", &value1, &op, &value2);
    switch(op)
    {
        case '+':
            printf("%.2f\n", value1+value2);
            break;
        case '-':
            printf("%.2f\n", value1-value2);
            break;
        case '*':
            printf("%.2f\n", value1*value2);
            break;
        case '/':
            if   (value2!=0)
              printf("%d",value1/value2);
            else
```

```
                printf("value2=0");
            break;
        default:
            printf("Unknown operator\n");
            break;
    }
}
```

例 4-12　学生成绩管理系统中，输入一个学生的成绩，根据成绩所处范围来确定不同的等级，输出学生的成绩和等级。等级以及对应成绩的划分原则如下：

$$\text{等级}=\begin{cases} \text{A} & 90\leqslant \text{成绩}<100 \\ \text{B} & 80\leqslant \text{成绩}<90 \\ \text{C} & 70\leqslant \text{成绩}<80 \\ \text{D} & 60\leqslant \text{成绩}<70 \\ \text{E} & \text{成绩}<60 \end{cases}$$

分析：输入成绩 score，先判定输入的成绩是否合法（即大于等于 0 且小于等于 100），合法成绩再按等级划分原则判断成绩所处的范围，根据条件输出所处等级。图 4-18 展示了学生成绩划分及对应等级。

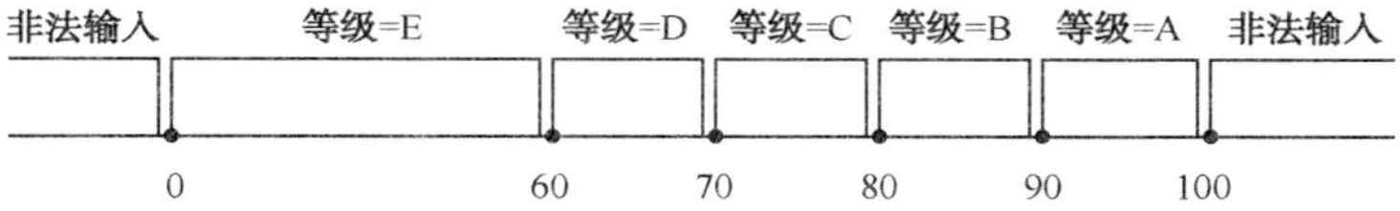

图 4-18　学生成绩划分及对应等级

由此问题中成绩的划分规律性可知，它很适合使用 if…else…if 语句来组织分支结构。

程序源代码如下：

```
#include <stdio.h>
void main(  )
{
    float   score;
    char level;
    printf("请输入成绩：\n");
    scanf("%f", &score );
    if (score>100 || score <0)
    {
        printf("成绩输入不合法");
        return;
    }
    else if (score >=90)
        level='A';
    else if (score>=80)
        level='B';
    else if (score>=70)
        level='C';
    else if (score>=60)
        level='D';
    else level='E';
```

```
        printf("成绩为：%f，等级为：%c", score, level);
}
```

例 4-13　解一元二次方程 $ax^2+bx+c=0$，a、b、c 由键盘输入。

分析：对系数 a、b、c 考虑以下情形：

（1）若 a=0：

① b! =0，则 x=−c/b；

② b=0，且 c=0，则 x 无定根；

③ b=0，且 c! =0，则 x 无解。

（2）若 a! =0：

① $b^2-4ac>0$，有两个不等的实根；

② $b^2-4ac=0$，有两个相等的实根；

③ $b^2-4ac<0$，有两个共轭复根。

通过以上分析，此程序的各种不同情况处理适合使用嵌套的 if 语句完成。由于需要多次使用 b^2-4ac，可以使用一变量 s 来表示它。对应以上分析的程序源代码如下：

```
#include<math.h>
#include<stdio.h>
void main()
{
    float a,b,c,s,x1,x2;
    double t;
    printf("请输入方程系数 a,b,c:");
    scanf("%f%f%f",&a,&b,&c);
    if(a==0.0)
      if(b!=0.0)
          printf("方程根:%f\n",-c/b);
      else if(c==0.0)
            printf("方程无定根\n");
      else
            printf("方程无根 !\n");
    else
    {
        s=b*b-4*a*c;
        if(s>=0.0)
          if(s>0.0)
          {
              t=sqrt(s);
              x1=-0.5*(b+t)/a;
              x2=-0.5*(b-t)/a;
              printf("方程有两个不同根:%f 和%f\n",x1,x2);
          }
          else
              printf("方程有两个相同根:%f\n",-0.5*b/a);
        else
        {
```

```
                t=sqrt(-s);
                x1=-0.5*b/a;           /*实部*/
                x2=abs(0.5*t/a);           /*虚部的绝对值*/
                printf("方程有两个虚根:");
                printf("%f+%fi\t\t%f-%fi\n",x1,x2,x1,x2);
            }
        }
}
```

例 4-14　已知某公司员工的保底薪水为 500，某月所接工程的利润 profit（整数）与利润提成的关系如下（计量单位：元）：

profit≤1000	没有提成
1000<profit≤2000	提成 10%
2000<profit≤5000	提成 15%
5000<profit≤10000	提成 20%
10000<profit	提成 25%

分析：此程序有多个分支，可以考虑使用多分支选择结构程序设计，而且，如同例题 4-12，此程序对利润的划分范围很规范，可以使用 if…else…if 语句组织分支结构。

程序首先要考虑输入 profit 的值，然后根据 profit 的不同，执行不同的分支。题中 profit 有可能值比较大，可以考虑使用长整型。

程序源代码如下：

```
#include <stdio.h>
void main( )
{    long profit;
     float salary=500; //底薪 500 元
     printf("Please input profit:");
     scanf("%ld",&profit);
     if(profit<=1000);
          /*空语句，没有提成，只有底薪 500*/
     else if(profit<=2000)          /*1000<profit≤2000*/
          salary+=profit*0.1;
     else if(profit<=5000)          /*2000<profit≤5000*/
          salary+=profit*0.15;
     else if(profit<=10000)         /*5000<profit≤10000*/
          salary+=profit*0.2;
     else                                  /*10000<profit*/
          salary+=profit*0.25;
     printf("salary=%.2f\n",salary);
}
```

例 4-15　用 switch 语言实现例 4-14 功能。

分析：为了方便使用 switch 语句，必须将利润 profit 与提成的关系转换成某些整数与提成的关系。经分析可知，提成的变化点都是 1000 的整数倍（1000、2000、5000、……），如果将利润 profit 整除 1000，则当：

profit≤1000	对应 0、1
1000<profit≤2000	对应 1、2
2000<profit≤5000	对应 2、3、4、5
5000<profit≤≤10000	对应 5、6、7、8、9、10
10000<profit	对应 10、11、12、……

为了解决相邻两个区间的重叠问题，最简单的方法就是：利润 profit 先减 1，然后再整除 1000 即可。

程序源代码如下：

```
#include <stdio.h>
void main(   )
{
        long profit;
        int grade;
        float salary=500; /*底薪 500 元*/
        printf("Please input profit:");
        scanf("%ld",&profit);
        grade=(profit-1)/1000;   /*将利润减 1，再整除 1000，转化成 switch 语句中的 case 标号*/
        switch(grade)
        {
                case 0:
                        break;          /*profit≤1000*/
                case 1:
                        salary+=profit*0.1; break;        /*1000<profit≤2000*/
                case 2:
                case 3:
                case 4:
                        salary+=profit*0.15;break;        /*2000<profit≤5000*/
                case 5:
                case 6:
                case 7:
                case 8:
                case 9:
                        salary+=profit*0.2; break;        /*5000<profit≤10000*/
                default:
                        salary+=profit*0.25;       /*10000<profit*/
        }
        printf("salary=%.2f\n",salary);
}
```

4.8 本 章 小 结

程序在解决条件不同、操作不同的问题时需要使用选择结构来组织语句，其中通常需要用来表示条件的关系表达式和逻辑表达式，以及用来进行选择控制的控制语句 if 和 switch 语句。

1. 选择结构中的条件

关系表达式和逻辑表达式用来表示选择结构中的条件，C 语言规定它们的值为 1（如果条件成立）或 0（如果条件不成立）。但需要注意的是，除了关系表达式和逻辑表达式外，C 语言也允许其他类型表达式充当条件，且只要值为非零，则认为条件成立，如果表达式值为零，则认为条件不成立。

2．C 语言提供了多种形式的条件语句以构成选择结构

（1）简单 if 语句主要用于单向选择。

（2）if-else 语句主要用于双向选择。

（3）if-else-if 语句主要用于多向选择，且条件的划分具有规律性。

（4）if 语句的嵌套实现多向选择。

（5）switch 语句主要用于实现以相等关系作为选择条件的多分支选择结构。

（6）条件表达式不是独立的语句，通常用于满足和不满足某一条件下返回不同表达式的值。

常见错误小结：

（1）忘记必要的逻辑符号。如数学中的 a>b>c 需要在 C 语言中用 a>b && b>c 来表示。

（2）在关系表达式中误用=来表示==，如用 if (a=b)来表示 a 等于 b 是错误的表示。因为 C 中的 a=b 是赋值表达式，它是将 b 值赋给 a。

（3）在关系运算符 ==、!=、<=、>=运算符中间多了空格。

（4）if 语句中，满足条件或不满足条件下有时需要执行的语句不止一条，这就要用到复合语句。而很多时候人们在该用复合语句的时候忘记用括号。

例如，以下语句并不能实现当 a>b 时候 a 和 b 互换的作用。

```
if (a>b)
   temp=a;
   a=b;
   b=temp;
```

由于没有{ }，当 a>b 时，只执行了 temp=a;一条语句。其后两条语句不管 a>b 是否成立都会执行。要改正的话只要将三条赋值语句用{ }括起来即可。

复合语句，就是用一对花括号括起来的一条或多条语句，形式如下：

```
{
    语句 1;
    语句 2;
    ……
    语句 n;
}
```

无论包括多少条语句，复合语句从逻辑上讲，被看成是一条语句。复合语句在分支结构、循环结构中，使用十分广泛。

（5）在 if 语句的嵌套使用中容易混淆 if 与 else 的配对关系。要记住的是，只要有一个 else，必定在其上有一个与 if 与之配对，且该 if 满足以下两个条件：它离该 else 最近且尚未与其他 else 配对；它没有被{ }界定。

有一个 if，并不一定有一个 else 与它匹配，如简单 if 语句。

（6）switch 语句中漏写 break 语句。

例如：根据考试成绩的等级打印出百分制数段。

```
switch(grade)
{   case 'A':printf("85~100\n");
    case 'B':printf("70~84\n");
    case 'C':printf("60~69\n");
    case 'D':printf("<60\n");
    default:printf("error\n");
}
```

由于漏写了 break 语句，case 只起标号的作用，而不起判断作用。因此，当 grade 值为 A 时，printf 函数在执行完第一个语句后接着执行第二、三、四、五个 printf 函数语句。正确写法：应在每个分支后再加上“break;”。例如

case 'A':printf("85~100\n");break;

（7）switch 语句中，case 和其后的数值常量中间缺少空格。

例如：

```
switch(mark)
{
    case10:
    case9:printf("A\n");
        break;
    case8:printf("B\n");
        break;
    ....
}
```

由于缺少空格，运行时会显示错误。正确写法：例如 case 10

（8）switch 语句中，case 后的常量表达式用一个区间表示，或者出现了运算符（如关系运算符等）

例如：

```
switch(mark)
{
    case 100:
    case 90-100:printf("A\n");
        break;
    case mark<90:printf("B\n");
        break;
    ....
}
```

case 后只能使用常量表达式，使用区间和运算符会显示编译错误。

习　　题

一、填空题

1．设 y 为 int 型变量，请写出描述“y 是偶数”的表达式________。

2．有 int x,y,z;且 x=3,y=−4,z=5，则以下表达式的值为________。

```
!(x>y)+(y!=z)||(x+y)&&(y-z)
```

3．以下程序用于判断 a,b,c 能否构成三角形，若能输出 YES，若不能输出 NO。当 a,b,c 输入三角形三条边长时，确定 a,b,c 能构成三角形的条件是需要同时满足三条件：a+b>c,a+c>b,b+c>a。请填空。

```
void main()
{
    float a,b,c;
    scanf("%f%f%f",&a,&b,&c);
    if______printf("YES\n");/*a,b,c 能构成三角形*/
    else printf("NO\n");/*a,b,c 不能构成三角形*/
}
```

4．以下程序运行结果是________。

```
void main()
{
    int i=1,j=2,k=3;
    if(i++==1&&(++j==3||k++==3))
    printf("%d %d %d\n",i,j,k);
}
```

5．以下程序运行结果是________。

```
void main()
{   int k=5,n=0;
    while(k>0)
    {   switch(k)
        {   default : break;
            case 1 : n+=k;
            case 2 :
            case 3 : n+=k;
        }
        k--;
    }
    printf("%d\n",n);
}
```

二、思考题

1．试编程判断输入的正整数是否既是 5 又是 7 的整倍数。若是，则输出 yes；否则输出 no。

2．任意输入三个整数，找出其中最大的整数。

3．有一函数定义如下：

$$y=\begin{cases} x & (x<1) \\ 2x-1 & (x\leqslant x<10) \\ 3x-11 & (x\geqslant 10) \end{cases}$$

输入 x 的值，求 y 值。

4．已知银行整存整取存款不同期限的月息利率分别为：

期限一年：0.315%；期限二年：0.330%；期限三年：0.345%

期限五年：0.375%；期限八年：0.420%

要求输入存钱的本金和期限，求到期时能从银行得到的利息与本金的合计。

5．体型判断问题。医务工作者经广泛的调查和统计分析，根据身高与体重因素给出了下按“体指数”进行体型判断的方法：

$$体指数\ t = 体重\ w/(身高\ h)^2$$

当 t<18 时，为低体重；

当 t 介于 18 和 25 之间时，为正常体重；

当 t 介于 25 和 27 之间时，为超重体重；

当 t>=27 时，为肥胖。

从键盘输入身高 h 和体重 w，根据上述给定的公式计算体指数 t，然后判断体重属于何种类型。

6．身高预测问题。

设 faheight 为其父母身高，moHeight 为其母亲身高，身高预测公式为：

男性成人时身高=(faheight + moHeight)*0.54cm

女性成人时身高=(faheight*0.923 + moHeight)/2cm

如果喜爱体育煅练，那么可增加身高 2%；如果有良好的卫生饮食习惯，那么增加身高 1.5%。

从键盘输入用户的性别，父母身高，是否喜爱体育煅练，是否有良好的饮食习惯等条件，用给定的公式和身高预测方法对身高进行预测。

7．科学计算器程序 V1.0：编写程序实现科学计算器的四则运算功能。

如输入：4 * 2.5，则打印：4 * 2.5=10。要注意分母为零的情况，以及运算符不是“+-*/”的情况。

分析：本题在实现过程中，要熟练运用 switch 语句。

8．学生成绩管理系统 V1.0。

从键盘输入某班学生某门课的成绩，当输入成绩为负值时，表示输入结束，输出其平均分，并输出实际输入的学生人数，输出最高分。

第五章　循环结构程序设计

在前两章中，我们学习了顺序结构和选择结构。但是在实际中，我们会遇到大量的按一定规律重复处理的问题，如果需要重复执行某些操作，就要用到循环结构。本章围绕学生成绩管理和科学计算器中的一些小功能，例如学生成绩统计、求和，计算器中进制的转换方法等，深入浅出地介绍循环的学习和使用。

【学习目标】

1. 熟练掌握 do-while 语句、while 语句、for 语句，并学会使用 do-while 语句、while 语句、for 语句实现循环程序设计。
2. 掌握循环的嵌套结构及运用。
3. 掌握用循环的方法实现一些常用算法。

5.1　问 题 提 出

5.1.1　What

什么（what）是循环呢？循环结构是指在算法中从某处开始，按照一定的条件反复执行某一处理步骤的结构。几乎所有的实用的程序都包含循环，循环结构是结构化程序设计的基本结构之一，它和顺序结构、选择结构一起，共同作为各种复杂程序的基本构造单元。

5.1.2　Why

我们知道顺序结构是按照从上到下的方式组织程序语句，运行时依次执行，顺序结构中的语句只执行一次。而选择结构是根据条件是否成立来选择是否执行某些语句，换言之，选择结构中满足条件的语句执行一次，而不满足的一次也不执行。但现实问题中，我们经常要进行一些重复处理，例如，北京获得了 2008 年第 29 届奥林匹克运动会主办权。在申办奥运会的最后阶级，国际奥委会是通过投票决定主办权归属的。以下是用自然语言表述的决定主办权城市的操作过程:

S1：投票；

S2：统计票数，如果有一个城市得票超过总票数的一半，那么该城市就获得主办权，转 S3，否则淘汰得票数最少的城市，转 S1；

S3：宣布主办城市。

以上投票过程也可用图 5-1 所示的流程图展示。

在以上算法中，可以明显看出在选出举办城市之前，投票和统计票数需要重复执行。同理，在许多其他算法中,需要对问题的条件重复作出逻辑判断,判断后依据条件是否成立而进行不同的处理方式，这就是为什么(why)要用循环结构来实现算法的根本原因所在了。

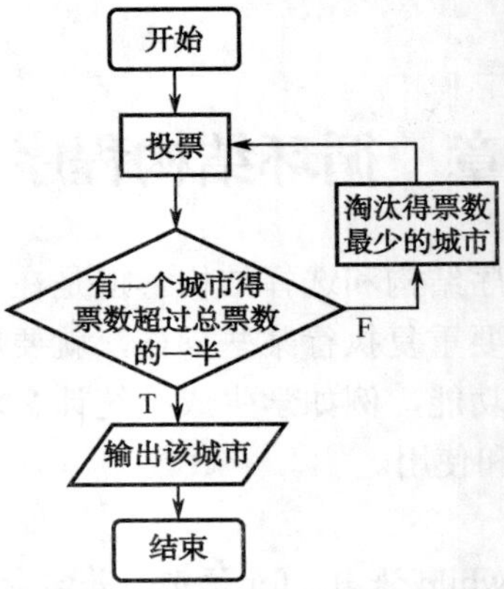

图 5-1　奥运会主办权城市决定算法

5.1.3　When & Where

进行循环结构编程时，首先要明确两个问题，哪些操作需要重复执行？这些操作在什么情况下重复执行？

以下是一些需要重复执行的问题：

（1）学生成绩管理系统中，在录入学生成绩的时候需要重复输入班上所有同学的成绩。

（2）计算器系统中，只要用户不选择退出，就可以多次进行其许可的数值计算，如加减乘除等。

（3）在求有规律的数学计算时，如累加和 $\sum_{i=1}^{n} i$ （n>=1）,或者阶乘 n!(n>=0)时，需要进行重复的加法或者乘法运算。

如果在处理问题（1）时使用顺序结构或者选择结构，我们需要在程序中使用 N 条输入语句（假如班上有 N 个同学），这显然是不合适的。而使用循环结构可以使我们只写很少的语句就可以让计算机反复执行，从而完成大量重复的计算。

5.1.4　How

在程序设计中，如果需要重复执行某些操作，就要用到循环结构。实际中，我们会遇到大量的按一定规律重复处理的问题，我们把这种按一定规律重复计算的过程称之为循环计算过程，或简称为循环过程。几乎所有的实用的程序都包含循环，循环结构是结构化程序设计的基本结构之一，它和顺序结构，选择结构一起，共同作为各种复杂程序的基本构造单元。

怎样来使用循环呢？C 语言提供了两种循环结构：当型循环和直到型循环，它们的执行流程如图 5-2 所示。

当型循环特点是，在给定条件成立时，反复执行某程序段，直到条件不成立为止。直到型循环特点是先执行循环体后判断。给定的条件称为循环条件，反复执行的程序段称为循环体。

C 语言还提供了多种循环语句，可以组成各种不同形式的循环结构。C 语言提供了 while 语句、do…while 语句、for 语句以及 if 和 goto 语句的配合来实现循环结构。

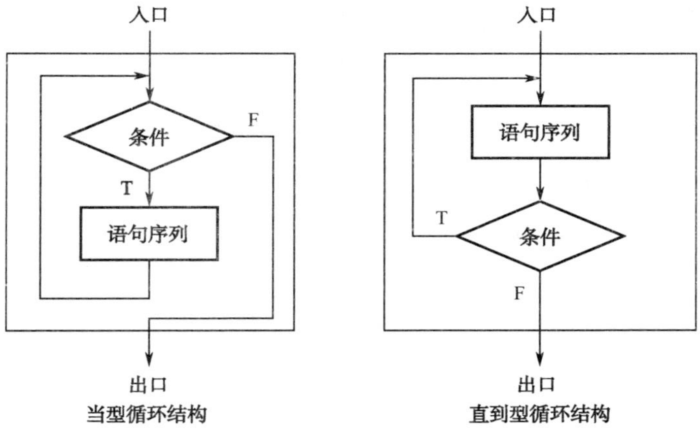

图 5-2　当型和直到型循环结构

5.2　循环控制语句

5.2.1　while 语句

while 语句也被称为是当型循环控制语句，它的形式是

```
while (<表达式>) 语句
```

其中，while 是关键字，语句部分称为循环体，它可以是单个语句，也可以是复合语句。如果在 while 循环头下面有花括号，则循环体将是由花括号括起的复合语句；如果在 while 循环头下面无花括号，则循环体将是一条语句，其余语句是循环语句后面的语句。

while 语句的流程图见图 5-3。

（1）首先求出条件表达式的值。

（2）如果条件表达式值为 0（代表条件为假），则 while 语句结束；否则到（3）。

（3）执行循环体，然后回到（1）。

while 语句特点是先判断，后执行，若条件不成立，循环体有可能一次也不执行。一般情况下，while 型循环最适合于以下情况：知道控制循环的条件为某个逻辑表达式的值，而且该表达式的值会在循环中被改变。

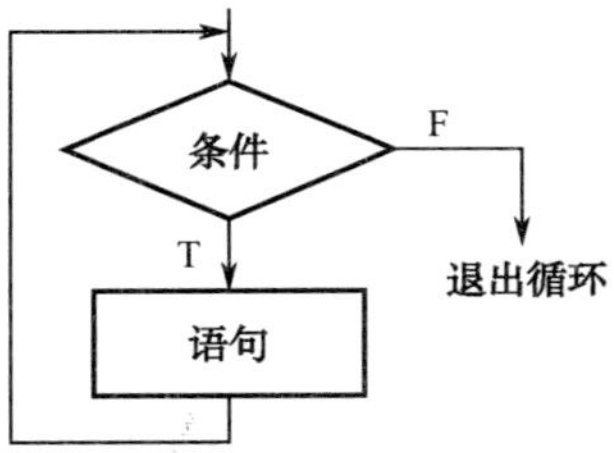

图 5-3　while 语句的流程图

以下是 while 语句的应用示例。

例 5-1　用 while 语句实现求从 1 到 100 的累加和 $\sum_{i=1}^{100} i$。

分析：如果求 1+2 的和，我们可以写 a=1+2；求 1 加到 100，我们也可以这样写 a=1+2+3+...100。不过这样写程序不仅累人而且笨拙，我们不难发现累加运算的规律：其重复的计算步骤为加法，被加的数从 1 到 100。由于 C 语言的变量具有变化的特征，程序中可以设计两个变量:一个变量代表被累加的数 i，i 从 1 到 100，每次以 1 递增；累加和变量 sum，用来存放累加的结果。算法流程图及程序见图 5-4。

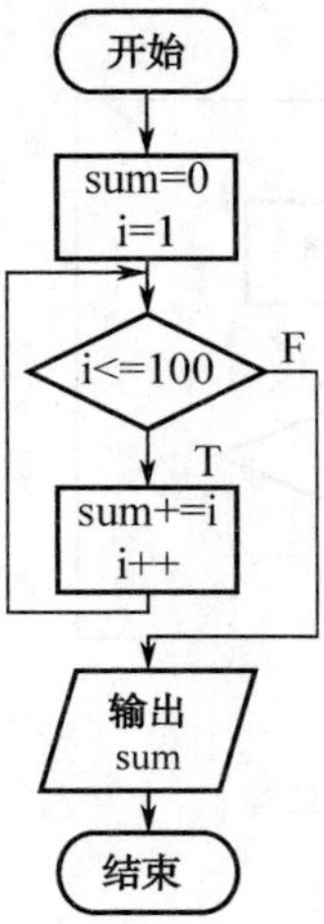

程序源代码如下：

```
#include <stdio.h>
void main()
{
    int sum = 0;
    int i = 1;
    while ( i<= 100)
    {
        sum =sum+i;
        i++;
    }
    printf("1 到 100 累加和为：%d",sum);
}
```

图 5-4　求 1 到 100 的累加和流程图及程序

sum 初始为 0，然后在每一遍的循环里，它都加上 i，而 i 则每次都在被加后，增加 1。最终，i 递增到 101，超过 100 了，这个循环也就完成了任务。

运行上面程序，输出结果为

```
1 到 100 累加和为：5050
```

了解以上 1 到 100 之间整数的累加之后，由此类推，不难解决其他类似这种有规律的数进行计算的问题，如一个范围内的奇数、偶数或者能被某数整除的所有数之和，同样也可计算累乘如求阶乘等计算。

思考题 5-1

（1）如何使用 while 语句实现计算 1 到 400 之间的偶数和？

（2）计算 n!

例 5-2　用 while 循环实现简单的统计功能。

统计功能在各行业里都经常用到，比如学生成绩总分、平均分的统计，商店中每日销售额的统计等。

下面我们实现成绩管理系统中学生成绩的统计：输入一个班各学生的成绩，求全班的总成绩和平均成绩。

分析：由于成绩中包含有 80.5 这样的需要小数的部分，所以我们使用实数类型来表示成绩。此外，由于事先不知道输入数据的个数，无法事先确定循环次数，可以采用一个特殊的数据作为正常输入数据的结束标志，比如选用一个负数作为结束标志。

总成绩是所有学生成绩之和，所以可以用循环来依次读入各学生成绩并将其累加到总成绩变量中；平均成绩可由最后求出来的总成绩除以人数得到。算法流程图及程序见图 5-5。

使用 while 语句需要注意以下几点：

（1）常用的条件是关系表达式或逻辑表达式。

（2）循环体如果为一条以上的语句，应使用复合语句，且复合句的结束大括号后不要加分号。以上两个例子的循环体都是复合句。如果是一条语句或者空语句，条件后面的分号不可少，因为分号是 C 语言单条或空语句的结束标志。

（3）循环前，应给循环相关变量赋初值。如例题 5-1 和例题 5-2 中用于计数的变量 i，用于存放累加和的变量 sum。

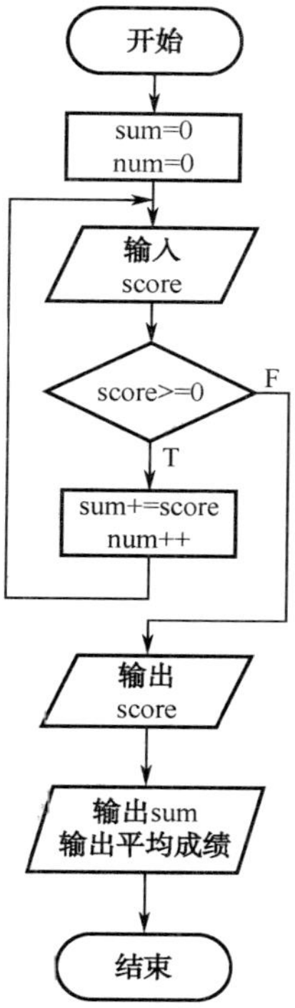

程序源代码：

```
#include <stdio.h>
void main()
{
    float sum,score;
    int num; /*用于成绩个数计数。
    sum=0;
    num=0;
    printf("====成绩统计程序====" );
    scanf("%f",&score);
    while (score>=0)
    {
        sum+=score;
        num++;
        scanf("%f",&score);
    }
    printf("参加统计的成绩数目:%d ",num );
    printf("总分为：%f",sum);
    printf("平均分为：%d",sum/num);
}
```

图 5-5　学生成绩统计流程图及程序

（4）循环体中，除了有强行终止循环的语句之外，必须有改变循环控制变量值的语句，从而使得循环控制表达式的值有等于 0 的时候，否则会出现无限循环，即“死”循环。如例题中控制循环结束的变量（此处为 i）必须在循环体中被改变，且要向趋近使条件变为“假”的方向改变，否则，循环将无限进行下去，成为死循环。

思考题 5-2　使用 while 语句实现商店中日销售额计算：已知商店一天所销售的不同商品数目、每样商品的销售数以及单价，求当日总销售额。

5.2.2　do…while 语句

在 C 语句中，直到型循环的语句是 do...while，它的一般形式为

```
do 语句 while(<表达式>)
```

其中，do 和 while 是关键字，语句称为循环体，它可以是一条语句，也可以是复合语句。<条件>将由任一表达式给出，常用的是关系表达式或逻辑表达式。do…while 语句的流程图见图 5-6。

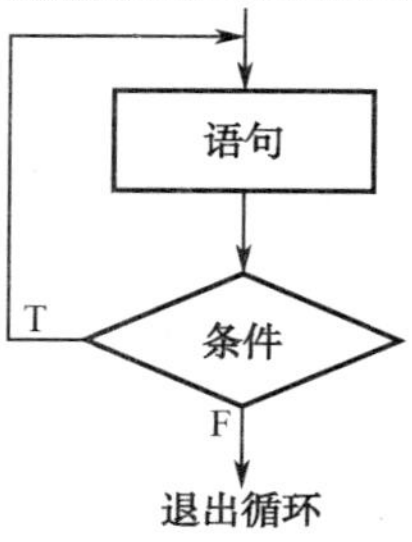

图 5-6　do…while 语句的流程图

do…while 语句的执行过程如下：

先执行一次循环体的语句，再计算条件所指定的表达式的值，如果表达式值为非零，则再执行循环体，否则退出循环，执行该循环语句后面的语句。其基本特点是：先执行后判断，因此，循环体至少被执行一次。这便是 do…while 循环语句的特点。

while 语句和 do…while 语句一般都可以相互改写。

例 5-3　下面我们仅简单地将 1 到 100 的累加程序转换为用 do...while 实现。

分析：do…while 语句是先进行循环体的执行，在判断循环条件。

程序源代码如下：

```
#include <stdio.h>
void main()
{
    int sum =0;
    int i=1;
    do
    {
        sum += i;
        i++;
    }
    while(i<=100);                /*输出累加结果*/
    printf("1 到 100 累加和为：%d",sum);
}
```

对于 do...while 语句除了需要注意 while 语句的要点外，还应注意以下几点：

（1）在 if 语句，while 语句中，表达式后面都不能加分号，而在 do...while 语句的表达式后面则必须加分号。

（2）使用 do...while 语句时，为了提高可读性，在书写时总是习惯于将循环体用一对花括号括起来，while 关键字写在右花括号的后面，就是单条语句作循环体也加上花括号，本例就是如此。

（3）do...while 和 while 语句相互替换时，要注意修改循环控制条件。

思考题 5-3

（1）以上程序中如果将 while 后的条件改为(i>=100)会如何？

（2）试画出例 5-3 中的程序流程图。

5.2.3　循环结构三要素

学习了两种循环，我们来挖掘一下循环流程中的“三要素”。

（1）为了使得循环有开始的机会，一般而言，与循环条件相关的变量需要进行一定的初始化操作。

例题 5-1 的程序源代码如下：

```
int sum = 0;
int i = 1; /*i 是每次要加的数，它从 1 开始。*/
while ( i<= 100)
{
    sum += i;
    i++;
}
```

这段代码中，循环的条件是 i <= 100;因此，一开始，i 肯定需要一个确定的值。这里的 i

既表示被加的数，也代表是第几个数。前面的 int i = 1;在声明变量 i 的同时，也为 i 赋了初始值 1。从而条件 i<=100 得以成立。

（2）循环需要有结束的机会。

程序中最忌“死循环”。所谓的“死循环”就是指该循环条件永远为真，并且没有另外的跳出循环的机会（后面将学到）。比如：以上代码中如果将循环体中的 i++取消，程序则不可能正常退出，因为 i 没被改变，始终为 1，从而每次循环的条件 i<=100 都是真。

（3）在循环中改变循环条件的成立因素。

这一条和第二条互相配套。在例题 5-1 程序里，i++除了起改变条件成立因素以外，同时也起上 sum 不断加递增的数，从而实现得到累加和。当然，如果在循环体中设置了满足某个条件下执行强行退出循环的语句，则当另外处理。所以假如我们看到 while(1)这样以某个常量作为条件的时候，不要武断判断为死循环，而要看循环体。

了解这一些，我们再来学习 C 中最灵活的循环语句：for 循环。

5.2.4　for 语句

for 语句是 C 语言所提供的功能更强，使用更广泛的一种循环语句。它的一般形式为

```
for(表达式 1；表达式 2；表达式 3)
语句；
```

其中，for 是关键字。（表达式 1）,<表达式 2）和（表达式 3）是任意表达式，也可以是逗号表达式，<语句>为循环体，它可以是一条语句，还可以是空语句，但分号不可省略。当语句为复合语句需要{}界定。

for 循环语句的执行过程如图 5-7 所示。

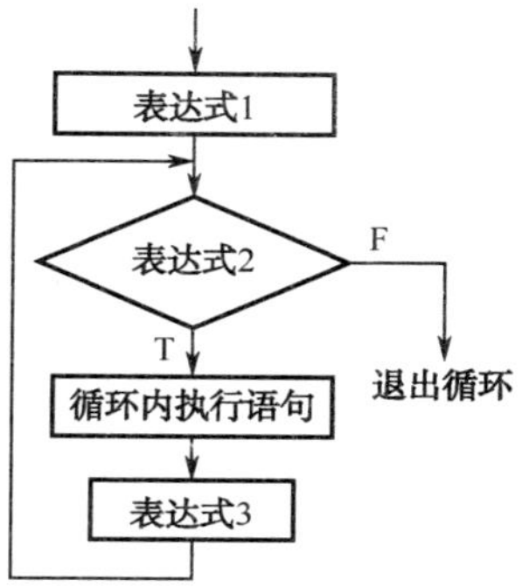

图 5-7　for 语句的流程图

由控制流程可以看出，可以将 for 语句理解为

```
for(条件初始化;条件;条件改变)
{
  需要循环执行的语句;
}
```

（1）先计算表达式 1 的值；即条件初始化的表达式首先被执行（并且只被执行一次）。

（2）进行表达式 2 的判断，程序检查条件是否成立，如果条件为真，则转（3），条件为假，转（5）。

（3）执行一次循环体。

（4）计算表达式 3 的值，转向（2）。相当于执行完一遍循环以后，程序执行“条件相关变量的值改变”语句。

（5）结束循环。

表达式 1 通常用来给循环变量赋初值，一般是赋值表达式。也允许在 for 语句外给循环变量赋初值，此时可以省略该表达式。

表达式 2 通常是循环条件，一般为关系表达式或逻辑表达式。

表达式 3 通常可用来修改循环变量的值，一般是赋值语句。

可见，for 语句结构中，不仅提供了的“条件”的位置，同时也提供了条件初始化，和条件改变的位置，即集中了循环结构的“三要素”，这三者虽然在同一行上，但并不是依次连续地执行。

在整个 for 循环过程中，表达式 1 只计算一次，表达式 2 和表达式 3 则可能计算多次。循环体可能多次执行，也可能一次都不执行。

以下是 for 语句的应用实例。

例 5-4 请用 for 语句实现例题 5-1 中 1 到 100 以内整数累加的功能。

分析：由 for 语句的执行流程可知，它和 while 语句没什么两样，都是先对循环条件变量赋初值，接着进行条件的判断，为真的情况下执行循环体，然后改变循环变量的值，再次判断，反复直至条件变假。只是在形式上，while 语句是将这“三要素”分开来写，而 for 语句通常把它们写在一行里。

程序源代码如下：

```
#include <stdio.h>
void main()
{
    int sum = 0;
    int i;                                          /*i 为循环控制变量*/
    for (i = 1;i<= 100;i++)
    {
        sum += i;
    }
    printf("1 到 100 累加和为：%d",sum);           /*输出累加结果：*/
}
```

在使用 for 语句中要注意以下几点：

（1）for 语句中的各表达式都可省略，这三个表达式都可以是逗号表达式，即每个表达式都可由多个表达式组成。三个表达式都是任选项，都可以省略。如：for(；表达式 2；表达式 3)省去了表达式 1。for(表达式 1；表达式 3)省去了表达式 2。for(表达式 1；表达式 2；)省去了表达式 3。for(；；)省去了全部表达式。

注意不管省略几个表达式，两个分号间隔符不能少。两个分号用来分隔三个表达式。

（2）在循环变量已赋初值时，可省去表达式 1，如例题 5-3 的循环部分也可写成：

```
i=1;
for(;i<=100;i++)
{s=s+i;}
```

（3）如省去表达式 2 或表达式 3 则将容易造成无限循环，这时应在循环体内设法结束循环。例题即属于此情况。如上例循环部分也可写成：

```
for(i=1;i<=100;)
{s=s+i;
i++;}
```

例 5-5　显示所有的水仙花数，水仙花数是一个三位数，且它的值等于它的各位数字的立方和。

分析：由于水仙花数是一个三位数，所以它的范围是大于等于 100 小于 1000 中，用循环分别对此范围的数进行判断，过程中又涉及此数的三位数字，可用三个变量 i,j,k 来分别表示数的百、十、个位。算法流程图及程序见图 5-8。

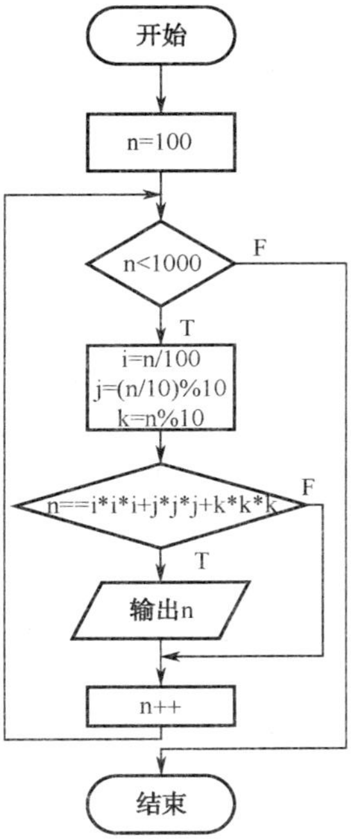

程序源代码如下：

```
#include <stdio.h>
void main( )
{
       int n,i,j,k;
       printf("水仙花数是：");
       for(n=100;n<1000;n++)
       {
          i=n/100;
          j=(n/10)%10;
          k=n%10;
          if(n==i*i*i+
                   j*j*j+k*k*k)
             printf("%6d",n);
       }
}
```

图 5-8　求水仙花数流程图及程序

例 5-6　实现计算器上的判断是否素数功能。

分析：要判断一个数是否为素数，首先要了解什么是素数，它的定义是：一个大于 1 的自然数，且除了 1 与它自身外，再没有其他的正约数了。换言之，是只能被 1 或者自己整除的自然数。

假设输入的整数为 n，我们可以设置一个变量 i，并使用循环使它从 2 变到 n−1，每次被 n 除，如果都不能整除便是素数，但只要其中一次能被 n 整除便可确定 n 不是素数。为方便操作，我们可以设置一个状态变量 flagn，它用值 0 或者 1 来指示 n 是否为素数。算法流程图及程序见图 5-9。

思考题 5-4

（1）求 100-200 以内的奇数和，怎样用循环实现。

（2）怎样用循环实现计算器中的 n！？

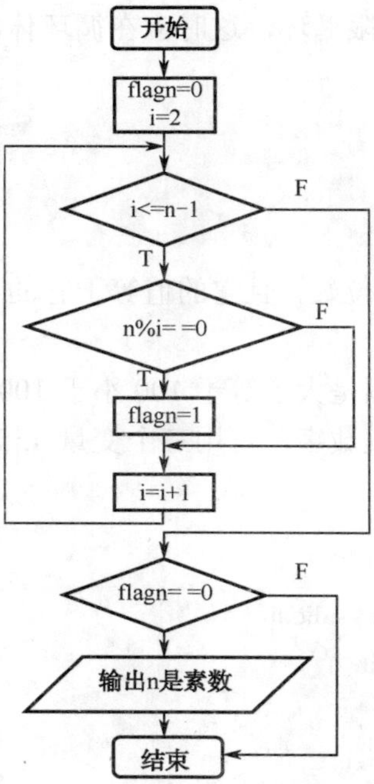

程序源代码如下：

```
#include <stdio.h>
void main( )
{
      int n,i;
      int flagn=0;
      //状态变量，初始化为 0
      scanf("%d",&n);
      for (i=2;i<=n-1;i=i+1)
      {
            if (n%i==0)
                  flagn=1;
      /*当有数能被 n 整除*/
      /*便使 flagn 赋值 1*/
      }
      if(flagn==0)
            printf("%d 是素数",n);
}
```

图 5-9　求素数流程图及程序

5.2.5　循环嵌套

循环结构的嵌套，指的是某一种循环结构的语句中，包含有另一个循环结构。do...while、while、for 三种循环都可以完整地包含上述任一种循环结构。嵌套在循环体内的循环体称为内循环，外面的循环体称为外循环。内嵌的循环中还可以嵌套循环，这属于多层循环。使用嵌套的结构时，要注意嵌套的层次，不能交叉。以下展示了合法的循环嵌套形式。此外，嵌套的内外层循环不能使用同名的循环变量。

由两层循环嵌套而成的叫二重循环，也称双重循环，处于外层的叫外循环，内层的叫内循环。由三层构成的叫三重循环，多层构成叫多重循环。

C 语言提供的循环语句如 for 语句、while 语句、do...while 语句彼此可相互嵌套，构成不同形式的循环嵌套。以下都是合法的嵌套形式。

（1）
```
for(){…
while()
  {…}
…
    }
```

（2）
```
do{
  …
for()
  {…}
…
}while();
```

（3）
```
while(){
      …
      for()
       {…}
       …
      }
```

（4）
```
for(){
  …
  for(){
  …
     }
  }
```

当程序遇到嵌套循环时，如果外层循环的循环条件允许，则开始执行外层循环的循环体，而内层循环作为外层循环的循环体的一部分来执行——只是内层循环需要反复执行自己的循环体而已。当内层循环执行结束、且外层循环的循环体其余部分执行结束，则再次计算外层循环的循环条件，决定是否再次开始执行外层循环的循环体。图 5-10 展示了双重循环执行过程。

例 5-7　输出九九乘法表，形式如下。

```
1*1=1
1*2=2    2*2=4
1*3=3    2*3=6     3*3=9
…
1*9=9    2*9=18    …              9*9=81
```

分析：分行与列考虑，共 9 行 9 列，i 控制行，j 控制列。程序流程见图 5-11 所示。

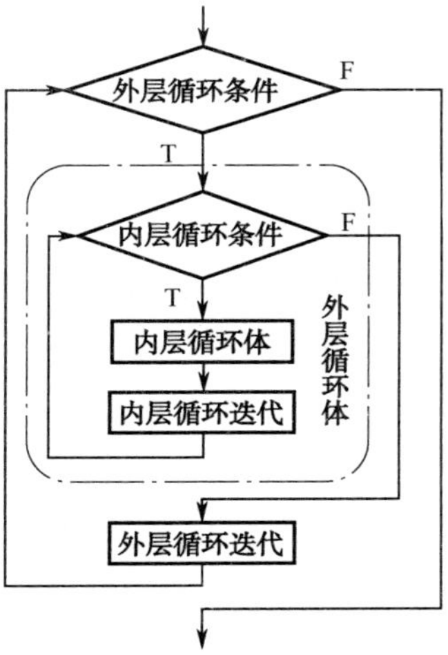

图 5-10　双重循环执行过程

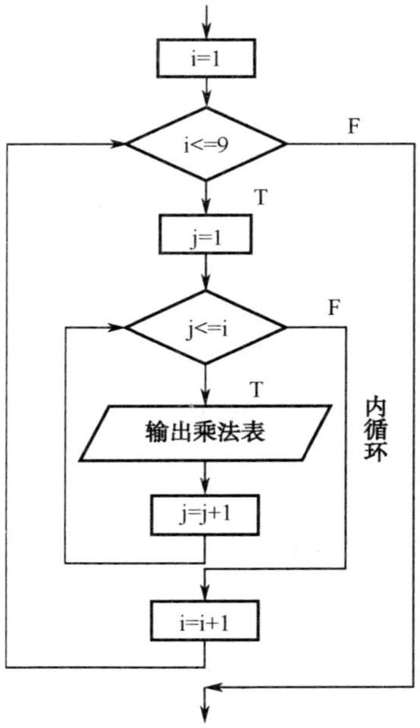

图 5-11　九九乘法表算法流程

源程序源代码如下：

```
#include <stdio.h>
void main()
{
    int i,j,result;
    printf("\n");
    for (i=1;i<10;i++)
    {
        for(j=1;j<=i;j++)
        {
            result=i*j;
            printf("%d*%d=%-3d",j,i,result);  /*-3d 表示左对齐占 3 位*/
        }
        printf("\n");/*每一行后换行*/
```

```
        }
    }
```

思考题 5-5　如果将语句

printf("%d*%d=%-3d",j,i,result);中 i 和 j 的位置互换会看到什么输出结果？

5.2.6　break 与 continue 语句

由上述循环语句的介绍中可以得知，退出循环的前提是循环条件为假，但有时我们需要在循环体中当满足某个条件时提前跳出循环，或者相反：提前返回到下一轮条件的判断而忽略部分循环体语句。这时就需要用到 break 和 continue 语句。图 5-12 分别展示了它们在 while 循环语句中的转移作用。

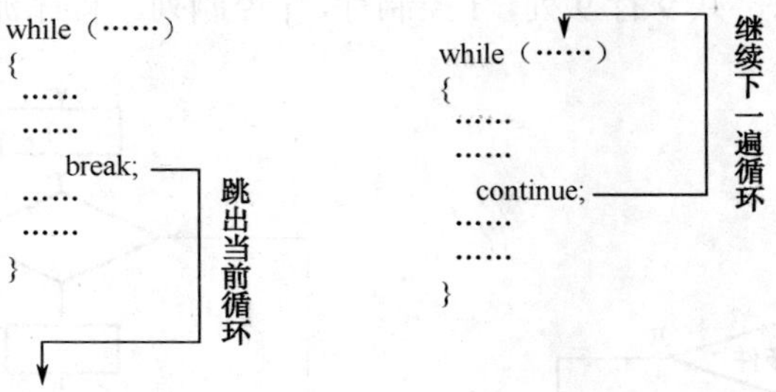

图 5-12　break 和 continue 语句在循环中的作用

1. break 语句

break 语句只能用在 switch 语句或循环语句中，其作用是跳出一层 switch 语句或跳出本层循环，转去执行后面的程序。循环体中遇见 break 语句，立即结束循环，跳到循环体外，执行循环结构后面的语句。

break 语句的一般形式为

```
break;
```

在循环体中 break 语句常与 if 语句搭配使用，以实现满足某种条件下才退出的目的。为了理解 break 的用途，我们可以举一个关于跑步的例子：

```
while(已经跑的圈数 < 5 )
{
  跑一圈……;
  if(我身体感觉不妙)
      break;
}
```

例 5-8　计算半径 r=1 到 r=10 时圆的面积，直到面积 area 大于 100 为止。

分析：圆面积是 s=PI*r*r，能够满足 s<=100 这个条件的 r 应该在 10 以内，因此，只要 s>100，不再计算，循环结束。

程序源代码如下：

```
#define PI   3.14159
void main( )
{
    int r;
```

```
    float area;
    for( r=1;r<=10;r++)
    {
        area=PI*r*r;
        if(area>100)
            break;
        printf("%f",area);
    }
}
```

2. continue 语句

continue 语句只能用在循环体中，由图 5-8 可知：其作用是提前结束本次循环，即不再执行循环体中 continue 语句之后的语句，转入下一次循环条件的判断与执行。应注意的是，本语句只结束本层本次循环，并不跳出循环。当然，如果跳到循环条件处，发现条件已不成立，那么循环也将结束，所以我们称为：尝试下一遍循环。

其一般格式为

```
continue;
```

例 5-9　输出 100 以内能被 7 整除的数。

分析：如果 n%7！=0，表明 n 不能被 7 整除，排除，查找下一个，直至 100。

程序源代码如下：

```
void main()
{
    int n;
    for(n=7;n<=100;n++)
    {
        if (n%7!=0)
            continue;
        printf("%d ",n);
    }
}
```

本例中，对 7～100 的每一个数进行测试，如该数不能被 7 整除，即模运算不为 0，则由 continue 语句转去下一次循环。只有模运算为 0 时，才能执行后面的 printf 语句，输出能被 7 整除的数。

思考题 5-6

（1）比较程序段：

```
while(x++ < 10)
{
    if(x = = 3)
        break;
    printf("%d\r\n", x);
}
```

和

```
while(x++ < 10)
{
```

```
    if(x = = 3)
       continue;
    printf("%d\r\n", x);
}
```

看看输出的结果是什么？

（2）已知 x=3，y=2，写出下列四个循环语句的循环次数。

① while(x=y) {x--;break;}

② while(x=y) {x--;continue;}

③ while(x=y) {y--;continue;}

④ while(x==y) {y--;continue;}

5.2.7 if…goto 语句

goto 语句也称为无条件转移语句，其一般格式如下两种：

其中语句标号是按标识符规定书写的符号，放在某一语句行的前面，标号后加冒号。语句标号起标识语句的作用，与 goto 语句配合使用。

C 语言不限制程序中使用标号的次数，但各标号不得重名。goto 语句的语义是改变程序流向，转去执行语句标号所标识的语句。

goto 语句通常与条件语句 if 配合使用。可用来实现条件转移，构成循环，跳出循环体等功能。以下是 if…goto 语句在程序中的应用。

例 5-10　使用 if…goto 语句实现例题 5-1 中 1 到 100 的累加和。

程序源代码如下：

```
#include <stdio.h>
void main()
{
    int i,sum=0;
    i=1;
    loop: if(i<=100)
    {
        sum+=i;
        i++;
        goto loop;
     }
     printf("%d",sum);
}
```

但是，在结构化程序设计中一般不主张使用 goto 语句，以免造成程序流程的混乱，使理解和调试程序都产生困难。

思考题 5-7　在例 5-10 中如果将 if (i<=100)下的一对大括号去掉，还能得到正确结果吗？

5.3　程序应用综合举例

例 5-11　编程实现计算器中的二进制转换为十进制的功能。

分析：十进制数是二进制数的按位权展开的多项式之和，我们从二进制数的个位开始取值，然后乘以该位对应的位权并相加即可。

程序源代码如下：

```
#include   "stdio.h"
void main()
{
        int a,i,t,s=0;
        int result=0;
        printf("请输入需转换的二进制数：\n");
        scanf("%d",&a);
        for(i=1;a!=0;i=i*2)                    /* i=i*2,权重每次*2*/
        {
                t=a%10;                        /*从低位开始取值*/
                if(t>1)
                {
                      s=1;                     /*二进制,1,0 组成*/
                      break;
                }
                else
                {
                      result=result+t*i;
                      a=a/10;
                }
        }
        if(s==1)
                printf("您的输入有误！请重新输入\n");
        else
                printf("\n 转换后的数为：%d\n",result);
}
```

例 5-12　假如一个学生有三门成绩，如语文、数学、英语，请分别统计一个班级学生三门课的总分和平均分。

分析：在例 5-2 中，我们做了一个成绩统计程序，但只是针对一门课的成绩。当然我们可以重复使用例 5-2 的程序三次来实现三门成绩的统计，但这显然是低效且不方便的做法。

我们可以在原来例题 5-2 的基础上外套一个循环，外循环用于控制不同的课程。设计一个变量 cnum 保存课程数目，使用一个循环控制变量 i 从 1 变到 cnum，每次循环都实现 i 门课程的成绩统计。

程序源代码如下：

```
#include <stdio.h>
void main()
{
        float sum,score;
        int num;                       /*用于一门课成绩个数计数。*/
        int cnum,i;                    /* cnum 用于表示课程门数。*/
        scanf("%d",&cnum);
```

```
        for(i=1;i<=cnum;i++)
        {
            sum = 0;
            num=0;
            printf("= = =第%d 门课程成绩统计程序= = =",i);
            scanf("%f",&score);
            while(score>=0)
            {
                sum += score;
                num++;
                scanf("%f",&score);
            }
         printf("参加统计的成绩数目:%d ",num );
         printf("总分为：%f",sum);
         printf("平均分为：%d",sum/num);
         }
}
```

例 5-13　百钱百鸡问题。用 100 元钱买 100 只鸡，每只公鸡 5 元，每只母鸡 3 元，每 3 只小鸡 1 元，要求每种鸡至少买一只，且必须是整只的，问各种鸡各买多少只？

分析：

（1）设 i, j, k 分别表示公鸡、母鸡和小鸡的只数。则由题意知，以下等式需满足：i+j+k=100 及 5i+3j+k/3=100，这是一个组合问题，目的是求三元一次方程的一组解。

（2）为了确定 i，j，k 的取值范围，可以有不同方法。不同的方法，程序的计算量相差甚远，我们采用逐步求精的方法将范围尽量缩小。

（3）由（1）中两式得：i：1~20；j：1~33；k：1~100；

（4）由于题目要求每种鸡至少买一只，可得：i：1~18；j：1~31；k：100−i−j；

（5）又由 i+j+k=100 及 5i+3j+k/3=100 得 14i+8j=200，即 7i+4j=100；由此可得：i：1~13；j=(100−7i)/4；k=100−i−j。

程序源代码如下：

```
#include <stdio.h>
void main()
{
    int i,j,k;
    for(i=1;i<=13;i++)
    {
        j=(100-7*i)/4;
        k=100-i-j;
        if(5*i+3*j+k/3==100)
            printf("公鸡：%d\t 母鸡：%d\t 小鸡：%d\n",i,j,k);
    }
}
```

例 5-14　猴子第一天摘下若干桃子，当即吃了一半，还不过瘾，又多吃了一个。第二天早上又将剩下的桃子吃掉了一半，又多吃了一个，以后每天早上都吃了前一天剩下的一半零一个。到第 10 天早上再想吃时，发现只剩下一个桃子了。求第一天共摘多少个桃子。

分析：从此题目的已知条件可知，最后一天即第 10 天的桃子数目确定为 1，根据相邻两天桃子数目的规律，可采用倒推法计算第一天的桃子数。假设 s 为当天吃剩下的，则 s+1 为前一天的一半，而 2（s+1）为前一天的总个数。依次类推，10 天前的桃子数即可算出

程序源代码如下：

```
#include <stdio.h>
void main()
{
    int s=1,i;
    for(i=9;i>=1;i--)
        s=(s+1)*2;
    printf("s=%d\n",s);
}
```

5.4　本 章 小 结

顺序、分支、循环是结构化程序设计的三种基本结构，在高级语言程序设计课程中，掌握这三种结构是学好程序设计的基础。而循环结构是这三者中最复杂的一种结构。在 C 语言中，循环结构主要是由 while 语句、do...while 语句和 for 语句实现的，三种语句各有适用的场合，但万变不离其宗。循环结构的三要素是几乎每一个正常循环所必须考虑的。循环的开始条件（循环变量的初始化）；循环的退出条件（使循环能正常退出）；以及循环执行体（每次循环做什么）。

1．使用循环语句中需要注意的要点

（1）循环次数及控制条件要在循环过程中才能确定的循环可用 while 或 do...while 语句。

（2）for 语句主要用于给定循环变量初值、终值、步长增量已知的循环结构。

（3）三种循环语句可以相互嵌套组成多重循环。循环之间可以并列但不能交叉。

（4）可用转移语句 goto 或者 break 把流程转出循环体外，但不能从外面转向循环体内。

（5）在循环程序中应避免出现死循环，即应保证循环变量的值在运行过程中可以得到修改，并使循环条件逐步变为假，从而结束循环。

2．循环结构中常用的算法

使用循环结构可以解决大部分的问题，这些问题的解决算法虽然千差万别，但有一些常用算法经常出现，现归纳如下。

1）枚举法

也称为“笨人之法”，就是逐一列举出可能解的各个元素，并加以判断，直到求得所需要的解。通常根据问题的条件来确定答案的范围，在此范围内对所有可能的情况逐一验证。若某个情况符合条件，则为一个解；若全部情况均不符合条件，则问题无解。常用在排列、组合、数据分类、信息检索、多解方程的求解上。

例如在本章的例题中，用到枚举法的有以下题目：

（1）例题 5-5：显示所有的水仙花数，由于水仙花数是一个三位数，所以它的范围是大于等于 100 小于 1000。对该范围的数逐个判断，便是枚举。

（2）例题 5-6：判断一个数是否为素数，通过将 n 和 2～n-1 之间的数逐个进行取余数运算。

（3）例题 5-8：计算半径 r =1 到 r =10 时圆的面积。

（4）例题 5-9：输出 100 以内能被 7 整除的数。

（5）例题 5-13：百钱百鸡问题，根据三种鸡可能的取值范围在逐个判断。

类似问题还有很多，如果要求某区间内符合某一要求的数，可用一个变量在该范围内“穷举”。

2）归纳法

也称为“智人之法”——通过分析归纳，找出从变量旧值出发求新值的规律。是从大量的特殊性中总结出规律性或一般性的结论。在程序设计上主要表现为递归和迭代、数列和级数求和。

例如在本章的例题中，用到归纳法如下。

（1）例 5-1：求 1 到 100 之间整数累加和。

（2）例 5-2 和例 5-13：求学生成绩的统计，统计的过程其实也是累加。

（3）例 5-14：猴子摘桃问题，发现相邻两天桃子数目的规律，从最后一天往前推算，即可得到最初桃子数目。

要用到归纳法求解的类似问题还有很多，如累乘、斐波那契数列问题、或者计算以下有规律的式子：1−1/2+1/3−1/4+1/5+ … +1/99−1/100 等。

3．常见错误小结

不管使用何种方法，我们首先要学会分析问题，对已知条件中蕴含的知识进行提炼和总结，再用合适的算法把实现过程描述出来，最后再用 C 语言提供的各种语句编程实现。

本章学习过程中还有一些常见的错误小结，见表 5-1，请大家引以为鉴。

表 5-1　常见错误小结

常见错误	错误原因

while（i<=n）
{
　sum=sum+i;
　i++;
}
	在循环开始之前未将计数器变量，累加求和变量或者累乘求积变量初始化，导致运行结果出现乱码

while(i<=n)
　sum=sum+i;
　i++;
	循环体是复合语句时忘了用花括号

for(i=1;i<=n;i++);
{
　sum=sum+i;
}
	紧跟 for 语句表达式圆括号外写了个分号，位于 for 语句后面的分号是循环体变成了空语句，即循环体不执行任何操作

while(n<=100)
{
　printf("n=%d",n);
}
	循环体中没有任何改变循环控制变量的语句，循环条件永为真，导致死循环

for(i=1,i<=n,i++)
{
　p=p*i;
}
	for 语句中应以分号作为表达式分隔符

习　　题

一、填空题

1．以下程序的功能是：输出 100 以内（不含 100）能被 3 整除且个位数为 6 的所有整数，请填空。

```
#include <stdio.h>
void main()
{ int i,j;
for(i=0; (                    );i++)
{ j=i*10+6;
  if (             ) continue;
  printf("%d ",j);
} }
```

2．有以下程序：

```
#include <stdio.h>
void main()
{ int i=5;
do
{
if(i%3==1)
if(i%5==2)
{printf("%d",i);   break;}
i++;
} while(i!=0);
printf("\n");
}
```

程序运行的结果是（　　）。

3．以下程序的功能是输入任意整数给 n 后，输出 n 行由大写字母 A 开始构成的三角形字符阵列图形，例如，输入整数 5 时（注意：n 不得大于 10），程序运行结果如下：

```
A B C D E
F G H I
J K L
M N
O
```

请填空完成该程序。

```
#include <stdio.h>
void main()
{ int i,j,n; char ch='A';
   scanf("%d",&n);
   if(n<11)
     {
```

```
        for(i=1;i<=n;i++)
        { for(j=1;j<=n-i+1;j++)
           { printf("%2c",ch);
             (                );
           }
           (                );
         }
      }
      else printf("n is too large!\n");
      printf("\n");
  }
```

二、思考题

1．求 Fibonacci 数例：1，1，2，3，5，8，…前 40 个数，要求一行输出 4 个数。

2．编程求 2*4*6*8*10 的值。

3．从键盘输入的字符中统计字母字符的个数，用换行符结束循环。

4．输入两个正整数 m 和 n，求其最大公约数和最小公倍数。

5．每个苹果 0.8 元，第一天买 2 个苹果，第二天开始，每天买前一天的 2 倍，直至购买的苹果个数达到不超过 100 的最大值。编写程序求每天平均花多少钱？

6．编写程序，输出用一元人民币兑换成 1 分、2 分和 5 分硬币的不同兑换方法以及总共有多少种换法。

7．输入 n 值，输出如图所示高为 n 的等腰三角形。

```
     *
    ***
   *****
  *******
 *********
***********
```

8．编写程序，从键盘输入 6 名学生的 5 门成绩，分别统计出每个学生的平均成绩。

9．有一分数序列　2/1，3/2，5/3，8/5，13/8，21/13，…求出这个数列的前 20 项之和。

10．百钱百鸡问题

中国古代数学家张丘建在他的《算经》中提出了著名的“百钱买百鸡问题”：鸡翁一，值钱五，鸡母一，值钱三，鸡雏三，值钱一，百钱买百鸡，问翁、母、雏各几何？

11．中国有句俗语叫“三天打鱼两天晒网”。某人从 1990 年 1 月 1 日起开始“三天打鱼两天晒网”，问这个人在以后的某一天中是“打鱼”还是“晒网”。

12．一个奇异的三位数。

一个自然数的七进制表达式是一个三位数，而这个自然数的九进制表示也是一个三位数，且这两个三位数的数码正好相反，求这个三位数。

*问题分析与算法设计提示：

根据题意可知，七进制和九进制表示的这全自然数的每一位一定小于 7，可设其七进制数形式为 kji(i、j、k 的取值分别为 1~6)，然后设其九进制表示形式为 ijk。

13．阿姆斯特朗数。

如果一个正整数等于其各个数字的立方和，则称该数为阿姆斯特朗数(亦称为自恋性数)。如 $407=4^3+0^3+7^3$ 就是一个阿姆斯特朗数。试编程求 1000 以内的所有阿姆斯特朗数。

14．歌星大奖赛在歌星大奖赛中，有 10 个评委为参赛的选手打分，分数为 1～100 分。选手最后得分为：去掉一个最高分和一个最低分后其余 8 个分数的平均值。请编写一个程序实现。

*问题分析与算法设计提示：这个问题的算法十分简单，但是要注意在程序中判断最大、最小值的变量是如何赋值的。

15．抓交通肇事犯一辆卡车违反交通规则，撞人后逃跑。现场有三人目击事件，但都没有记住车号，只记下车号的一些特征。甲说：牌照的前两位数字是相同的；乙说：牌照的后两位数字是相同的，但与前两位不同； 丙是数学家，他说：四位的车号刚好是一个整数的平方。

请根据以上线索求出车号。

*问题分析与算法设计提示：

按照题目的要求造出一个前两位数相同、后两位数相同且相互间又不同的整数，然后判断该整数是否是另一个整数的平方。

16．学生成绩管理系统 V2.0

在 V1.0 的基础上，进一步完成学生成绩管理系统。

（1）实现成绩的连续输入；

（2）成绩总分、平均分计算

17．科学计算器 V2.0

根据本章所学知识，完成科学计算器如下功能：

（1）统计功能

（2）阶乘、求素数运算

第六章　函　数

在第一章中已经介绍过，C 语言是函数式语言，C 源程序是由函数组成的。虽然在前面各章的程序中都只有一个主函数 main()，但实用程序往往由多个函数组成。函数是 C 源程序的基本模块，通过对函数模块的调用实现特定的功能。C 语言中的函数相当于其他高级语言的子程序。

C 语言不仅提供了极为丰富的库函数，还允许用户建立自己定义的函数。用户可把自己的算法编成一个个相对独立的函数模块，然后用调用的方法来使用函数。本章将继续围绕学生成绩管理系统介绍函数的定义、调用、返回。

【学习目标】

1. 掌握 C 语言中函数的基本概念、定义、分类及作用。
2. 掌握函数的调用方法，形参与实参的概念及对应关系。
3. 掌握全局变量和局部变量、动态变量、静态变量的概念及使用方法。
4. 了解 C 语言提供的预处理功能。
5. 掌握宏定义的方法、文件包含处理方法及条件编译的方法。

6.1　问 题 提 出

6.1.1　What

C 语言函数是一个自我包含的完成一定相关功能的执行代码段，我们可以把 C 函数看成一个“黑盒子”，只要将数据送进去就能得到结果，而函数的内部究竟是如何工作的，外部程序是不知道的。外部程序所知道的仅限于输入给函数什么数据以及函数输出什么内容。函数提供了编制程序的手段，使之容易读、写、理解、排除错误、修改和维护。

6.1.2　Why

在求解一个复杂问题时，通常采用的是逐步分解、分而治之的方法，也就是把一个大问题分解成若干个比较容易求解的小问题，然后分别求解。程序员在设计一个复杂的应用程序时，往往也是把整个程序划分为若干功能较为单一的程序模块，然后分别予以实现，最后再把所有的程序模块像搭积木一样装配起来，这种在程序设计中分而治之的策略，被称为模块化程序设计方法。

在 C 语言中，函数是程序的基本组成单位，因此可以很方便地用函数作为程序模块来实现 C 语言程序。利用函数，不仅可以实现程序的模块化，程序设计得简单和直观，提高了程序的易读性和可维护性，而且还可以把程序中普遍用到的一些计算或操作编成通用的函数，以供随时调用，这样可以大大地减轻程序员的代码工作量。

6.1.3　When & Where

C 语言程序鼓励和提倡人们把一个大问题划分成一个个子问题，对应于解决一个子问题编制一个函数，因此，C 语言程序一般是由大量的小函数而不是由少量大函数构成的，即所谓“小函数构成大程序”。这样的好处是让各部分相互充分独立，并且任务单一。因而这些充分独立的小模块也可以作为一种固定规格的小“构件”，用来构成新的大程序。

例如：设计一个简单的学生成绩管理系统，先录入若干学生的信息，包括学生姓名及三个科目的成绩，并能按姓名查询各科成绩，然后分别查询科目 2 成绩最高分、科目 3 成绩最高分、总成绩最高分，再将科目 3 成绩按照降序排列，最后将科目 1 百分制成绩转化为学分等级。所有以上操作的结果均需按指定的格式输出。

根据结构化程序设计方法方法，此系统可以划分成由一些模块组成，每个模块由一个或多个函数来实现。如图 6-1 所示。

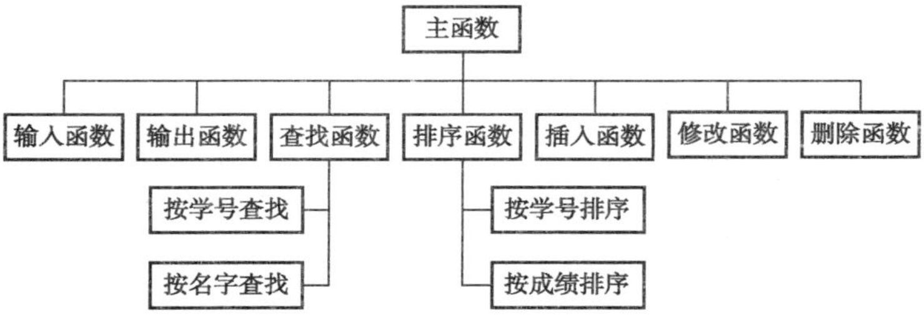

图 6-1　学生成绩管理系统模块图

6.1.4　How

C 程序中函数的数目实际上是不限的，如果说有什么限制的话，那就是，一个 C 程序中必须至少有一个函数，而且其中必须有一个并且仅有一个以 main 为名，这个函数称为主函数，它可以调用其他函数，而不允许被其他函数调用。因此，C 程序的执行总是从 main 函数开始，完成对其他函数的调用后再返回到 main 函数，最后由 main 函数结束整个程序。一个 C 源程序必须有，也只能有一个主函数 main。

还应该指出的是，在 C 语言中，所有的函数定义，包括主函数 main 在内，都是平行的。也就是说，在一个函数的函数体内，不能再定义另一个函数，即不能嵌套定义。但是函数之间允许相互调用，也允许嵌套调用，习惯上把调用者称为主调函数。函数还可以自己调用自己，称为递归调用。

C 语言中的函数相当于其他高级语言的子程序。C 语言不仅提供了极为丰富的库函数，还允许用户建立自己定义的函数。用户可把自己的算法编成一个个相对独立的函数模块，然后用调用的方法来使用函数。上例学生成绩管理系统中就可以设计一些函数分别完成录入、求总分、查询最高分、排序、学分等级转换和按指定格式输出等功能。

在 C 语言中可从不同的角度对函数分类。

（1）从函数定义的角度看，函数可分为库函数和用户定义函数两种。

① 库函数。由 C 系统提供，用户无须定义，也不必在程序中作类型说明，只需在程序前包含有该函数原型的头文件即可在程序中直接调用。在前面各章的例题中反复用到 printf、scanf、getchar、putchar、gets、puts、strcat 等函数均属此类。

C 语言提供了极为丰富的库函数，例如：输入输出函数、数学函数、字符类型分类函数、转换函数、目录路径函数、诊断函数、图形函数、接口函数、字符串函数、内存管理函数、日期和时间函数、进程控制函数等。C 语言库函数不仅数量多，而且有的还需要硬件知识才会使用，因此要想全部掌握则需要一个较长的学习过程。应首先掌握一些最基本、最常用的函数，再逐步深入。由于篇幅关系，本书只介绍了很少一部分库函数，其余部分读者可根据需要查阅有关手册。

② 用户定义函数。由用户按需要写的函数。对于用户自定义函数，不仅要在程序中定义函数本身，而且在主调函数模块中还必须对该被调函数进行类型说明，然后才能使用。

（2）C 语言的函数兼有其他语言中的函数和过程两种功能，从这个角度看，又可把函数分为有返回值函数和无返回值函数两种。

① 有返回值函数。此类函数被调用执行完后将向调用者返回一个执行结果，称为函数返回值。如数学函数即属于此类函数。由用户定义的这种要返回函数值的函数，必须在函数定义和函数说明中明确返回值的类型。

② 无返回值函数。此类函数用于完成某项特定的处理任务，执行完成后不向调用者返回函数值。这类函数类似于其他语言的过程。由于函数无须返回值，用户在定义此类函数时可指定它的返回为“空类型”，空类型的说明符为“void”。

（3）从主调函数和被调函数之间数据传送的角度看又可分为无参函数和有参函数两种。

① 无参函数。函数定义、函数说明及函数调用中均不带参数。主调函数和被调函数之间不进行参数传送。此类函数通常用来完成一组指定的功能，可以返回或不返回函数值。

② 有参函数。也称为带参函数。在函数定义及函数说明时都有参数，称为形式参数（简称为形参）。在函数调用时也必须给出参数，称为实际参数（简称为实参）。进行函数调用时，主调函数将把实参的值传送给形参，供被调函数使用。

下面，本章将分别介绍函数的定义、调用、函数参数及返回值等内容。

6.2　函数的定义

函数是 C 语言的基本构件，是所有程序活动的舞台。函数定义就是设计一个函数，按函数的格式实现其规定的功能。C 语言函数定义的一般格式如下：

```
函数类型　函数名（形参类型说明表）
{
    说明部分
    语句部分
}
```

函数分为函数头和函数体两部分。函数头主要说明函数的类型、函数名称、形式参数及其类型。函数体是用“{”和“}”括起来的内容，包括变量说明部分和执行语句部分。

例 6-1　定义一个函数，用于求两个数中的大数，可写为

```
int max(int a,int b)
{
    int c;
    if(a>b) c= a;
    else c=b;
    return c;
}
```

第一行说明 max 函数是一个整型函数，其返回的函数值是一个整数。形参为 a、b。a、b 均为整型量。a、b 的具体值是由主调函数在调用时传送过来的。在{}中的函数体内，除形参外使用了变量 c，因此先进行变量类型说明。在 max 函数体中的 return 语句是把 a(或 b)的值作为函数的值返回给主调函数。有返回值函数中至少应有一个 return 语句。在 C 程序中，一个函数的定义可以放在任意位置，既可放在主函数 main 之前，也可放在 main 之后。

1．函数头

（1）函数名。函数名是函数的名称，是用标识符来表示一个函数。取名要符合 C 语言标识符的规定。除 main 函数外，其他函数可以按标识符规则任意命名，一般应当取比较直观、能反映函数功能、有助于记忆的符号。

（2）函数类型。是指函数返回值的类型，函数类型如果省略，则按整型处理。某些情况下函数只用来完成一些操作，不需要有返回值，此时函数类型可以写为 void，以明确表示不返回值。

（3）形参表及其类型说明。函数名后面的圆括号内的参数叫形式参数，简称形参。形参表是一个用逗号分隔的变量表，每个变量必须有类型说明。在进行函数调用时，主调函数将赋予这些形式参数实际的值。形参可以是 0 至多个，也就是说，一个函数可以没有参数，这时函数参数表是空的，这种函数叫无参函数。但即使没有参数，括号仍然是必须要有的。

2．函数体

函数头下面最外层{}内的代码即是函数体。它是函数功能的实现部分，由一系列语句组成。函数体分为说明部分和语句部分，说明部分主要进行函数说明、变量说明等，语句部分是一些执行语句。

函数体也可以为空，例如：

```
void dummy( )
 {  }
```

这是一个空函数，没有任何有效操作，但却是一个符合 C 语言规范的函数。

在实际的程序开发中，通常先开发主要函数，一些有待以后扩充和完善功能的函数先暂时写成空函数，使程序可以在不完整的情况下调试部分功能。

6.3　函数的声明与调用

前面介绍过，除了 main 函数不能被其他函数调用外，其他函数之间可以相互调用。一个函数定义好后，是不是就可以被其他函数任意调用呢？其实不然。一般来说，函数在被调用前，应当在主调函数中对它进行声明。

6.3.1　函数的声明

在主调函数中调用某函数之前应对该被调函数进行声明，这与使用变量之前要先进行变量声明是一样的。在主调函数中对被调函数作声明的目的是使编译系统知道被调函数的函数名、返回值的类型、参数个数及每一个参数的类型，以便检验。对被调函数的声明格式为

```
函数类型　函数名(类型 形参，类型 形参…)；
```

或为

```
函数类型　函数名(类型，类型…);
```

如对前例中 max 函数的说明可写为

```
int max(int a,int b);
```

或写为

```
int max(int,int);
```

注意　其中的函数类型是指被调用函数的返回值类型，函数名是指被调用函数的名称，并且被调用函数的每一形参的类型都必须要声明，且不能省略，而形参的名称可以省略。

函数声明是一条 C 语言的语句，句末的“;”不能省略。

C 语言中又规定在以下几种情况时可以省去主调函数中对被调函数的函数说明。

（1）当被调函数的函数定义出现在主调函数之前时，在主调函数中也可以不对被调函数再作说明而直接调用。

（2）如在所有函数定义之前，在函数外预先说明了各个函数的类型，则在以后的各主调函数中，可不再对被调函数作说明。如例 6-2 所示：

例 6-2　对 str 函数和 f 函数预先作说明。

```
char str(int a);
float f(float b);
void main()
{
    ……
}
char str(int a)
{
    ……
}
float f(float b)
{
    ……
}
```

其中，第一，二行对 str 函数和 f 函数预先作了说明。因此在以后各函数中无须对 str 和 f 函数再作说明就可直接调用。

（3）对库函数的调用不需要再作说明，但必须把该函数的头文件用 include 命令包含在源文件前部。

思考题 6-1　函数“声明”和函数“定义”有何区别？

6.3.2　函数的调用

在程序中是通过对函数的调用来执行函数体的，其过程与其他语言的子程序调用相似。C 语言中，函数调用的一般形式为

```
函数名(实际参数表)
```

对无参函数调用时则无实际参数表。实际参数表中的参数可以是常数，变量或其他构造

类型数据及表达式。各实参之间用逗号分隔。在 C 语言中，可以用以下几种方式调用函数。

1. 函数表达式

函数作为表达式中的一项出现在表达式中，以函数返回值参与表达式的运算。这种方式要求函数是有返回值的。例如：z=max(x,y)是一个赋值表达式，把 max 的返回值赋予变量 z。

2. 函数语句

函数调用的一般形式加上分号即构成函数语句。例如：printf ("%d",a);scanf ("%d",&b);都是以函数语句的方式调用函数。

3. 函数实参

函数作为另一个函数调用的实际参数出现。这种情况是把该函数的返回值作为实参进行传送，因此要求该函数必须是有返回值的。例如：printf("%d",max(x,y));即是把 max 调用的返回值又作为 printf 函数的实参来使用的。

6.4 函数的参数与值

6.4.1 函数的参数

前面已经介绍过，函数的参数分为形参和实参两种。在本小节中，进一步介绍形参、实参的特点和两者的关系。形参出现在函数定义中，在整个函数体内都可以使用，离开该函数则不能使用。实参出现在主调函数中，进入被调函数后，实参变量也不能使用。形参和实参的功能是作数据传送。发生函数调用时，主调函数把实参的值传送给被调函数的形参，从而实现主调函数向被调函数的数据传送。

函数的形参和实参具有以下特点。

（1）形参变量只有在被调用时才分配内存单元，在调用结束时，即刻释放所分配的内存单元。因此，形参只有在函数内部有效。函数调用结束，返回主调函数后则不能再使用该形参变量。形参必须指定类型。

（2）实参可以是常量、变量、表达式、函数等，无论实参是何种类型的量，在进行函数调用时，它们都必须具有确定的值，以便把这些值传送给形参。因此应预先用赋值、输入等办法使实参获得确定值。

（3）实参和形参要数量相等，顺序上应一一对应。

（4）实参和形参应类型一致。若形参与实参类型不一致，则以形参类型为准，自动进行类型转换。

（5）函数调用中发生的数据传送是单向的。即只能把实参的值传送给形参，而不能把形参的值反向地传送给实参。因此在函数调用过程中，形参的值发生改变，而实参中的值不会变化。

例 6-3 可以说明这个问题。

例 6-3 求 Σn 的值。

程序源代码如下：

```
#include <stdio.h>
void main()
{
```

```
    void s(int n);
    int n;
    printf("input number\n");
    scanf("%d",&n);
    s(n);
    printf("n=%d\n",n);
}
void s(int n)
{
    int i;
    for(i=n-1;i>=1;i--)
        n=n+i;
    printf("n=%d\n",n);
}
```

本程序中定义了一个函数 s，该函数的功能是求 Σn 的值。在主函数中输入 n 值，并作为实参，在调用时传送给 s 函数的形参量 n（注意，本例的形参变量和实参变量的标识符都为 n，但这是两个不同的量，各自的作用域不同）。在主函数中用 printf 语句输出一次 n 值，这个 n 值是实参 n 的值。在函数 s 中也用 printf 语句输出了一次 n 值，这个 n 值是形参最后取得的 n 值。从运行情况看，输入 n 值为 100。即实参 n 的值为 100。把此值传给函数 s 时，形参 n 的初值也为 100，在执行函数过程中，形参 n 的值变为 5050。返回主函数之后，输出实参 n 的值仍为 100。可见实参的值不随形参的变化而变化。

思考题 6-2　下面程序能不能实现 a、b 两变量值的交换？为什么？

```
#include <stdio.h>
void main()
{   int a, b;
    void swap(int,int);
    a = 3; b = 5;
    printf("原始数据: a=%d, b=%d.\n",a,b);
    swap(a,b);
    printf("交换结果: a=%d, b=%d.\n",a,b);
}
void swap(int x, int y)
{   int temp;
    temp = x;
    x = y;
    y = temp;
}
```

6.4.2　函数的值

函数的值是指函数被调用之后，执行函数体中的程序段所取得的并返回给主调函数的值。如调用正弦函数取得正弦值。

一个函数被调用执行之后，仍然要返回到主调函数中调用它的地方。到底是什么时候返回呢？C 语言提供了一条返回语句 return。当函数执行到第一条 return 语句时返回，流程回到主调函数。如果一个被调函数中没有 return 语句，则它是一个无返回值函数，在执行完函数体内所有语句后自动返回。

对函数的值(或称函数返回值)有以下一些说明。

（1）函数的值通过 return 语句返回主调函数。return 语句的一般形式为

```
return 表达式;
```

或者为

```
return (表达式);
```

该语句的功能是计算表达式的值，并返回给主调函数。在函数中允许有多个 return 语句，但每次调用只能有一个 return 语句被执行，因此只能返回一个函数值。

（2）函数值的类型和函数定义中函数的类型应保持一致。如果两者不一致，则以函数类型为准，自动进行类型转换。

（3）如函数值为整型，在函数定义时可以省去类型说明。但在函数声明中必须声明函数类型。

（4）不返回函数值的函数，可以明确定义为“空类型”，类型说明符为“void”。一旦函数被定义为空类型后，就不能在主调函数中使用被调函数的函数值了。例如，在定义 s 为空类型后，在主函数中写下述语句 sum=s(n);就是错误的。为了使程序有良好的可读性并减少出错，凡不要求返回值的函数都应定义为空类型。

6.5　函数的嵌套调用与递归调用

6.5.1　函数的嵌套调用

C 语言中不允许作嵌套的函数定义，在定义一个函数时不允许在函数体内再定义另一个函数。因此各函数之间是平行的，不存在上一级函数和下一级函数的问题。但是 C 语言允许在一个函数的定义中出现对另一个函数的调用。这样就出现了函数的嵌套调用。即在被调函数中又调用其他函数。

例 6-4　函数的嵌套调用。

程序源代码如下：

```
#include <stdio.h>
int dif(int x,int y,int z);
int max(int x,int y,int z);
int min(int x,int y,int z);
void main()
{    int a,b,c,d;
     scanf("%d%d%d",&a,&b,&c);
     d=dif(a,b,c);
     printf("Max-Min=%d\n",d);
}
int dif(int x,int y,int z)
{    return max(x,y,z)-min(x,y,z); }
int max(int x,int y,int z)
```

```
{    int r;
     r=x>y?x:y;
     return(r>z?r:z);
}
int min(int x,int y,int z)
{    int r;
     r=x<y?x:y;
     return(r<z?r:z);
}
```

由以上程序可以看出，3 个自定义函数是相互独立的，没有从属关系。程序执行时其函数调用的过程如图 6-2 所示：

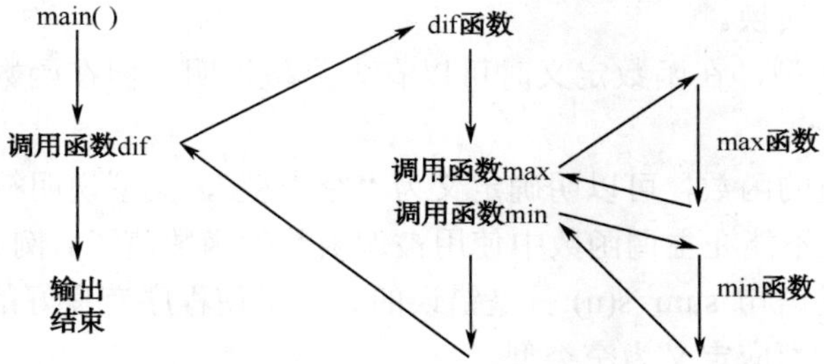

图 6-2　函数的嵌套调用

6.5.2　函数的递归调用

C 语言函数可以自我调用。如果函数内部一个语句直接或间接调用了函数自己，则称这个函数是“递归”。

例 6-5　用递归法计算 n!

用递归法计算 n!可用下述公式表示：

n!=1 (n=0,1)

n×(n−1)! (n>1)

按公式可编程如下：

```
#include <stdio.h>
long factor(int n)
{
     long f;
     if(n<0) printf("n<0,input error");
     else if(n==0||n==1) f=1;
     else f=factor(n-1)*n;
     return(f);
}
void main()
{
     int n;
     long y;
     printf("\ninput a inteager number:\n");
```

```
15          scanf("%d",&n);
16          y=factor(n);
17          printf("%d!=%ld",n,y);
18      }
```

程序中给出的函数 factor 是一个递归函数。主函数调用 factor 后即进入函数 factor 执行，如果 n<0,n==0 或 n=1 时都将结束函数的执行，否则就递归调用 factor 函数自身。由于每次递归调用的实参为 n−1，即把 n−1 的值赋予形参 n，最后当 n−1 的值为 1 时再作递归调用，形参 n 的值也为 1，将使递归终止。然后可逐层退回。

下面我们再举例说明该过程。设执行本程序时输入为 5，即求 5!。在主函数中的调用语句即为 y=factor(5)，进入 factor 函数后，由于 n=5，不等于 0 或 1，故应执行 f=factor(n-1)*n，即 f=factor(5-1)*5。该语句对 factor 作递归调用即 factor(4)。进行 4 次递归调用后，factor 函数形参取得的值变为 1，故不再继续递归调用而开始逐层返回主调函数。factor(1)的函数返回值为 1，factor(2)的返回值为 1*2=2，factor(3)的返回值为 2*3=6，factor(4)的返回值为 6*4=24，最后返回值 factor(5)为 24*5=120。

思考题 6-3　如果去掉例 6-5 程序中的第 6 行“else if (n==0||n==1) f=1;”程序是否能计算出 n!?为什么？

例 6-6　Hanoi 塔问题

据说创世纪时有一座波罗教塔，是由三支钻石棒所支撑，开始时神在第一根棒上放置 64 个由上至下依由小至大排列的金盘，并命令僧侣将所有的金盘从第一根石棒移至第三根石棒，且搬运过程中遵守大盘子在小盘子之下的原则，若每日仅搬一个盘子，则当盘子全数搬运完毕之时，此塔将毁损，而也就是世界末日来临之时。

如图 6-3 所示。三支钻石棒 A、B、C。A 棒上套有 64 个大小不等的圆盘，大的在下，小的在上。要把这 64 个圆盘从 A 棒移动到 C 棒上，每次只能移动一个圆盘，移动可以借助 B 棒进行。但在任何时候，任何针上的圆盘都必须保持大盘在下，小盘在上。求移动的步骤。

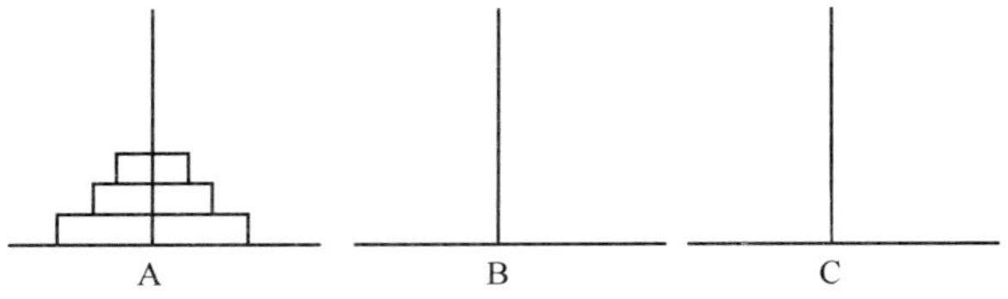

图 6-3　Hanoi 塔示例

分析：设 A 上有 n 个盘子。

如果 n=1，则将圆盘从 A 直接移动到 C。

如果 n=2，则：

（1）将 A 上的 n−1（等于 1）个圆盘移到 B 上；

（2）再将 A 上的一个圆盘移到 C 上；

（3）最后将 B 上的 n−1（等于 1）个圆盘移到 C 上。

如果 n=3，则：

（1）将 A 上的 n−1（等于 2）个圆盘移到 B（借助于 C）。

（2）将 A 上的一个圆盘移到 C。

（3）将 B 上的 n−1（等于 2）个圆盘移到 C（借助 A）。

从上面分析可以看出：

A 上有 n 个盘子，当 n 大于等于 2 时，移动的过程可分解为 3 个步骤：

第一步 把 A 上的 n-1 个圆盘移到 B 上；

第二步 把 A 上的一个圆盘移到 C 上；

第三步 把 B 上的 n-1 个圆盘移到 C 上；

其中第一步和第三步是类同的。

当 n= =1，则将圆盘从 A 直接移动到 C。

显然这是一个递归过程，据此算法可编程如下：

```
#include <stdio.h>
void move(int n,int a,int b,int c)
{
    if(n==1)
      printf("%c-->%c\n",a,c);
    else
    {
        move(n-1,a,c,b);
        printf("%c-->%c\n",a,c);
        move(n-1,b,a,c);
    }
}
void main()
{
    int n;
    printf("Input the number of disks:");
    scanf("%d",&n);
    printf("the steps to moving %3d diskes:\n",n);
    move(n,'a','b','c');
}
```

从程序中可以看出，move 函数是一个递归函数，它有四个形参 n，a，b，c。n 表示圆盘数，a，b，c 分别表示三根棒。move 函数的功能是把 a 上的 n 个圆盘移动到 c 上。当 n==1 时，直接把 a 上的圆盘移至 c 上，输出 a→c。如 n!=1 则分为 3 步：递归调用 move 函数，把 n−1 个圆盘从 a 移到 b；输出 a→c；递归调用 move 函数，把 n−1 个圆盘从 b 移到 c。在递归调用过程中 n=n−1，故 n 的值逐次递减，最后 n=1 时，终止递归，逐层返回。当 n=4 时程序运行的结果为

```
#include <stdio.h>
Input the number of disks:
4
the step to moving 4 diskes:
a→b
a→c
b→c
a→b
c→a
c→b
```

```
11  a→b
12  a→c
13  b→c
14  b→a
15  c→a
16  b→c
17  a→b
18  a→c
19  b→c
```

例 6-7　求兔子问题。第 1 个月有 1 对兔子，每对兔子从出生后第 3 个月起，就可每个月生 1 对兔子。问第 n 个月有多少对兔子？

分析：设第 n 个月有 f(n)对兔子，根据题意有

f(1)=1，f(2)=1

f(n)= f(n-1) + f(n-2)

可看出每个月兔子的个数也是一种递归定义，可以用递归法编写函数 f 求第 x 个月的兔子的数量。

程序源代码如下：

```
#include <stdio.h>
long f(long x )
{    long I;
     if(x==1||x==2)   I=1;
     else I=f(x-1)+f(x-2);
     return I;
}
void main( )
{    long n;
     scanf("%ld",&n);
     printf("\n%ld",f(n));
}
```

从以上的例题可以看出，用递归方式描述问题必须具备两个条件。

（1）递归的边界条件。初始定义，至少有一次不用递归调用。在例 6-5 中当 n=0 或 n=1 时，factor(n)=1。在例 6-6 中当 n=1，直接将圆盘从 A 移动到 C。例 6-7 中当 x=1 或 x=2 时，f(x)=1。

（2）收敛性。每次递归调用总是向边界条件转化。

编写递归函数时，必须在函数的某些地方使用 if 语句，强迫函数在达到边界条件时返回。如果不这样做，在调用函数后，它永远不会返回。在递归函数中不使用 if 语句，是一个很常见的错误。在开发过程中使用 printf( )和 getchar( )可以看到执行过程，并且可以在发现错误后停止运行。

递归函数的主要优点是可以把算法写的比使用非递归函数时更清晰、更简洁，而且某些问题本身就是递归定义的，更适宜用递归方法。

6.6　变量的作用域与存储类别

在 C 语言中每一个变量都有两个属性：数据类型和数据的存储类别。数据类型就是大家

熟知的整型、字符型、实型等；存储类别指的是数据在内存中存储的方式。存储方式分为两大类：静态存储类和动态存储类，具体包括四种：自动的（auto）、静态的（static）、寄存器的（register）、外部的（extern）。从变量的有效范围（即从空间）角度可以将变量分为局部变量和全局变量。从变量值存在的时间（即生命期）角度可以将变量分为静态存储变量和动态存储变量，简称静态变量和动态变量。

6.6.1 变量的作用域

变量的有效范围称为变量的作用域。C 语言中的变量按作用范围可分为局部变量和全局变量。程序的编译单位是源程序文件，一个源程序文件可以包含一个或多个函数。在函数内定义的变量是局部变量，而在函数之外定义的变量称为全局变量。函数的形式参数是局部变量。

1. 局部变量

在一个函数内部定义的变量是局部变量，它只在本函数范围内有效。也就是说局部变量的作用域是本函数，只有在本函数内才能使用它们，在此函数外是不能使用这些变量的。在 main 主函数中定义的变量只在 main 主函数中有效。不同函数中同名变量，占不同内存单元，是相互独立的。

例 6-8

```
#include <stdio.h>
void main()
{     int a,b;
      a=3;
      b=4;
      printf(“main:a=%d,b=%d\n”,a,b);
      sub();
      printf(“main:a=%d,b=%d\n”,a,b);
}
sub()
{     int a,b;
      a=6;
      b=7;
      printf(“sub:a=%d,b=%d\n”,a,b);
}
```

程序运行结果如下：

```
main:a=3,b=4
sub:a=6,b=7
main:a=3,b=4
```

也可以在复合语句中定义变量，他们是只在本复合语句中有效的变量。例 6-9 中的变量 temp 只在复合语句中有效，用它来交换 a，b 的值，当复合语句执行完，temp 的内存单元被释放。

例 6-9

```
#include <stdio.h>
void main()
```

```
{
    int a,b;
    scanf("%d,%d",&a,&b);
    {
        int temp;
        temp=a;
        a=b;
        b=temp;
    }
    printf("%d,%d",a,b);
}
```

2. 全局变量

在函数之外定义的变量称为全局变量，全局变量可以在本文件中为其他函数所共用，它的作用域为从定义变量的位置开始到本源文件结束。如果在同一个源文件中，全局变量与局部变量同名，则在局部变量的作用范围内，全局变量会被“屏蔽”，即它不起作用。

例 6-10

```
#include <stdio.h>
int x=1 ;
void main( )
{    int a=2 ;
     ……
     {
         int b=3 ;
         ……
     }
     f( ) ;
         ……
}
int t=4 ;
void f( )
{ int x=5, b=6 ;
   ……
}
int a=7 ;
```

上例中的 x、t、a 是全局变量，由于它们定义的位置不一样，作用的范围也不同。全局变量 x（值为 1）的作用域是整个文件，但在 f()中，因为定义了局部变量 x（值为 5），所以在函数 f 中起作用的是局部变量，x 值为 5。

思考题 6-4　前面我们讲到用 return 语句只能得到一个返回值，能否利用全局变量得到多个值？

6.6.2　变量的存储类别

一个 C 程序在运行时，用户区被分为三大块：第一块是程序区，用来存放 C 程序运行代码。第二块是静态存储区，用来存放变量，在这个区域中存储的变量被称作静态变量，如全局变量。第三块是动态存储区，也用来存放变量以及进行函数调用时的现场信息和函数返回地址等，在这个区域存储的变量我们称之为动态变量，如形参变量、函数体内部定义的局部变量。

在 C 语言中，每一个变量都有两个属性：数据类型和数据的存储类别。数据类型是我们前面讲过的整型、实型等。而存储类别主要指一个变量在内存中的存储区域，分为两大类：静态存储和动态存储。根据变量的存储类别，可以知道变量的作用域和生存期。C 语言变量定义格式如下：

```
[存储类型]      数据类型      变量表;
```

此处的存储类型具体包括四种：自动的（auto）、静态的（static）、寄存器的（register）、外部的（extern），省略即为自动的（auto）。

1．用 extern 声明外部变量

外部变量是在函数外部定义的全局变量，编译时将外部变量分配在静态存储区，它的作用域为从变量的定义点开始，到本程序文件的末尾。

其实一个文件中的全局变量的作用域可以扩展到定义它之前，还可以扩展到其他的文件。也就是说，一个文件中的全局变量可以在另一个文件中作为外部变量使用。如果要扩展一个全局变量的作用域，可以通过用 extern 声明外部变量来进行。

（1）在一个文件内用 extern 扩展外部变量的作用域。如果在定义点之前的函数想引用该外部变量，则应该在引用前用关键字 extern 对该变量做“外部变量声明”，表示该变量是一个已经定义的外部变量。有了该声明，就可以从声明处起合法地使用该外部变量。

例 6-11

```
#include <stdio.h>
int max(int    x, int y)
{   int z;
    z=x>y?x:y;
    return(z);
}
void main()
{   extern int a,b;
    printf("max=%d\n",max(a,b));
}
int a=13,b=-8;
```

运行结果：

```
max=13
```

上例中的外部变量 a、b 不是在文件的开头定义，其有效的作用范围只限于定义处到文件末尾。所以在 main 主函数中对 a、b 用 extern 进行声明，所以就能正常使用它们了。

（2）用 extern 扩展外部变量的作用域到多个文件中。如果一个 C 程序由多个源程序文件组成，那么在一个文件中想引用另一个文件中已定义的外部变量，只需在该文件中用 extern 对该外部变量进行声明即可。

例 6-12

```
/*file1.c*/
#include <stdio.h>
int a;
```

```
void main()
{   int power(int   n);
    int b=3,c,d,m;
    printf("Enter the number a and its power:\n");
    scanf("%d,%d",&a,&m);
    c=a*b;
    printf("%d*%d=%d\n",a,b,c);
    d=power(m);
    printf("%d**%d=%d",a,m,d);
    }
```

```
/*file2.c*/
extern    int    a;
int   power(int   n)
{     int i,y=1;
      for(i=1;i<=n;i++)
          y*=a;
      return(y);
}
```

上例中 file2.c 文件中的 power 函数要使用 file1.c 文件中定义的全局变量 a，所以要在 file2.c 文件的开头用 extern 来说明 a 为外部变量，该变量在其他文件中已经定义过了。

2．auto 变量

动态存储变量是存储在动态存储区的，这种变量只在定义它们的时候才创建，它们所在的函数执行完，系统回收变量所占内存。对这些变量的创建和回收是由系统自动完成的，所以也叫自动变量（用关键字 auto 定义）。最典型的例子就是函数中定义的局部变量。例如：

```
int f(int a )
{
    auto int b,c=4; /*定义 b,c 为自动变量*/
}
```

一般情况下，关键字 auto 可以省略，上面这行可以写成 int b,c=4;它们是等价的。这样看来，形参变量 a 也是自动变量。在我们在前面的学习中，见到的大部分是自动变量。

3．static 变量

凡是用关键字 static 定义的变量全部被称为静态变量。所有的静态变量全部存储在静态存储区，在程序的运行期间一直存在。按静态变量定义位置的不同，又分为全局静态变量和局部静态变量。

（1）局部静态变量。局部静态变量指的是在某个函数中用关键字 static 定义的变量，这种变量的作用范围只在定义它的函数起作用，但是它存储在静态存储区。我们知道，一个函数在返回时要将其所占有的内存交还系统。但如果这个函数中定义有静态变量，函数在返回时这个静态变量不会被释放，仍然保存它的值。如果再次调用这个函数时，我们就可以直接使用这个保存下来的值。

例 6-13

```
#include <stdio.h>
void main()
{     void    fun(void);
      fun();
      fun();
      fun();
}
void    fun(void)
{     static int x=0;
      x++;
      printf("%d\n",x);
}
```

运行结果为

```
1
2
3
```

说明　①局部静态变量是在函数内定义，但整个程序的执行过程都是它的生存期。也就是说它在函数调用返回后依然存在。②虽然局部的静态变量在函数返回后依然存在，但由于它是局部变量，所以其他函数仍然不能对它进行引用。③局部的静态变量如果不对其进行初始化，那么系统自动对其赋值 0。④对静态变量的初始化是在编译阶段完成的，只赋值一次，即在程序运行前就已经初始化完毕了。以后再次调用定义它的函数时，静态局部变量不再重新赋值而是保留前一次被调用后留下的值。

（2）全局静态变量。在全局变量的说明之前加上 static，就是全局静态变量。实际上一个程序中的全局变量全部存储在静态存储区中，也就是说不管有没有 static，全局变量都是存储在静态存储区。但两者还是有区别的，区别在于作用域的扩展上。前面我们讲了非静态的全局变量作用域可以用 extern 扩展到组成源程序的多个文件，而静态全局变量的作用域则只限于本文件，不能扩展到其他文件。

例 6-14

```
/*file1.c*/
#include <stdio.h>
static int global;
void main()
{     int local;
      .
      .
      .
}

/*file2.c*/
extern int global;
func2(   )
```

```
3   {  .
4      .
5      .
6   }
```

file1.c 中定义了一个静态全局变量 global，因此只能用于本文件，虽然在 file2.c 中用了 extern 扩展了 global 的作用域，但在 file2.c 中无法使用 file1.c 中定义的全局变量 global。

4．register 变量

一般情况下所有的变量是存放在内存中的，我们知道，计算机是一个多级缓存系统。程序在运行时，只有需要计算的变量才从内存中取到运算器。如果有一个变量在某一段时间内重复使用的次数很多，如循环变量。那么，这种从内存取数的过程将花费大量的时间。所以对这种重复使用的变量，C 语言允许它存放在寄存器中，以提高程序的运行效率。这种变量被称作“寄存器变量”，用关键字 register 定义。

因为计算机系统中寄存器的数目是非常有限的，所以决定了在 C 程序中寄存器变量的数目有一定的限制，而且只有动态变量才能作为“寄存器变量”。另外在一些 C 语言系统中（如 Turbo C 和 MS C），“寄存器变量”实际上是被当作自动变量来处理的，仍然将这种变量存放在内存中。所以对这种变量，我们只要了解一下就行。

思考题 6-5 分别对自动变量、寄存器变量、局部静态变量和外部变量的生存期、作用域和变量值存放的位置进行分析。

6.7 编译预处理命令

在前面各章节的例题中，已多次使用过以“#”号开头的预处理命令。如包含命令#include，宏定义命令#define 等。在源程序中这些命令都放在函数外，且一般都放在源文件的前面，它们称为预处理部分。

所谓预处理是指在进行词法扫描和语法分析之前所作的工作。预处理是 C 语言的一个重要功能，它由预处理程序负责完成。当对一个源文件进行编译时，系统将自动引用预处理程序对源程序中的预处理部分作处理，处理完毕自动进入对源程序的编译。

C 语言提供了多种预处理功能，如宏定义、文件包含、条件编译等。合理地使用预处理功能编写的程序便于阅读、修改、移植和调试，也有利于模块化程序设计。本节介绍常用的几种预处理功能。

预处理命令的格式和 C 语句的格式不一样：预处理命令以“#”开头；每条预处理命令占单独书写行；预处理命令语句尾不加分号。

6.7.1 宏定义

宏定义的功能是用一个标识符来表示一个字符串。在编译预处理时，对程序中所有出现的“宏名”，都用宏定义中的字符串去代换。ANSI C 标准将标识符定义为宏名，将替换过程称为宏替换或宏展开。宏定义分为带参数和不带参数两种。

1．不带参数的宏定义

命令的一般形式为

```
#define 标识符 字符串
```

功能：用指定标识符(宏名)代替字符串。

例如：

```
#define    YES    1
#define     NO     0
#define     PI     3.1415926
#define     OUT     printf("Hello,World");
```

在标识符和串之间可以有任意个空格，字符串可以是常数、表达式、格式串等。我们前面讲过的符号常量的定义就是一种无参宏定义。

宏定义可以用来简化程序书写，即用一个简单的宏名代替一个比较复杂的字符串，同时还可提高程序的可读性和减少书写中的错误。使用宏定义也便于程序的修改，给移植工作带来方便。

例 6-15

```
#define     OUT     printf("Hello,World!\n");
#include <stdio.h>
void main()
{    OUT;
}
```

运行结果：

```
Hello,World!
```

宏定义#define OUT printf("Hello,World!\n");的作用是指定标识符 OUT 来代替字符串"printf("Hello,World!\n");"。在编写源程序时，所有的 printf("Hello,World!\n");都可由 OUT 代替。

而对源程序作编译时，将先由预处理程序进行宏代换，即用 printf("Hello,World!\n");字符串去置换所有的宏名 OUT，然后再进行编译。

对宏定义的几点说明：

（1）宏定义位置一般在函数外面，宏定义的作用域从宏定义命令行开始到源文件结束。可以用#undef 命令终止宏名作用域。

格式：

```
#undef    宏名
```

例

```
#define     YES       1
   main()
   { ……
   }
   #undef    YES
   #define     YES     0
   max()
   {……
   }
```

宏名 YES 在函数 main 中代表字符 1，在 max 函数中代表字符 0。

（2）宏展开：编译预处理时，用宏体替换宏名，只是一种简单的代换，不作语法检查。

（3）引号中的内容与宏名相同，预处理程序不对它进行置换。例如：

```
#define   PI    3.14159
printf("2*PI=%f\n",PI*2);
宏展开：printf("2*PI=%f\n",3.14159*2);
```

（4）宏定义可嵌套。也就是说在宏定义的字符串中可以使用已经定义的宏名。例如：

```
#define   WIDTH   80
#define   LENGTH    WIDTH+40
```

（5）宏定义中使用必要的括号()。例如：

```
#define   WIDTH   80
#define   LENGTH    WIDTH+40
var=LENGTH*2;
宏展开：var=  80+40 *2;
```

因为宏替换只是简单代换，可见宏展开的结果与原意并不相符，修改的方法是加上必要的括号。

```
#define   WIDTH   80
#define   LENGTH    (WIDTH+40)
var=LENGTH*2;
宏展开：var=(80+40)*2;
```

（6）宏名一般用大写字母表示，以示区别。

2．带参数的宏定义

命令的一般形式为

```
#define     宏名(参数表)      字符串
```

注意　宏名和（参数表）之间不能加空格。

宏定义中的参数称为形式参数，在宏调用中的参数称为实际参数。对带参数宏的替换过程是将在程序中出现的带实参的宏，按照宏定义中指定的字符串，从左到右进行替换，将字符串中的形参用对应的实参代替，对非参数字符则保留。实参可以是常量、变量或表达式。

例　计算圆面积

```
#define   PI  3.1415926
#define   S(r)    PI*r*r
……
area=S(3);
宏展开：              area=3.1415926*3*3;
```

在这里，实参 3 对应开参 r，在宏展开时，预处理程序要用实参代替形参。

使用带参数的宏定义时应注意以下几点：

（1）带参宏定义中，宏名和形参表之间不能有空格出现。

例如，把

```
#define MAX(a,b)   (a>b)?a:b
```

写为

```
#define MAX   (a,b)   (a>b)?a:b
```

将被认为是无参宏定义，宏名 MAX 代表字符串(a,b)　(a>b)?a:b。宏展开时，宏调用语句：

```
max=MAX(x,y);
```

将变为

```
max=(a,b)   (a>b)?a:b(x,y);
```

这显然是错误的。

（2）在带参宏定义中，形式参数不分配内存单元，因此不必作类型定义。而宏调用中的实参有具体的值。要用它们去代换形参，因此必须作类型说明。这是与函数中的情况不同的。在函数中，形参和实参是两个不同的量，各有自己的作用域，调用时要把实参值赋予形参，进行“值传递”。而在带参宏中，只是符号代换，不存在值传递的问题。

（3）在宏定义中，字符串内的形参通常要用括号括起来以避免出错。例如，下面的宏定义是用来求平方值的。

例 6-16

```
#define SQUARE(x) x*x
#include <stdio.h>
void main()
{
      int a,sq;
      printf("input a number: "); scanf("%d",&a);
      sq=SQUARE(a+1);
      printf("sq=%d\n",sq);
}
```

运行结果为

```
input a number:4↙
sq=9
```

输入 4，但结果却不是（4+1）的平方。问题在哪里呢？这是由于代换只作符号代换而不作其他处理而造成的。宏代换后将得到以下语句：

```
sq=a+1*a+1;
```

由于 a 为 4，故 sq 的值为 9。这显然与题意相违，如果将宏定义字符串的参数用括号括起来，就可以避免上述错误，因此参数两边的括号是不能少的。即

```
#define SQUARE(x)    (x)*(x)
```

有时，即使在参数两边加括号还是不够的，请看下面语句：

```
printf("%d\n",27/SQUARE(3));
```

经宏替换后变为

```
printf("%d\n",27/(3)*(3));
```

这显然与期望不相符。为了保证得到所期望的结果，可以在宏定义的参数上再加上外层括号。

```
#define SQUARE(x)     ((x)*(x))
```

以上讨论说明，对于宏定义不仅应在参数两侧加括号，也应在整个字符串外加括号。

（4）带参的宏和带参函数很相似，但有本质上的不同，除上面已谈到的各点外，把同一表达式用函数处理与用宏处理两者的结果有可能是不同的。

例 6-17

```
#define SQ(y) ((y)*(y))
#include <stdio.h>
sq(int y)
{
    return((y)*(y));
}
void main()
{
    int i=1,j=1;
    while(i<=5)
        printf("%d        ",SQ(i++));
    printf("\n");
    while(j<=5)
        printf("%d        ",sq(j++));
    printf("\n");
}
```

运行结果：

```
1    9    25
1    4    9    16    25
```

在上例中函数名为 sq，形参为 y，函数体表达式为((y)*(y))。宏名为 SQ，形参也为 y，字符串表达式为((y)*(y))。宏调用为 SQ(i++)，函数调用为 sq(j++)，实参也是相同的。从输出结果来看，却大不相同。

上例中函数调用是把实参 j 值传给形参 y 后自增 1，然后输出函数值，因而要循环 5 次，输出 1～5 的平方值。上例中宏调用时，只作代换。SQ(i++)被代换为((i++)*(i++))。一次宏调用 j 会发生 2 次自增。第一次宏调用结束时，j=3。

6.7.2　文件包含

在前面我们已多次用文件包含命令包含过库函数的头文件。例如：

```
#include    "stdio.h"
#include    "math.h"
```

文件包含是 C 预处理程序的另一个重要功能。所谓“文件包含”是指一个源文件可将另一个源文件的内容全部包含进来。

文件包含命令行的一般形式为

```
#include "文件名"
#include <文件名>
```

其中，#表示这是一条预处理命令，include 为包含命令，文件名是被包含文件的全名。

预处理程序在处理文件包含命令时，将它所指定的被包含文件的内容嵌入到该命令的位置，再对“包含”后的文件作为一个源文件进行编译。如图 6-4 所示：

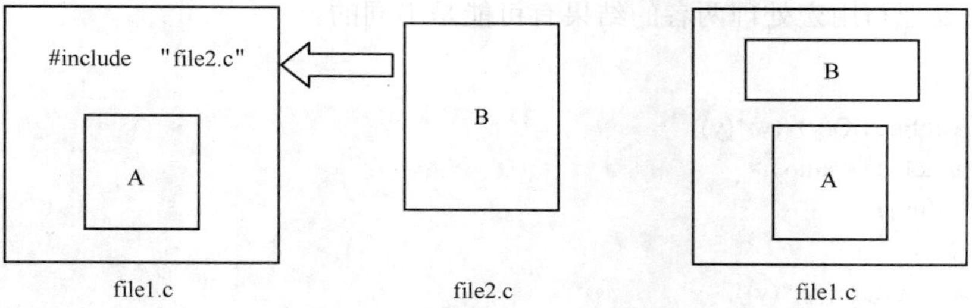

图 6-4　文件包含

在程序设计中，文件包含是很有用的。一个大的程序可以分为多个模块，由多个程序员分别编程。有些公用的符号常量或宏定义等可单独组成一个文件，在其他文件的开头用包含命令包含该文件即可使用。这样，可避免在每个文件开头都去书写那些公用量，减少了重复劳动，从而节省时间，并减少出错。

我们在使用标准库函数进行程序设计时，需要在源程序中包含相应的头文件，因为这些头文件中含有一些公用性的常量定义、函数说明及数据结构等。例如在使用标准库函数进行输入输出操作时，一般要用到包含命令：#include <stdio.h>将 stdio.h 头文件包含进来，因为 stdio.h 文件中有标准输入输出库函数所需要的常量定义及函数说明等信息。不同类的库函数有不同的头文件，如使用标准数学函数，应采用#include <math.h>将标准数学库函数的头文件包含进来。如要使用字符串处理函数，就用#include <string.h>将字符串处理库函数的头文件 string.h 包含进来。

如果需要修改程序中常用的一些参数，可以不必修改每个程序，只需把这些参数放在一个头文件中，在需要时修改头文件即可。

对文件包含命令还要说明以下几点：

（1）包含命令中的文件名可以用双引号括起来，也可以用尖括号括起来。例如以下写法都是允许的：

```
#include   "stdio.h"
#include   <math.h>
```

但是这两种形式是有区别的：使用尖括号表示在包含文件目录中去查找（包含目录是由用户在设置环境时设置的），而不在源文件目录去查找；使用双引号则表示首先在当前的源文件目录中查找，若未找到才到包含目录中去查找。用户编程时可根据自己文件所在的目录来选择某一种命令形式。

（2）一个 include 命令只能指定一个被包含文件，若有多个文件要包含，则需用多个 include 命令。

（3）文件包含允许嵌套，即在一个被包含的文件中又可以包含另一个文件。如果 file1 中包含 file2，而在 file2 中要用到 file3 的内容。则可以在 file1 中用包含命令包含 file2，在 file2

中用包含命令包含 file3。如图 6-5 所示：

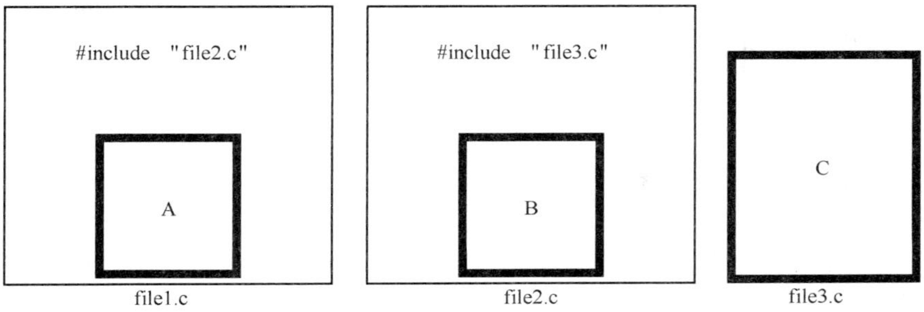

图 6-5　文件包含的嵌套

（4）当被包含文件中的内容修改时，包含该文件的所有源文件都要重新进行编译处理。

6.7.3　条件编译

预处理程序提供了几个命令可对程序源代码的各部分有选择地进行编译，该过程称为条件编译。条件编译有利于程序的调试和移植，商业软件公司广泛应用条件编译来提供和维护某一程序的不同顾客版本。

条件编译有以下几种形式。

1．#ifdef 标识符

程序段 1

```
#else
```

程序段 2

```
#endif
```

它的功能是，如果标识符已被#define 命令定义过，则对程序段 1 进行编译；否则对程序段 2 进行编译。如果没有程序段 2（它为空），本格式中的#else 可以没有，即可以写为：

```
#ifdef 标识符
```

程序段

```
#endif
```

例 6-18

```
#define TED 10
#include <stdio.h>
void main ()
{
    #ifdef TED
        printf("Hi Ted\n");
    # else
        printf("Hi anyone\n");
    # endif
}
```

上例中使用了条件编译预处理命令，因此要根据 TED 是否被定义过来决定编译哪一个 printf 语句。而在程序的第一行已对 TED 作过宏定义，因此应对第一个 printf 语句进行编译，故运行结果是输出了“Hi Ted”。

在程序的第一行宏定义中，定义 TED 表示字符串 10，其实也可以为任何字符串，甚至不给出任何字符串，写为

```
#define TED
```

也具有同样的意义。只有取消程序的第一行才会去编译第二个 printf 语句。

2．#ifndef 标识符

程序段 1

```
#else
```

程序段 2

```
#endif
```

与第一种形式的区别是将“ifdef”改为“ifndef”。它的功能是：如果标识符未被#define 命令定义过，则对程序段 1 进行编译，否则对程序段 2 进行编译。这与第一种形式的功能相反。

3．#if 常量表达式

程序段 1

```
#else
```

程序段 2

```
#endif
```

它的功能是，如常量表达式的值为真（非 0），则对程序段 1 进行编译，否则对程序段 2 进行编译。因此可以使程序在不同条件下，完成不同的功能。本格式中的#else 可以没有，即可以写成

```
#if 常量表达式
```

程序段

```
#endif
```

例 6-19

```
#define MAX 10
#include <stdio.h>
void main ( )
{
    #if   MAX>99
        printf("compiled for array greater than 99\n");
    # else
        printf("compiled for small array \n");
    # endif
}
```

本例中采用了第三种形式的条件编译。在程序第一行宏定义中，定义 MAX 为 10，因此在条件编译时，常量表达式“MAX>99”的值为假，帮输出字符串“compiled for small array”。

上面介绍的条件编译当然也可以用条件语句来实现。但是用条件语句将会对整个源程序进行编译，生成的目标代码程序很长，而采用条件编译，则根据条件只编译其中的程序段 1 或程序段 2，生成的目标程序较短。以上举例只是为了说明怎样使用条件编译，都是最简单的源代码，当源代码中程序段 1 和程序段 2 很长很复杂时，采用条件编译的优越性是比较明显的。

6.8　函数应用举例

例 6-20　求 1000 以内最大的 10 个素数的和。

分析：在第五章分析了判断一个数是否为素数的方法，也就是说我们知道怎样判断一个数是否为素数，但现在要判断的是一个区间内不定的数。那么可以把判断素数的方法编写成一个函数，需要判断某个数时就调用这个函数。

设计函数，函数名为：prime

函数功能：判断一个数是否为素数

函数原型：

```
int  prime(int n)
```

函数参数：正整数 n，n 表示要判断的数

返回值：如果 n 为素数返回 1，n 为非素数返回 0。

程序源代码如下：

```
#include <stdio.h>
int  prime(int n)
{
    int k;
    for(k=2;k<=n-1;k++)
        if (n%k==0) return 0;
    return 1;
}
void main( )
{
    int t,total=0,num=0;
    int prime(int n);
    for(t=1000;t>=2;t--)
    {
        if(prime(t))            /*此处判断条件 prime(t)相当于 prime(t)==1*/
        {
            total=total+t; num++;
        }
        if(num==10)break;
    }
    printf("\n%ld",total);
}
```

上例中通过函数调用来实现素数的判断，其实利用循环的嵌套也能达到同样的效果，使用函数的好处不大明显，我们来看看下面的例题。

例 6-21　求 1 到 2000 之间的双胞胎数的对数。（两素数差为 2 称为双胞胎数。例如 227 和 229 是一对双胞胎数，它们都是素数且差为 2。）

分析：求双胞胎数的实质也是在于素数的判断，判断一对双胞胎数要经过两次素数的判断，如果不用函数来设计程序，在程序中就会要写两段相同的代码。在这里我们可以利用例 6-20 已经设计好的 prime 函数。

```
#include <stdio.h>
int  prime(int n)
{
     int k;
     for(k=2;k<=n-1;k++)
             if (n%k==0) return 0;
     return 1;
}
void main( )
{  int a,b,n=0;
   int prime(int x);
   for(a=2;a<=1998;a++)
     {
        if(prime(a)==1)
        {   b=a+2;
            if(prime(b)==1) n++;
        }
     }
    printf(" %d \n",n);
}
```

例 6-22　有公式 T=1/1!+1/2!+1/3!+……+1/m!，计算从键盘输入 10 时程序的运行结果（按四舍五入保留 10 位小数）。

分析：设计函数 jc 计算某个数的阶乘，设计函数 fun 求公式各项累加之和。求累加和累乘对我们来说是熟悉而简单的问题，这是功能单一的两个函数。

设计函数，函数名为 jc

函数功能：求阶乘，

函数原型为

```
double jc(int n)
```

函数参数：正整数 n，表示需要求阶乘的数

返回值：n!。

设计函数，函数名为：fun

函数功能：求公式 T=1/1!+1/2!+1/3!+……+1/m!的各项之和

函数原型为

```
double fun(int m)
```

函数参数：正整数 m，表示求公式中 m 项之和

返回值为 1/1!+1/2!+1/3!+……+1/m!

程序源代码如下：

```
#include <stdio.h>
double jc(int n)
{
    int j;
    double fac=1.0;
    for(j=1; j<=n; j++)   fac=fac*j ;
    return fac;
}
double fun(int m)
{
    int i;
    double t=0.0;
    for(i=1;i<=m;i++)
    {
        t+=1.0/jc(i);
    }
    return t;
}
void main()
{   int m;
    printf("\n  请输入整数: ");
    scanf("%d", &m);
    printf("\n  结果是: %12.10lf \n",fun(m));
}
```

例 6-23　通过输入两个加数给小学生出一道加法运算题，如果输入答案正确，则显示“Right!”，否则提示重做，显示“Not correct! Try again!”，最多给三次机会，如果三次仍未做对，则显示“Not correct! You have tried three times! Test over!”，程序结束。

分析：设计函数，函数名为：Add

函数功能：计算两整型数之和，如果与用户输入的答案相同，则返回 1，否则返回 0。

函数原型：

```
int Add(int a, int b)
```

函数参数：整型变量 a 和 b，分别代表被加数和加数。

函数返回值：当 a 加 b 的结果与用户输入的答案相同时，返回 1，否则返回 0。

设计函数，函数名为：Print

函数功能：打印结果正确与否的信息。

函数原型：void Print(int flag, int chance)

函数参数：整型变量 flag，标志结果正确与否，整型变量 chance，表示同一道题已经做了几次还没有做对。

函数返回值：无

程序源代码如下：

```
#include <stdio.h>
int Add(int a, int b)
{
    int   answer;

    printf("%d+%d=", a, b);
    scanf("%d", &answer);
    if (a+b == answer)
        return 1;
    else
        return 0;
}

void Print(int flag, int chance)
{
    if (flag)
        printf("Right!\n");
    else if (chance < 3)
        printf("Not correct. Try again!\n");
    else
        printf("Not correct. You have tried three times!\nTest over!\n");
}

main()
{
    int   a, b, answer, chance;

    printf("Input a,b:");
    scanf("%d,%d", &a, &b);
    chance = 0;
    do
    {
        answer = Add(a, b);
        chance++;
        Print(answer, chance);
    }while ((answer == 0) && (chance < 3));
}
```

思考题 6-6　思考 1.5.2 节中学生成绩管理系统应该怎样按功能划分函数？为什么？

6.9　本 章 小 结

C 语言程序的结构符合模块化程序设计思想。C 语言程序主要由函数组成，每个函数可完成相对独立的小任务，按一定的规则调用这些函数，就组成了解决某些特定问题的程序。因此我们用 C 语言设计程序主要是设计函数和调用函数。

本章首先介绍了函数的定义、调用、返回、函数参数及函数的声明，其中应特别注意区分的是函数的定义和声明、函数的形参与实参；接着介绍了函数的嵌套调用与递归调用，抓住递归的条件是学写递归函数的关键；紧接着讲述了变量的作用域与存储类别，由此知道变量的存在就如同人类的存在一样有着一定的生命期和一定的活动空间；最后介绍了几条编译预处理命令。

1．补充说明

（1）在有些书籍或程序中，我们可能会遇到这种形式的函数定义：

```
int max( a,b)
int a,int b;
{
    …
}
```

这种定义是否合法呢？

这种定义函数的方法来自于经典 C，所以可能会在较早的书籍或试题库中遇到。标准 C 支持这种格式是为了可以继续编译旧的程序。但本书避免在程序中采用这种方法，首先因为在 Visual C++6.0 中不支持这种方法，其次因为采用这种方法且没有函数声明时，编译器不会检测参数的个数及类型。

（2）我们在前面学习了一个“，”运算符，那么在函数调用 max(a,b)中，编译器如何知道这个“，”是标点符号而不是运算符呢？

在函数调用的实参表达式中不能用逗号作为运算符，除非逗号在圆括号中。也就是说 max(a,b)中的“，”是标点符号；而在 max((a,b),c)中，a 与 b 之间的“，”是逗号运算符，而 c 前面的“，”是标点符号。

（3）初学者往往关注函数的定义和调用，而认识不到函数声明的重要性。

① 认为只要把所有函数的定义放置在 main 主函数的前面就行了，不要使用麻烦的函数声明。我们来看一下下面的例子：

例 6-24

```
#include <stdio.h>
void func1( int   x)
{
     x=20;
     func2(x);
     printf("%d\n",x);
}
void func2(int x)
{
     x=30;
     printf("%d\n",x);
}
void main()
{
     int   x=10;
     func1(x);
```

```
        printf("%d\n",x);
    }
```

例 6-24 中的 func1 函数和 func2 函数均放在 main 主函数之前，但编译时还是会出现“func2 未声明”的错误。这是因为在 func1 函数中调用了 func2 函数，但 func2 函数定义在 func1 之后。当然，此程序中交换 func1 函数和 func2 函数的位置即可编译通过。但如果一个程序由十个函数组成，函数之间的调用关系比本例题要复杂得多，即使把它们都放在 main 主函数前面，也要细心斟酌它们的位置，给十个函数排序应该比写函数声明要复杂得多。

更麻烦的是当两函数相互调用时（间接递归），如果不用函数声明，无论哪个函数排前面都会出现问题。

② 函数声明的位置是如果是在某个函数的函数体内，那么只在这个函数体内是有效的。如例 6-25。

例 6-25

```
#include <stdio.h>
void main()
{
    void func1(int);
    void func2(int);
    int  x=10;
    func1(x);
    printf("%d\n",x);
}
void func1( int  x)
{
    x=20;
    func2(x);
    printf("%d\n",x);
}
void func2(int x)
{
    x=30;
    printf("%d\n",x);
}
```

因为函数 func1 和函数 func2 的声明放在 main 主函数的函数体内，所以在 main 主函数中可以任意调用 func1 函数和 func2 函数。但程序编译时仍然出错，那是因为在 func1 函数中要调用 func2，而 func1 函数中并没有出现 func2 函数声明，且调用在前定义在后，所以出现错误。

③ 函数声明放在函数体外，则声明之后的所有函数都可以调用。如例 6-26。

例 6-26

```
#include <stdio.h>
void func1(int);
void func2(int);
void main()
{
    int  x=10;
```

```
    func1(x);
    printf("%d\n",x);
}
void func1( int   x)
{
    x=20;
    func2(x);
    printf("%d\n",x);
}
void func2(int x)
{
    x=30;
    printf("%d\n",x);
}
```

④ 同类型返回值的函数可以合并声明，上例中的

```
void func1(int);
void func2(int);
```

可以合并成

```
void func1(int),func2(int);
```

也可以把函数声明和变量声明一起合并：

```
float x,y,average(float,float);
```

变量和函数一起声明虽然是合法的，但显得有点混乱。我们书写程序应该要尽量清晰、可读性好。

⑤ 函数声明中的形式参数的名称可以省略，也可以用别的名称，并不一定要求和后面函数定义中给出的名字匹配。如上例中的：

```
void func1(int);
void func2(int);
```

写成下面的形式也是可行的。

```
void func1(int a);
void func2(int b);
```

2．常见错误分析

（1）在函数定义后加"；"。

例如：
```
int max(int a,int b);
{
    …
}
```

编译时系统有错误提示。这是函数定义，不是函数调用，函数的圆括号后不能有"；"。因为 C 语言语句后加"；"，一不留神就在所有的行尾都加了"；"，这是初学者最容易犯的错误。

（2）非整型函数前没加类型标识符。

由于整形函数的类型标识符可以省略。而平常我们的例题和习题中遇到最多的就是整形函数，习惯成自然之后，对一些非整形函数也忘记加类型标识符。

例如：在例 6.21 中的 fun 函数

```
double fun(int m)
{
    int i;
    double t=0.0;
    for(i=1;i<=m;i++)
    {
        t+=1.0/jc(i);
    }
    return t;
}
```

将 fun 前面的 double 省略之后，编译时并没有错误提示，但程序返回不了我们想要的结果，因为省略后就默认是整型函数，返回一个整数。

因此本书建议即使是整型函数也在前面写上函数类型 int，而不要省略。这样我们就会习惯在每个函数前面加上返回值类型，从而杜绝此类错误的发生。

（3）形参不加类型说明。

例：
```
int max(a, b)
{
    …
}
```

编译时有错误提示。

（4）调用还未定义的函数而不声明。

例如：

```
#include <stdio.h>
void main()
{
    float a,b,c;
    scanf("%f,%f",&a,&b);
    c=sum(a,b);                          /*调用 sum 函数*/
    printf("%f+%f=%f\n",a,b,c);
}
float sum(float  x, float  y)            /*定义 sum 函数*/
{
    float z;
    z=x+y;
    return(z);
}
```

程序中调用 sum 函数在先，定义 sum 函数在后，所以要加上函数声明（即函数原型）。

（5）忽略参数的求值顺序。

例：

```
#include <stdio.h>
int f(int a, int b)
{
    return(a-b);
}

void main()
{   int i=2,p;
    p=f(i,--i);
    printf("%d\n",p);

}
```

本来想得到答案 1，但实际答案有可能是 0，因为在不同的编译系统中函数的求值顺序可能会不一样。这种问题的解决办法是避免变量和它自身增减 1 的表达式同时作为函数的参数。上例中如果“p=f(i,--i);”改写成“p=f(i,i-1);”，则无论编译系统是从右至左还是从左至右计算参数值都可以得到预期的结果。

习　　题

一、填空题

1．从用户使用的角度看，函数有________和________两种。

2．从函数的形式看，函数分为________和________两类。

3．C 语言规定，简单变量做实参时，他和对应形参之间的数据传递方式是：________。

4．实参对形参的数据传送是单向的，即只能把________的值传送给________。

5．以下程序的输出结果是________。

```
#include<stdio.h>
void fun(int x)
{  if(x/2>0) fun(x/2);
   printf("%d ",x);
}
main()
{fun(3); printf("\n");}
```

6．以下程序的运行结果是________。

```
#include<stdio.h>
int max(int x,int y)
{int z;
    z=(x>y)?x:y;
    return(z);
}
void main()
```

```
{int a=1,b=2,c;
    c=max(a,b);
    printf("max is %d\n",c);
}
```

7．下面程序的运行结果是________。

```
#include<stdio.h>
int sub(int n)
{   int a;
    if(n==1)return 1;
    a=n+sub(n-1);
    return(a);
}
void main()
{   int i=5;
    printf("%d\n",sub(i));
}
```

8．以下程序的正确运行结果是________。

```
#include <stdio.h>
void add()
{   static int x=0;
    x++;
    printf("%d,",x);
}
void main()
{   int i;
    for (i=0; i<3; i++)
    add();
}
```

二、思考题

1．已有变量定义和函数调用语句：int x=57 ; isprime(x); 函数 isprime( )用来判断一个整形数 a 是否为素数，若是素数，函数返回 1，否则返回 0。请编写 isprime 函数。

2．设计一个函数判断一个数是否为“水仙花数”，通过函数调用输出所有“水仙花数”。所谓“水仙花数”是指一个三位数，其各位数字立方和等于该数本身。例如：153 是一“水仙花数”，因为 $153=1^3+3^3+5^3$。请填空。

3．设计一个函数计算两数的最大公约数，并返回该值。

4．已知 Fibonacci 数列为 1,1,2,3,5,8,13…，试用递归法编写函数 Fib 求 Fibonacci 数列的第 20 项。

5．用递归算法实现例 5-14 猴子吃桃问题。

6．计算两个整数的最小公倍数。要求用全局变量的方法，用一个函数求最小公倍数，但其值不由函数带回。而将最小公倍数设为全局变量，在主函数中输出它们的值。

7．分别用函数和带参数的宏完成：从三个数中找出最大数。用函数实现时，要求将求最大数的 max()函数保存在另一个程序文件“fun.h”中。

8．根据输入半径 r，分别求圆的面积 S，周长 L，并输出结果。要求用带参宏实现编程。

9．学生成绩管理系统 V3.0

请改用模块化程序设计思想，实现学生成绩管理系统。

10．科学计算器 V3.0

（1）利用函数知识，将科学计算器已经完成的功能，改写成模块化程序设计——使用函数实现。

（2）完成数制转换功能。

第七章 数 组

在前面几章中，程序设计所涉及和处理的数据类型有：整型、实型、字符型，它们都属于 C 语言的基本数据类型。但在实际应用中，需要处理的数据往往是复杂多样的，C 语言提供了一些更为复杂的数据类型，称为构造类型。数组是最基本的构造类型，可以方便地处理一批具有相同性质的数据的问题。本章通过计算学生成绩的平均分、总分、最高分的程序举例，详细介绍数组的应用。

【学习目标】

1. 掌握一维数组、二维数组和字符数组的定义。
2. 了解数组的存储结构与初始化及输入输出。
3. 掌握一维数组、二维数组及字符数组的应用。

7.1 问 题 提 出

7.1.1 What

数组是最基本的构造类型。它是同一种类型数据按一定顺序组合在一起的数据类型。用统一的数组名来标识数组，序列中的一个数据称为数组的一个元素，数组元素由其所在的位置序号（称数组的下标）来区分。利用数组名与下标，就可以用统一的方式来处理数组中的所有元素。

7.1.2 Why

我们来考虑为什么（why）要使用数组呢？

假设随机输入 n 个学生成绩（设想 n 小于 100，但具体事先不确定，由键盘输入），并将它们由小到大排序打印出来。按前面所学的设计思路，我们在编写程序时首先将定义 n 个简单变量 a、b、c…以存储这 n 个数，然后使用 scanf()函数逐个输入这 n 个数，再对其进行排序和输出。但由于 n 需要程序运行时确定，因此遇到的第一个问题就是在编写程序时究竟应定义多少个变量来存储这些数。如果按最大个数就要定义 100 个变量，如果有成千上万个数，就要定义成千上万个变量，这是很荒缪的。第二个问题就是使用 scanf()函数逐个输入这 n 个数，程序会变得很长且繁琐。

同样地，输入 50 个学生的某门课程的成绩，打印出低于平均分的同学号数与成绩。在解决这个问题时，虽然可以通过读入一个数就累加一个数的办法来求学生的总分，进而求出平均分。但因为只有读入最后一个学生的分数以后才能求得平均分，且要打印出低于平均分的同学，故必须把 50 个学生的成绩都保留下来，然后逐个和平均分比较，把高于平均分的成绩打印出来。如果用简单变量 A1、A2、…、A50 存放这些数据，可想而知程序要很长且繁琐。

借鉴数学中下标变量形式，我们可以很好地解决上述问题。例如，对上述成绩的统计要想如数学中使用下标变量形式表示 50 个数，则可以引入下标变量 score[i]，这样解决问题的程序可改写为

```
#include "stdio.h"
void main()
{
    int   total,score[50],i,ave;
    total=0;                               /*total 表示总分*/
    for (i=1;i<=50;i++)                    /*循环读入每一个学生的成绩，并累加它到总分*/
    {
        scanf("%d",&score[i]);
        total=total+score[i];
    }
    ave=total/50;                          /*计算平均分*/
    for (i=1;i<=50;i++)                    /*如果第 i 个同学成绩小于平均分，则将输出*/
        if( score[i]<ave) printf("%5d",score[i]);
}
```

而要在程序中使用下标变量，则必须先定义这些下标变量的整体——数组，即数组是若干个同名（如上面的下标变量的名字都为 score）下标变量的集合。

7.1.3　Whe & Where

关于数组我们就可以把它看作是一个类型的所有数据的一个集合，并用一个数组下标来区分或指定每一个数。例如一个班级通常会有几十个人，但是老师来认识他们的时候首先会把他们看作是某某班的成员，然后再利用他们的学号来区分每一个学生，这时候，班级就是一个数组，而学号就是数组的下标，当我们指明是几号学号的时候就找到了这个学生。

同样在编程中，如果有一组相同数据类型的数据，例如有 10 个数字，这时候如果我们要用变量来存放它们的话，就要分别使用 10 个变量，而且要记住这 10 个变量的名字，这会十分的麻烦，这时候就可以用一个数组变量来存放他们。使用数组会让程序变的简单，而且避免了定义多个变量的麻烦。

7.1.4　How

数组有多种形式，通常分为一维数组、二维数组及多维数组。数组的正确定义和引用是我们必须要掌握的知识。利用数组中每个元素的规律变化可以方便的对数组进行操作，具体的内容请大家跟着我们来做进一步学习。

7.2　一 维 数 组

在 C 语言中，数组属于构造数据类型。一个数组可以分解为多个数组元素，这些数组元素可以是基本数据类型或是构造类型。因此按数组元素的类型不同，数组又可分为数值数组、字符数组、指针数组、结构数组等各种类别。当数组中每个元素只带有一个下标时，这样的数组为一维数组。

7.2.1　一维数组类型定义

在 C 语言中使用数组必须先进行类型定义。一维数组定义的一般形式为

```
类型说明符 数组名[常量表达式];
```

其中，类型说明符是任一种基本数据类型或构造数据类型。数组名是用户定义的数组标识符。方括号中的常量表达式表示数据元素的个数，也称为数组的长度。例如：

int score[50]; 定义了一个可存放 50 个学生成绩的整型数组。

int a[10]; 定义整型数组 a，有 10 个元素。

float b[10]，c[20]; 定义实型数组 b，有 10 个元素，实型数组 c，有 20 个元素。

char ch[7]; 定义字符数组 ch，有 7 个元素。

对于数组类型定义应注意以下几点：

（1）数组的类型实际上是指数组元素的取值类型。对于同一个数组，其所有元素的数据类型都是相同的。

（2）数组名的书写规则应符合标识符的书写规定。

（3）数组名不能与其他变量名相同，例如：

```
void main()
{
    int a;
    float a[10];
    ……
}
```

是错误的。

（4）方括号中常量表达式表示数组元素的个数，如 a[5]表示数组 a 有 5 个元素。但是其下标从 0 开始计算。因此 5 个元素分别为 a[0]、a[1]、a[2]、a[3]、a[4]。

（5）不能在方括号中用变量来表示元素的个数，但是可以是符号常数或常量表达式。例如：

```
#define FD 5
void main()
{
    int a[3+2],b[7+FD];
    ……
}
```

是合法的。但是下述定义方式是错误的。

```
void main()
{
    int n=5;
    int a[n];
    ……
}
```

（6）允许在同一个类型定义中，定义多个数组和多个变量。

例如：int a,b,c,d,k1[10],k2[20];

一维数组在本质上是由同类数据构成的表，例如，对数组 char ch[7]，图 7-1 定义了数组 ch 在内存中的情形，假定起始地址为 1000。

地　　址	1000	1001	1002	1003	1004	1005	1006
元素下标	ch[0]	ch[1]	ch[2]	ch[3]	ch[4]	ch[5]	ch[6]
元　　素	‘A’	‘B’	‘C’	‘D’	‘E’	‘F’	‘G’

图 7-1　起始地址为 1000 的 7 元素字符数组

思考题 7-1

（1）数组的存储方式有什么特点？

（2）在定义一维数组时是否不用指定长度？

7.2.2　一维数组元素的引用

数组元素是组成数组的基本单元，数组元素也是一种变量，其标识方法为数组名后跟一个下标。下标表示了元素在数组中的顺序号。数组元素的一般形式为

```
数组名[下标]
```

其中的下标只能为整型常量或整型表达式。取值范围是 0 至数组长度-1，如为小数时，C 编译将自动取整。例如，a[5]、a[i+j]、a[i++]都是合法的数组元素。数组元素通常也称为下标变量。必须先定义数组，才能使用下标变量。在 C 语言中只能逐个地使用下标变量，而不能一次引用整个数组。例如，输出有 10 个元素的数组必须使用循环语句逐个输出各下标变量：

```
for(i=0; i<10; i++)      printf("%d",a[i]);
```

而不能用一个语句输出整个数组，下面的写法是错误的：

```
printf("%d",a);
```

那该怎样解决对数组中多个元素的赋值问题呢？利用下标有规律的变化，可以用循环来实现。

例 7-1　请输入十个学生的成绩。

分析：根据数组元素下标有规律的变化可以用循环处理，每个数组元素和普通同类型变量的操作方法一致。

程序源代码如下：

```
void main()
{
    int i,score[10];
    for(i=0;i<10;i++)
        scanf("%d",&score[i]);
    for(i=0;i<=9;i--)
        printf("%d",score[i]);
}
```

本例中用一个循环语句给 score 数组各元素输入成绩，然后用第二个循环语句把成绩输出出来。

思考题 7-2

（1）数组元素的起始下标和最后一个元素的下标分别是什么？

（2）如果下标是小数时会系统会怎样处理？

7.2.3 一维数组元素的初始化

数组的赋值：给数组赋值的方法除了用赋值语句对数组元素逐个赋值外，还可采用初始化赋值和动态赋值的方法。数组初始化赋值是指在数组定义时给数组元素赋予初值。数组初始化是在编译阶段进行的。这样将减少运行时间，提高效率。初始化赋值的一般形式为

```
类型说明符 数组名[常量表达式]={值，值……值};
```

在{ }中的各数据值即为各元素的初值，各值之间用逗号间隔。例如：

int a[10]={ 0,1,2,3,4,5,6,7,8,9 };

相当于 a[0]=0;a[1]=1…a[9]=9;

C 语言对数组的初始赋值还有以下几点规定：

（1）可以只给部分元素赋初值。当{ }中值的个数少于元素个数时，只给前面部分元素赋值。例如：int a[10]={0,1,2,3,4};表示只给 a[0]～a[4]5 个元素赋值，而后 5 个元素自动赋 0 值。

（2）只能给元素逐个赋值，不能给数组整体赋值。例如给十个元素全部赋 1 值，只能写为：int a[10]={1,1,1,1,1,1,1,1,1,1};而不能写为：int a[10]=1;

（3）如不给可初始化的数组赋初值，则全部元素均为 0 值。

（4）如给全部元素赋值，则在数组定义中，可以不给出数组元素的个数。例如：int a[5]={1,2,3,4,5};可写为：int a[]={1,2,3,4,5};

（5）动态赋值可以在程序执行过程中，对数组作动态赋值。这时可用循环语句配合 scanf 函数逐个对数组元素赋值。

例 7-2 在 10 个学生成绩中找出最好成绩。

分析：用变量 max 存放数组中第一个成绩，逐个与剩下的成绩比较大小，比 max 大的成绩则取代 max 的值，十个数比较完后 max 中存放的就是最好成绩。

程序源代码如下：

```
void main()
{
      int i,max,score[10];
      printf("input 10 scores:\n");
      for(i=0;i<10;i++)
            scanf("%d",&score[i]);
      max=score[0];
      for(i=1;i<10;i++)
                  if(score[i]>max)
                        max=score[i];
    printf("maxscore=%d\n",max);
}
```

本例程序中第一个 for 语句逐个输入 10 个分数到数组 score 中。然后把 score[0]送入 max 中。在第二个 for 语句中，从 score[1]到 score[9]逐个与 max 中的内容比较，若比 max 的值大，则把该下标变量送入 max 中，因此 max 总是存放已比较过的下标变量中分数的最大者。比较结束，输出 max 的值。

C 语言并不检验数组边界，因此，数组的两端都有可能越界而使其他变量的数组甚至程序代码被破坏。在需要的时候，数组的边界检验是程序员的职责。

思考题 7-3

（1）数组初始化是为什么可以省略长度？

（2）如何保证数组不越界？

7.3 二 维 数 组

前面介绍的数组只有一个下标，称为一维数组，其数组元素也称为单下标变量。在实际问题中有很多量是二维的或多维的，因此 C 语言允许构造多维数组。多维数组元素有多个下标，以标识它在数组中的位置，所以也称为多下标变量。本小节只介绍二维数组，多维数组可由二维数组类推而得到。

7.3.1 二维数组的定义

二维数组类型定义的一般形式是

```
类型说明符 数组名[常量表达式 1][常量表达式 2];
```

其中常量表达式 1 表示第一维下标的长度，常量表达式 2 表示第二维下标的长度。例如：int a[3][4]; 定义了一个三行四列的数组，数组名为 a，其下标变量的类型为整型。该数组的下标变量共有 3×4 个，如图 7-2 所示。

	第 0 列	第 1 列	第 2 列	第 3 列
第 0 行	a[0][0]	a[0][1]	a[0][2]	a[0][3]
第 1 行	a[1][0]	a[1][1]	a[1][2]	a[1][3]
第 2 行	a[2][0]	a[2][1]	a[2][2]	a[2][3]

图 7-2 int a[3][4]的逻辑存储结构

二维数组在逻辑概念上是二维的，即是说其下标在两个方向上变化，下标变量在数组中的位置也处于一个平面之中，而不是象一维数组只是一个向量。但是，实际的硬件存储器却是连续编址的，也就是说存储器单元是按一维线性排列的。如何在一维存储器中存放二维数组，可有两种方式：一种是按行排列，即放完一行之后顺次放入第二行；另一种是按列排列，即放完一列之后再顺次放入第二列。在 C 语言中，二维数组是按行排列的。二维数组以行—列矩阵的形式存储。第一个下标代表行，第二个下标代表列，这意味着按照在内存中的实际存储顺序访问数组元素时，右边的下标比左边的下标的变化快一些。

在图 7-2 中，按行顺次存放，先存放 a[0]行，再存放 a[1]行，最后存放 a[2]行。每行中有四个元素也是依次存放。由于数组 a 定义为 int 类型，在 VC 中该类型占 4 个字节的内存空间，所以每个元素均占有 4 个字节（图中每一格为 4 个字节）。

记住，一旦数组被定义，所有的数组元素都将分配相应的存储空间。对于二维数组可用下列公式计算所需的内存字节数：

行数×列数×类型字节数=总字节数

因而，int a[3][4]数组将需要：3×4×2=24 个字节。

思考题 7-4 二维数组是否可以看成特殊的一维数组，为什么？

7.3.2 二维数组元素的引用

二维数组的元素也称为双下标变量，其表示的形式为

数组名[下标][下标]

其中下标应为整型常量或整型表达式。例如：a[3][4] 表示 a 数组三行四列的元素。下标变量和数组定义在形式中有些相似，但这两者具有完全不同的含义。数组定义的方括号中给出的是某一维的长度，即可取下标的最大值+1；而数组元素中的下标是该元素在数组中的位置标识。前者只能是常量，后者可以是常量，变量或表达式。

例 7-3　一个学习小组有 5 个人，每个人有三门课的考试成绩。求全组分科的平均成绩和各科总平均成绩。

姓名	课程成绩 Math	C	DBASE
张	80	75	92
王	61	65	71
李	59	63	70
赵	85	87	90
周	76	77	85

分析：可设一个二维数组 score[5][3]存放五个人三门课的成绩，再设一个一维数组 v[3]存放所求得各分科平均成绩，设变量 ave 为全组各科总平均成绩。

程序源代码如下：

```
void main()
{
      int i,j,sum=0,ave,v[3],score[5][3];
      printf("input score\n");
      for(i=0;i<3;i++)
      {
         for(j=0;j<5;j++)                          /*求个人每门成绩总分*/
         {
               scanf("%d",&score[j][i]);
               sum=sum+score[j][i];
         }
         v[i]=sum/5;                               /*求个人每门成绩平均分*/
         sum=0;
      }
      ave=(v[0]+v[1]+v[2])/3;                      /*求所有成绩平均分*/
      printf("math:%d\nc languag:%d\ndbase:%d\n",v[0],v[1],v[2]);
      printf("total:%d\n",ave);
}
```

程序中首先用了一个双重循环。在内循环中依次读入某一门课程的各个学生的成绩，并把这些成绩累加起来，退出内循环后再把该累加成绩除以 5 送入 v[i]之中，这就是该门课程的平均成绩。外循环共循环三次，分别求出三门课各自的平均成绩并存放在 v 数组之中。退出外循环之后，把 v[0]、v[1]、v[2]相加除以 3 即得到各科总平均成绩。最后按题意输出各个成绩。

思考题 7-5

（1）二维数组为什么要用双重循环实现输入和输出？

（2）输入一个 3×3 的矩阵的数据，请按 3 行 3 列的格式输出。

7.3.3　二维数组的初始化

二维数组初始化也是在类型定义时给各下标变量赋以初值。二维数组可按行分段赋值，也可按行连续赋值。例如对数组 a[5][3]：

1．按行分段赋值可写为

```
int a[5][3]={{80,75,92},{61,65,71},{59,63,70},{85,87,90},{76,77,85}};
```

2．按行连续赋值可写为

```
int a[5][3]={ 80,75,92,61,65,71,59,63,70,85,87,90,76,77,85 };
```

这两种赋初值的结果是完全相同的。

```
void main()
{
    int i,j,sum=0,ave,v[3];
    int score[5][3]={ {80,75,92},{61,65,71},
                    {59,63,70},{85,87,90},{76,77,85} };
    for(i=0;i<3;i++)
    {
        for(j=0;j<5;j++)
            sum=sum+score[j][i];
        v[i]=sum/5;
        sum=0;
    }
    ave=(v[0]+v[1]+v[2])/3;
    printf("math:%d\nc languag:%d\ndbase:%d\n",v[0],v[1],v[2]);
    printf("total:%d\n",ave);
}
```

对于二维数组初始化赋值还有以下说明：

（1）可以只对部分元素赋初值，未赋初值的元素自动取 0 值。

例如

```
int a[3][3]={{1},{2},{3}};
```

对每一行的第一列元素赋值，未赋值的元素取 0 值。赋值后各元素的值为

```
1 0 0 2 0 0 3 0 0
int a[3][3]={{0,1},{0,0,2},{3}};
```

赋值后的元素值为

```
0 1 0 0 0 2 3 0 0
```

（2）如对全部元素赋初值，则第一维的长度可以不给出。

例如

```
int a[3][3]={1,2,3,4,5,6,7,8,9};
```

可以写为

```
int a[][3]={1,2,3,4,5,6,7,8,9};
```

数组是一种构造类型的数据。二维数组可以看作是由一维数组的嵌套而构成的。设一维

数组的每个元素都又是一个数组，就组成了二维数组。当然，前提是各元素类型必须相同。根据这样的分析，一个二维数组也可以分解为多个一维数组。C 语言允许这种分解有二维数组 a[3][4]，可分解为三个一维数组，其数组名分别为 a[0]，a[1]，a[2]。对这三个一维数组不需另作定义即可使用。这三个一维数组都有 4 个元素，例如：一维数组 a[0]的元素为 a[0][0]、a[0][1]、a[0][2]、a[0][3]。必须强调的是，a[0]、a[1]、a[2]不能当作下标变量使用，它们是数组名，不是一个单纯的下标变量。

思考题 7-6　二维数组的初始化有哪两种方式？

7.4　字 符 数 组

7.4.1　字符数组的定义和元素引用

用来存放字符量的数组称为字符数组。字符数组类型定义的形式与前面介绍的数值数组相同。例如：char c[10]; 由于字符型和整型通用，也可以定义为 int c[10]但这时每个数组元素占 4 个字节的内存单元。字符数组也可以是二维或多维数组，例如：char c[5][10];即为二维字符数组。字符数组也允许在类型定义时作初始化赋值。例如：

```
char c[10]={'c',' ','p','r','o','g','r','a','m'};
```

赋值后元素 c[9]未赋值，由系统自动赋予 0 值。 当对全体元素赋初值时也可以省去长度定义。例如：

```
char c[]={'c',' ','p','r','o','g','r','a','m'};
```

这时 C 数组的长度自动定为 9。

例 7-4　输出一个省略一维下标的二维数组的值。

分析：本例的二维字符数组由于在初始化时全部元素都赋以初值， 因此一维下标的长度可以不加以定义。

源程序：

```
void main()
{
    int i,j;
    char a[][5]={{'B','A','S','I','C',},{'d','B','A','S','E'}};
    for(i=0;i<=1;i++)
    {
        for(j=0;j<=4;j++)
            printf("%c",a[i][j]);
        printf("\n");
    }
}
```

思考题 7-7

（1）在上例中，把 printf("%c",a[i][j]);改成 printf("%d",a[i][j]);会出现什么结果，为什么？

（2）怎样把一个 2 进制数转换成 16 进制数？

7.4.2 字符串变量

在 C 语言中没有专门的字符串变量，通常用一个字符数组来存放一个字符串。在 2.1.4 节介绍字符串常量时，已说明字符串总是以'\0'作为串的结束符。因此当把一个字符串存入一个数组时，也把结束符'\0'存入数组，并以此作为该字符串是否结束的标志。有了'\0'标志后，就不必再用字符数组的长度来判断字符串的长度了。

C 语言允许用字符串的方式对数组作初始化赋值。例如：

```
char c[]={'c', ' ','p','r','o','g','r','a','m'};
```

可写为

```
char c[]={"C program"};
```

或去掉{}写为

```
char c[]="C program";
```

用字符串方式赋值比用字符逐个赋值要多占一个字节，用于存放字符串结束标志'\0'。上面的数组 c 在内存中的实际存放情况为：C program'\0'，'\0'是由 C 编译系统自动加上的。由于采用了'\0'标志，所以在用字符串赋初值时一般无须指定数组的长度，而由系统自行处理。在采用字符串方式后，字符数组的输入输出将变得简单方便。除了上述用字符串赋初值的办法外，还可用 printf 函数和 scanf 函数一次性输出输入一个字符数组中的字符串，而不必使用循环语句逐个地输入输出每个字符。

```
void main()
{
    char c[]="BASIC\ndBASE";
    printf("%s\n",c);
}
```

注意在本例的 printf 函数中，使用的格式字符串为"%s"，表示输出的是一个字符串。而在输出表列中给出数组名则可。不能写为：printf("%s",c[]);

```
void main()
{
    char st[15];
    printf("input string:\n");
    scanf("%s",st);
    printf("%s\n",st);
}
```

本例中由于定义数组长度为 15，因此输入的字符串长度必须小于 15，以留出一个字节用于存放字符串结束标志'\0'。应该说明的是，对一个字符数组，如果不作初始化赋值，则必须定义数组长度。还应该特别注意的是，当用 scanf 函数输入字符串时，字符串中不能含有空格，否则将以空格作为串的结束符。

例如运行本例中，当输入的字符串中含有空格时，运行情况为

```
input string:
```

```
this is a book
this
```

从输出结果可以看出空格以后的字符都未能输出。为了避免这种情况，可多设几个字符数组分段存放含空格的串。

程序可改写如下：

```
void main()
{
    char st1[6],st2[6],st3[6],st4[6];
    printf("input string:\n");
    scanf("%s%s%s%s",st1,st2,st3,st4);
    printf("%s %s %s %s\n",st1,st2,st3,st4);
}
```

本程序分别设了 4 个数组，输入的一行字符的空格分段分别装入 4 个数组。然后分别输出这 4 个数组中的字符串。在前面介绍过，scanf 的各输入项必须以地址方式出现，如&a，&b 等。但在上例中却是以数组名方式出现的，这是为什么呢？这是由于在C语言中规定，数组名就代表了该数组的首地址。整个数组是以首地址开头的一块连续的内存单元。如有字符数组 char c[10]，在内存可表示如图 7-1 所示。设数组 c 的首地址为 1000，也就是说 c[0]单元地址为 1000。则数组名 c 就代表这个首地址。因此在 c 前面不能再加地址运算符&。如写作 scanf("%s",&c);则是错误的。在执行函数 printf("%s",c)时，按数组名 c 找到首地址，然后逐个输出数组中各个字符直到遇到字符串终止标志'\0'为止。

思考题 7-8

（1）'a'与"a"的区别是什么？

（2）

```
void main()
{
    char c[5]= "C 语言程序";
    printf("%s\n",c);
}
```

程序能编译成功吗？如果不能怎么改正，为什么？

（3）

```
char str[10];
scanf("%s",str);
```

当用户输入 10 个字符的字符串时，会出现什么问题？

7.5　字符串常用函数

C 语言提供了丰富的字符串处理函数，大致可分为字符串的输入、输出、合并、修改、比较、转换、复制、搜索几类。使用这些函数可大大减轻编程的负担。用于输入输出的字符串函数，在使用前应包含头文件"stdio.h"；使用其他字符串函数则应包含头文件"string.h"。下面介绍几个最常用的字符串函数。

1. 字符串输出函数

```
puts(字符数组名)
```

功能：把字符数组中的字符串输出到显示器，即在屏幕上显示该字符串。

```
#include  "stdio.h"
void main()
{
    static char c[]="BASIC\ndBASE";
    puts(c);
}
```

字符串的输出可以使用 printf( )与 puts( )两个函数，要注意它们的差别，根据需要来选用。前者可以同时输出多个字符串，而后者一次只能输出一个字符串。若有定义：

```
char s1[ ]="C++",  s2[ ]="Turbo C";
```

则语句：

```
puts(s1, s2);
```

是错误的。
而语句：

```
printf("%s,%s",s1,s2);
```

是允许的。

另外，用 puts 输出一行时，不必另加换行符'\n'，这一点与 printf( )的"%s"格式不同，后者不会自动换行。

2. 字符串输入函数

```
gets（字符数组名）
```

功能：从标准输入设备键盘上输入一个字符串。 本函数得到一个函数值，即为该字符数组的首地址。

```
#include  "stdio.h"
void main()
{
    char st[15];
    printf("input string:\n");
    gets(st);
    puts(st);
}
```

可以看出当输入的字符串中含有空格时，输出仍为全部字符串。定义 gets 函数并不以空格作为字符串输入结束的标志，而只以回车作为输入结束。这是与 scanf 函数不同的。

3. 字符串连接函数

```
strcat(str1,str2)
```

函数功能：将 str2 连同'\0'连接到 str1 的字符串的后面，并删去 str1 中字符串结束标志'\0'。

连接后的新字符串在 str1 中。例如：

```
static char str1[10]={"very"};
static char str2[8]={" good"};
strcat(str1, str2);
```

图 7.3 表示连接前后 str1 与 str2 的内容。

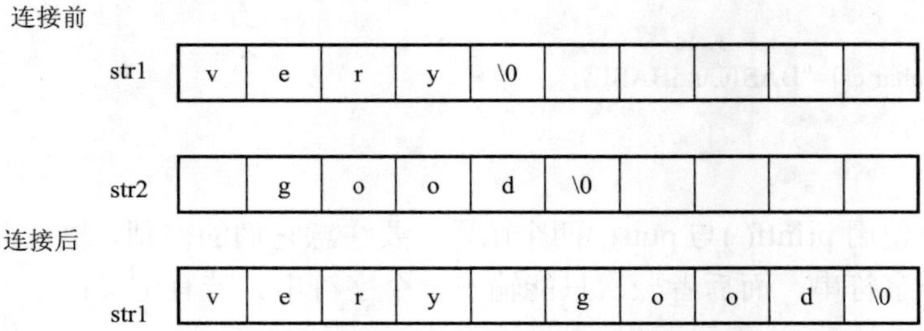

图 7-3　连接前后 str1 与 str2 的内容变化图

4．字符串拷贝函数

```
strcpy(str1,str2)
```

函数功能：将字符串 str2 复制到字符数组 str1 中，字符串结束标志'\0'也一同复制。str2 的值不变。

说明　str1 的长度应不小于 str2 的长度，以便容纳被拷贝的源字符串；str1 必须写成数组名形式，而 str2 可以是字符串常量，亦可以是字符数组名形式，例如

```
static char str1[10], str2[8]={"program"};
strcpy(str1,str2);
strcpy(str1,"program");
```

应该注意的是，由于数组不能进行整体赋值，所以不能直接使用赋值语句来实现拷贝（或赋值）。下面两个赋值语句是非法的：

```
str1=str2;
str1="program";
```

另外，拷贝时，字符串 str2 中的'\0'也一起复制。

5．字符串比较函数

```
strcmp(字符数组名 1，字符数组名 2)
```

功能：按照 ASCII 码顺序比较两个数组中的字符串，并由函数返回值返回比较结果。

字符串 1=字符串 2，返回值=0；

字符串 2 >字符串 2，返回值 >0；

字符串 1<字符串 2，返回值<0。

比较两个字符串是否相等一般用下面的语句形式

```
if (strcmp(str1,str2)==0) {…};
```

而不能直接判断：

```
if (str1==str2){…};
```

本函数也可用于比较两个字符串常量，或比较数组和字符串常量。

```
#include    "string.h"
void main()
{
      int k;
      char st1[15],st2[]="C Language";
      printf("input a string:\n");
      gets(st1);
      k=strcmp(st1,st2);
      if(k= =0)
            printf("st1=st2\n");
      if(k>0)
            printf("st1>st2\n");
      if(k<0)
            printf("st1<st2\n");
}
```

本程序中把输入的字符串和数组 st2 中的串比较，比较结果返回到 k 中，根据 k 值再输出结果提示串。当输入为 dbase 时，由 ASCII 码可知"dBASE"大于"C Language"故 k>0，输出结果"st1>st2"。

6. 测字符串长度函数

```
strlen(字符数组名)
```

功能：测字符串的实际长度(不含字符串结束标志'\0') 并作为函数返回值。

```
#include    "string.h"
void main()
{
      int k;
      char st[]="C language";
      k=strlen(st);
      printf("The lenth of the string is %d\n",k);
}
```

最后运行 k 的结果是：10。

思考题 7-9

（1）不用库函数，编程实现两个字符串的复制。

（2）不用库函数，编程实现两个字符串的连接。

（3）不用库函数，编程实现求解字符串的长度。

7.6 向函数传递数组

7.6.1 向函数传递一维数组

将一维数组传递给函数时，把数组名作为参数直接调用函数即可，无需任何下标。这样，数组的第一个元素的地址将传递给该函数。C 语言并不是将整个数组作为实参来传递，而是用指针来代替它。例如，下面的程序将数组 i 的第一个元素的地址传递给函数 func1( )。

```
void main( )
{
    int i[10];
    func1(i);                /*函数调用，实参是数组名*/
    …
}
```

函数若要接收一维数组的传递，则可以用下面的二种方法之一来定义形式参数：1）有界数组；2）无界数组。例如，函数 func1 ( )要接收数组 i 可如下定义：

```
func1 ( str )
int str[10]; /* 有界数组，数组的下标只能小于或等于传递数组的大小。*/
{
    … …
}
```

也可定义为:

```
func1 ( str )
int str[ ]; / * 无界数组* /
{
    … …
}
```

这二种定义方法的效果是等价的，它们都通知编译程序建立一个整形指针。第一种定义使用的是标准的数组定义；后一种定义使用了改进型的数组定义，它只是定义函数将要接收一个具有一定长度的整型数组。细想就会发现，就函数而言，数组究竟有多长并无关紧要，因为 C 语言并不进行数组的边界检验。事实上，就编译程序而言，下面的定义也是可行的。

```
func1 (str);
int str[32];
{
… …
}
```

因为编译程序只是产生代码使函数 func1( )接收一个指针，并非真正产生一个包含 32 个元素的数组。

思考题 7-10

（1）在函数中对形参数组元素修改的结果会影响到主调函数中的实参数组么？

（2）简单变量和数组作为函数参数有何区别？

7.6.2　向函数传递二维数组

当二维数组用作函数的参数时，实际上传递的是第一个元素的指针。不过该函数至少得定义第二维的长度，这是因为 C 编译程序若要使得对数组的检索正确无误，就需要知道每一行的长度，如图 4-7 所示。例如，将要接收大小为（1 0，1 0）的二维数组的函数，可以定义如下：

```
func1 (x)
int x[ ][10];
{
    … …
}
```

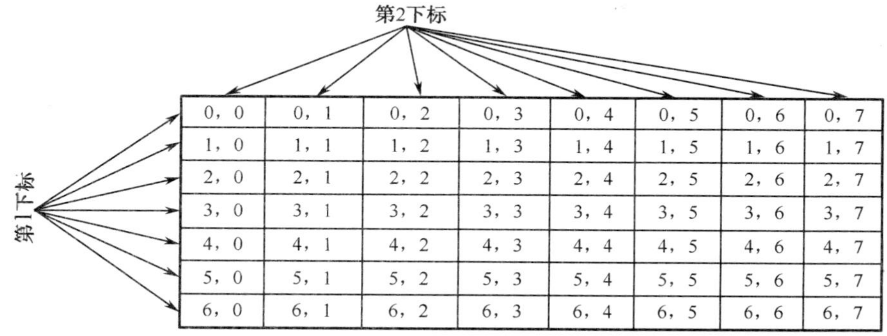

图 7-4　内存中的二维数组

第一维的长度也可指明，但没有必要。

C 编译程序对函数中的如下语句：

```
X[2][4];
```

处理时，需要知道二维的长度。若行长度没定义，那么它就不可能知道第三行从哪儿开始。

思考题 7-11　二维数组中单独的一行作为实参传值时，形参数组应该是怎样？

7.7　应用程序举例

例 7-5　数列排序，采用选择法实现对有 5 个数的数列进行排序。

分析：选择法的算法思想如（降序），如图 7-5 所示。

（1）将待排序的 n 个数放入数组 num 中，即 num[0]、num[1]、…num[n-1]。

（2）让 num[0]与后续 num[1] …num[n-1]依次比较，保证大数在前、小数在后。此次比较，num[0]是数组中最大。

（3）余下 n-1 个元素。

（4）num[1]与 num[2] …num[n-1]依次比较，大数在前、小数在后，此次 num[1]是全部元素的最大。

num[n-2]与 num[n-1]比较，num[n-2]存大数。

num[n-1]存小数，比较结束，整理有序。

例：待排序 5 个数为

44 76 82 63 71

一趟排序：

1 次比较：76 44 82 63 71

2 次比较：82 44 76 63 71

3 次比较：82 44 76 63 71

4 次比较：82 44 76 63 71

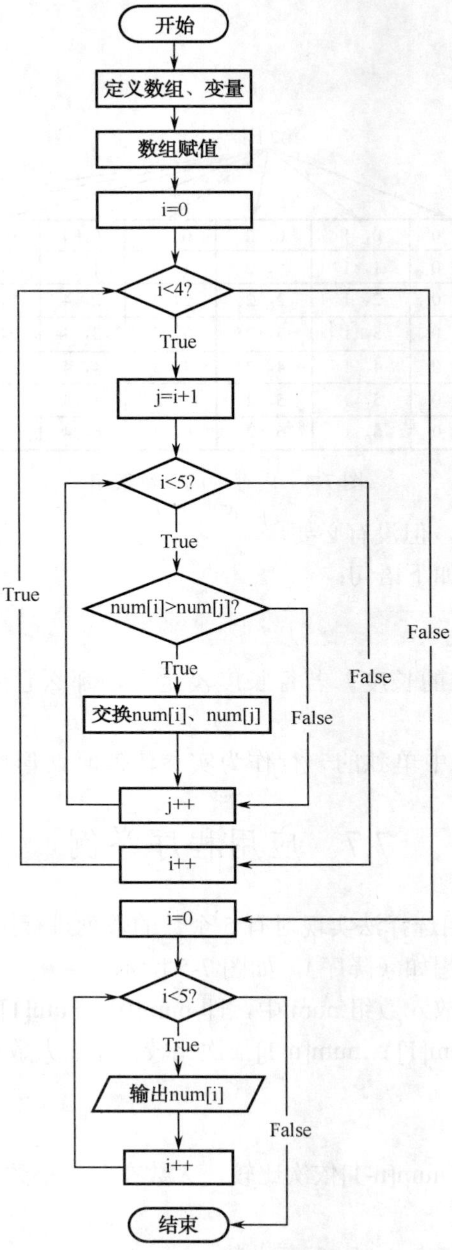

图 7-5　选择法排序法流程图

程序源代码如下：

```
#include <stdio.h>
void main( )
{
    int num[5]={94,76,82,63,71};
    int i，j；
```

```
    int temp;
    for(i=0; i<4; i++)
        for(j=i+1; j<5; j++)
        {
            if (num[i] < num[j])
            {
                temp = num[i] ;
                num[i] = num[j] ;
                num[j] = temp ;
            }
        }
    for(i=0; i<5; i++)
        printf("%4d"  ,  num[i]);
    printf("ok\n") ;
}
```

这是一个非常简单的排序程序，我们只需稍加扩展就可以编制出很多功能强大的管理程序，如学生统计总分、平均排列年级名次等。

```
#include <stdio.h>
void main()
{
    int i,j,p,q,s,score[10];
    printf("\n input 10 numbers:\n");
    for(i=0;i<10;i++)
        scanf("%d",&score[i]);
    for(i=0;i<10;i++)
    {
        p=i;
        q=score[i];
        for(j=i+1;j<10;j++)
            if(q<score[j])
            {
                p=j;
                q=score[j];
            }
        if(i!=p)
        {
            s=score[i];
            score[i]=score[p];
            score [p]=s;
        }
         printf("%d", score [i]);
    }
}
```

本例程序中用了两个并列的 for 循环语句，在第二个 for 语句中又嵌套了一个循环语句。第一个 for 语句用于输入 10 个元素的初值。第二个 for 语句用于排序。本程序的排序采用逐个比较的方法进行。在 i 次循环时，把第一个元素的下标 i 赋于 p，而把该下标变量值 a[i]赋于 q。然后进入小循环，从 a[i+1]起到最后一个元素止逐个与 a[i]作比较，有比 a[i]大者则将其下标送 p，元素值送 q。一次循环结束后，p 即为最大元素的下标，q 则为该元素值。若此时 i≠p，定义 p，q 值均已不是进入小循环之前所赋之值，则交换 a[i]和 a[p]之值。此时 a[i]为已排序完毕的元素。输出该值之后转入下一次循环。对 i+1 以后各个元素排序。

例 7-6　为比赛选手评分。

分析：从 10 名评委的评分中扣除一个最高分，扣除一个最低分，然后统计总分，并除以 8，最后得到这个选手的最后得分(打分采用百分制)。

程序源代码如下：

```
#include <stdio.h>
void main( )
{
     int score[10];                              / * 10 个评委的成绩* /
     float mark;                                 /*最后得分*/
     int i;
     int max = -1;                               / *最高分* /
     int min=101;                                /*最低分* /
     int sum =0;                                 /*10 个评委的总和* /
     for(i=0;i<10;i++)
     {
          printf("Please Enter the Score of No.%d",i+1);
          scanf("%d\n",&score[i]);
          sum=sum +score[i];
     }
     for (i=0;i<10;i++)
     {
          if(score[i]>max)
               max=score[i];
     }
     for (i=0;i<10;i++)
     {
          if (score[i]<min)
               min=score[i];
     }
     mark=(sum-min-max)/8.0;
     printf("The mark of the player is %.1f，\nm"，mark );
}
```

例 7-7　实现计算器中十进制数转换成十六进制数的功能。

分析：这道题其实就是输入一个十进制数要求转换成十六进制数输出。用十进制数除以 16 取余数放在一个字符数组中，然后根据余数的值判断对应的十六进制数的符号，直到商为零时终止。

程序源代码如下：

```
#include  <stdio.h>
void main()
```

```
{
    int j,k,s=0;
    char p[10];
    int result;
    printf("请输入一个十进制整数：");
    scanf("%d",&result);
    for(j=0;result!=0;j++)
    {
        p[j]=result%16;
        result=result/16;
        if(p[j]>10)
        {
            switch(p[j])
            {
                case 10: p[j]='A'; break;
                case 11: p[j]='B';break;
                case 12: p[j]='C';break;
                case 13: p[j]='D';break;
                case 14: p[j]='E';break;
                case 15: p[j]='F';break;
            }
        }
        else
            p[j]+=48;
    }
    printf("\n 转换后的数为：");
    for(k=j-1;k>=0;k--)
    {
        printf("%c",p[k]);
    }
    printf("\n");
}
```

例 7-8　简易学生成绩查询系统。

图 7-6 为学生成绩登记表，下例程序完成如下功能：

（1）根据输入的学生学号，给出各次考试成绩及平均成绩。

（2）根据输入考试的次数，打印出该次考试中每个学生的成绩，并给出平均分。

（3）根据学号查出学生某次考试成绩。

（4）录入考试成绩。

分析：定义一个二维数组 score[5][7]，为了要与表中的编号一致，score[0][0]不做使用。通过菜单选择功能来完成题目所给要求，用循环实现，选择相应功能操作。

（1）成绩录入。因为是二维数组可用双重循环控制行列下标输入。

（2）根据考试号统计成绩。输入要求的 j 列编号，把第 j 次考试成绩相加并求平均值。j 列每一行成绩相加用一个单循环控制实现。

（3）根据学号查询学生成绩。输入要求的学号 i，把第 i 个学生成绩相加并求平均值。i 每一列成绩相加用一个单循环控制实现。

（4）根据学号查询学生某次考试成绩，即是输出 score[i][j]。

考试 成绩 学号	1	2	3	4	5	6
1	80	60	70	80	50	90
2	80	70	82	50	90	60
3	75	86	74	81	92	61
4	55	61	70	72	74	81

图 7-6　学生成绩表

程序源代码如下：

```
#include <stdio.h>
void main( )
{
        int select;
        int i，j ;
        int score[5][7];
        int average=0;
        int sum=0;
        do
        {
                printf ( " 本程序有 4 项功能\ n " ) ;
                printf ( " 1 、根据学号查询学生成绩\ n " ) ;
                printf ( " 2 、根据考试号统计成绩\ n " ) ;
                printf ( " 3 、根据考试号和学号查询成绩\ n " ) ;
                printf ( " 4 、成绩录入\ n " ) ;
                printf ( " 0 、退出\ n " ) ;
                printf ( " 请输入选择（0 - 4 ）: " ) ;
                scanf ( " %d" ， &select ) ;
                switch ( select )
                {
                        case 0:
                                printf ( " O K \n " ) ;
                                exit ( 0 );
                                break ;
                        case 1:
                                printf ( " 输入学号：" ) ;
                                scanf ( " %d" ， & i ) ;
                                for(j=1; j<7; j++)
                                {
                                        printf ("第%d 科成绩是%d"， j， score[i][j]) ;
                                        sum += score[i][j];
```

```
                    }
                    average = sum / 6 ;
                    printf ( "学生的平均成绩是%d" ， average ) ;
                    break ;
                case 2:
                    printf ( " 输入考试号：" ) ;
                    scanf ( "%d" ， &j) ;
                    for(i=1; i<5;i++)
                    {
                        printf("第%d 号学生本科成绩是%d\n",
                                                    i,score[i][j]);
                        sum += score[i][j];
                    }
                    average = sum/4 ;
                    printf ( " 本科平均成绩是%d \ n ",average ) ;
                    break ;
                case 3:
                    printf (" 输入学号和考试号：" ) ;
                    scanf("%d %d"，&i，&j) ;
                    printf ("第%d 号学生的第%d 科成绩是%d ",i,
                                                    j,score[i][j]);
                    break;
                case 4:
                    printf ("请输入成绩\n");
                    for(i=1;i<5;i++)
                        for(j=1;j<7;j++)
                            scanf ("%d\n",&score[i][j]) ;
                    break ;
                    default :
                    break ;
            }while(1);
}
```

从本例中可以看出，当涉及二维数组时，通常用两重 for 循环来存取元素。

例 7-9　计算字符串的有效长度，并输出该字符串。字符串的有效长度就是有效字符的个数，即数组中第 1 个 '\0' 前面的字符个数。

分析：将输入的字符串用一个字符数组 str 存放，字符数组大小为 80。在计算和输出字符串时，程序从数组的首元素 str[0]开始，按下标递增的顺序，逐个处理数组元素，一旦遇到'\0'，说明字符串已结束，处理也随之结束。

程序源代码如下：

```
#include <stdio.h>
void main( )
{
    int i = 0, len;
    char str[80] = "Happy";          /* 用字符串常量初始化字符数组 */
    /* 计算字符串的有效长度          */
```

```
        for(i=0;str[i]!='\0';i++)
        /*循环条件：数组元素 str[i]不等于 '\0' */
        ;                                   /* for 的循环体语句为空 */
        len = i;
        printf("len = %d\n", len);/*  输出字符串  */
        for(i = 0; str[i] != '\0'; i++)
            putchar(str[i]);
    }
```

7.8 本 章 小 结

1．数组是程序设计中最常用的数据结构。数组可分为数值数组（整数组，实数组），字符数组以及后面将要介绍的指针数组，结构数组等。

2．数组可以是一维的、二维的或多维的。

3．数组类型说明由类型说明符、数组名、数组长度（数组元素个数）三部分组成。数组元素又称为下标变量。数组的类型是指下标变量取值的类型。

4．对数组的赋值可以用数组初始化赋值，输入函数动态赋值和赋值语句赋值三种方法实现。对数值数组不能用赋值语句整体赋值、输入或输出，而必须用循环语句逐个对数组元素进行操作。

5．数组名作为函数参数时不进行值传送而进行地址传送。形参和实参实际上为同一数组的两个名称。因此形参数组的值发生变化，实参数组的值当然也变化。

6．常见错误小结。

本章学习过程中还有一些常见的错误小结，见表 7-1，请大家引以为鉴。

表 7-1　常见错误小结

常 见 错 误	错 误 原 因
a(5)	不能使用圆括号引用数组元素
b[3,5]	引用二维数组元素的形式不对，应 b[3][5]
a={1,2,3,4,5}	不能用数组名接收对数组元素的整体赋值
int a[n]	不能用变量定义数组的长度，要用整型常量来定义数组的长度

习　　题

一、填空题

1．字符数组是用来存放________的数组。字符数组中一个元素存放________个字符。

2．在 C 语言中存放字符串"A"需要占用________字节。

3．以下语句的输出结果是（　　）。

```
printf("%s\n","c:\\win98\\cmd.exe");
```

4．以下程序运行的结果是（　　）。

```
#include    <stdio.h>
void     fun(int a,     int b)
```

```
{    int    t;
     t=a;    a=b;    b=t;
}
void main()
{    int    c[10]={1,2,3,4,5,6,7,8,9,0},i;
     for(i=0;i<10;i+=2)   fun(c[i],c[i+1]);
     for (i=0;i<10;i++)    printf("%d,",c[i]);
     printf("\n");
}
```

5．以下程序运行的结果是（　　）。

```
#include   <stdio.h>
void fun(int   a[],int   n)
{    int    i,t;
     for(i=1;i<n/2;i++)
     {t=a[i];a[i]=a[n-1-i];a[n-1-i]=t;}
}
void main()
{    int    k[10]={1,2,3,4,5,6,7,8,9,10},i;
     fun(k,5);
     for(i=2;i<8;i++)printf("%d",k[i]);
     printf("\n");
}
```

6．以下程序运行的结果是（　　）。

```
#include   <stdio.h>
#define    N    4
void    fun(int    a[][N],int    b[])
{   int   i;
    for(i=0;i<N;i++)
    b[i]=a[i][i];
}
void main()
{    int    x[][N]={{1,2,3},{4},{5,6,7,8},{9,10}},y[N],i;
     fun(x,y);
     for(i=0;i<N;i++)
     printf("%d,",y[i]);
     printf("\n");
}
```

7．以下程序运行的结果是（　　）。

```
#include <stdio.h>
void main()
{    int s[12]={1,2,3,4,4,3,2,1,1,1,2,3},c[5]={0},i;
     for(i=0;i<12;i++) c[s[i]]++;
     for(i=1;i<5;i++) printf("%d",c[i]);
     printf("\n");
```

```
}
```

8．下面的程序是求出数组 a 的两条对角线上的元素之和，请填空。

```
#include    "stdio.h"
void main()
{ int a[3][3]={{1,3,6},{7,9,11},{14,15,17}},sum1=0,sum2=0,i,j;
    for (i=0;i<3;i++)
        for (j=0;j<3;j++)
            if (i==j) sum1=sum1+a[i][j];
    for (i=0;i<3;i++)
        for (  (              );  (              )  ;  j--)
            if (i+j==2)
                sum2=sum2+a[i][j];
    printf("sum1=%d,sum2=%d\n",sum1,sum2);
}
```

二、思考题

1．从键盘上输入 5 个整数，保存在数组中，并输出大于 0 的数。

2．用选择法对 10 个整数从小到大排序。

3．从键盘上输入 5 个数，输出最大、最小元素的值以及它们的下标。

4．将一个二维数组行和列元素互换，存到另一个二维数组中。

5．从键盘上输入 16 个整数，保存在 4×4 的二维数组中，输出数组偶数行和偶数列中的所有元素。

6．求一个 3×3 矩阵对角线元素之和。

7．用如下的 4×4 矩阵初始化数组 a[4][4]，求其转置矩阵并输出之。

1	2	3	4		1	5	9	13
5	6	7	8	转置 →	2	6	10	14
9	10	11	12		3	7	11	15
13	14	15	16		4	8	12	16

8．打印出以下杨辉三角形（要求打印出 10 行）。

```
1
1   1
1   2   1
1   3   3   1
1   4   6   4   1
1   5   10  10  5   1
:
:
```

9．用数组来处理求 Fibonacci 数列问题，要求输出前 20 项。

10．输入一行字符，统计其中有多少个单词，单词之间用空格隔开。

11．编一程序，将两个字符串连接起来，不要使用 strcat 函数。

12．输入一个以回车结束的字符串（少于 10 个字符），它由数字字符组成，将该字符串转换成整数后输出。

13．有一篇文章，共有 3 行文字，每行有个 80 字符。要求分别统计出其中英文大写字母、小写字母、空格以及其他字符的个数。

14．编写一个程序，将字符数组 s2 中的全部字符拷贝到字符数组 s1 中，不用 strcpy 函数。拷贝时，'\0'也要拷贝过去，'\0'后面的字符不拷贝。

15．学生成绩管理系统 V4.0

某班有最多不超过 30 人（具体人数由键盘输入）参加某门课程的考试，用一维数组和指针作函数参数，编程实现如下菜单驱动的学生成绩管理系统：

（1）录入每个学生的学号和考试成绩。

（2）计算并输出最高分及相应学生的学号。

（3）按学号由小到大排出成绩表。

（4）按学号查询学生排名及其考试成绩。

（5）输出每个学生的学号、考试成绩、课程总分和平均分。

第八章 指 针

指针是C语言中的一个重要概念，也是C语言的一个重要特色。在C语言中，指针被广泛使用，它和数组、字符串、函数间数据的传递等有着密不可分的联系。正确而灵活地运用指针，可以使程序简洁、紧凑、高效。可以说，没有掌握指针就没有掌握C语言的精华。

【学习目标】

1. 掌握指针的定义和引用。
2. 掌握指针在数组中的应用。
3. 掌握指针作为函数参数的应用。
4. 了解指向函数的指针和返回指针值的函数。
5. 指针与动态内存分配。

8.1 问 题 提 出

8.1.1 What

我们知道，计算机的内存是以字节为单位的一片连续的存储空间，每一个字节都有一个编号，这个编号称为内存地址。就像宾馆的每个房间都有一个房间号一样。内存的存储空间是连续的，内存中的编号也是连续的，且一般习惯采用十六进制来表示。

在程序中定义一个变量，C编译系统会根据定义中的变量类型，为其分配一定字节数的内存空间（在VC6.0中，short int型数据占2字节，int型数据和float型数据占4字节，double型数据占8字节，char型数据占1字节），此后，这个变量的内存地址也就确定了。即在程序中，变量的地址由C编译系统来产生，一个变量实质上是代表了“内存中的某个存储单元”，程序中对变量进行存取操作，实际上也就是对某个地址的存储单元进行操作。

那么C程序是怎么存取这个存储单元的内容的呢？有两种访问方式。一种为直接访问，就是直接通过变量名来存取变量的内容。

另一种为间接访问，即通过存放变量地址的变量去访问变量。如程序定义一个整形变量x，若将变量x的地址存放到变量ptr_x中，这时要访问变量x所代表的存储单元，可以先找到变量ptr_x，从中取出x的地址0023FF06，然后再去访问以0023FF06为首地址的存储单元，如图8-1所示。这种访问方式就是间接访问，其中用来存放地址的变量称为指针变量，简称指针。上述变量ptr_x就是指针变量。

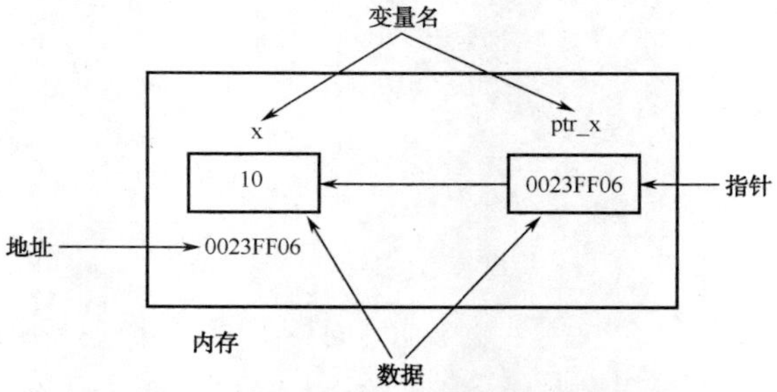

图8-1 存放地址的指针变量示意图

上述情况，通常称指针变量 ptr_x 指向了变量 x，变量 x 是指针变量 ptr_x 所指的对象，这种“指向”关系是通过地址建立的。图中的“→”只是一种示意，形似“指针”。

8.1.2 Why

指针是 C 语言中广泛使用的一种数据类型。运用指针编程是 C 语言最主要的风格之一。利用指针变量可以表示各种数据结构；能很方便地使用数组和字符串；并能像汇编语言一样处理内存地址，从而编出精练而高效的程序。指针极大地丰富了 C 语言的功能。学习指针是学习 C 语言中最重要的一环，能否正确理解和使用指针是我们是否掌握 C 语言的一个标志。

虽然指针并不是必须的，在诸如 Java 之类的一些高级语言中甚至已经取消了指针，但是只要我们运用得当，指针将使程序变得更加简洁和高效。C 语言如果没有指针，就不会在各种新语言层出不穷并流行的今天依旧能够站在计算机程序设计语言的巅峰，这是经历几代编程语言“浪淘沙”之后留下来的精华。

8.1.3 When & Where

在第 6 章我们学习了函数调用，那么能否在函数调用中用变量传值的方式改变主调函数中多个变量的值呢？以下程序就是想通过函数调用实现交换主调函数中变量 a 和变量 b 的值这一简单功能。

例 8-1

```
#include <stdio.h>
int main(void)
{
   int a=15, b=8;
   void swap1(int, int);
   swap1(a, b);
   printf("a=%d,b=%d\n",a,b);
}
void swap1(int x, int y)
{
   int t;
   t=x;
   x=y;
   y=t;
}
```

然而，参数的传递是从实参到形参单方向的传递，形参不会反过来把值传回给实参。在 swap1()中改变了形参的值，但不会影响到实参的值，如图 8-2 所示，swap1()函数不会改变实参 a 和实参 b 的值。主函数将变量的值传递给函数 swap1()的形参，即值调用。可见，值调用不能改变主调函数中变量的值。

在传值调用时，用函数的返回值不就可以改变调用函数变量的值吗？但函数的返回值只有一个，怎么通过函数调用去改变主调函数中多个变量的值呢？

另外，第 7 章讲解了如何使用数组存放多个相同类型的数据并进行运算，但数组的长度在定义时必须给定，以后不能改变。如果事先无法确定需要处理的数据数量，又该怎么办呢？

一种方法是估计一个上限，并将该上限作为数组长度，这常常会造成空间浪费。那还有其他方法吗？

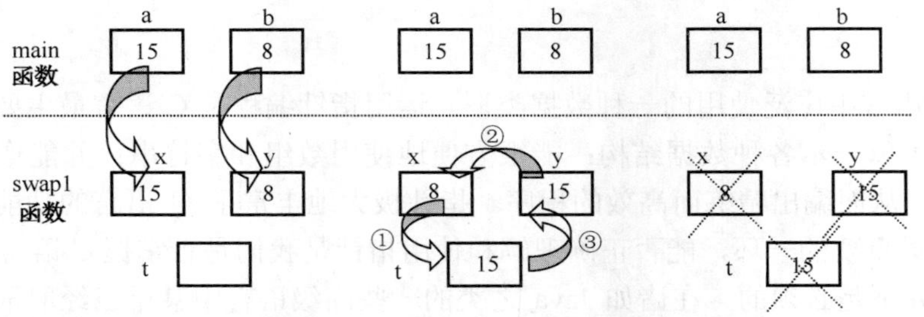

（a）调用swap1函数　　（b）执行swap1函数　　（c）从swap1函数返回

图 8-2　主函数调用 swap1 函数过程

解决以上问题，就需要用到指针。正确地掌握指针的概念，熟练地使用指针，可以在调用函数时得到多于一个的返回值；与动态内存分配函数联用，使得定义动态数组成为可能；可以方便地使用字符串和数组；使程序简洁、紧凑、高效。

8.1.4　How

指针的概念比较复杂，使用也比较灵活，初学者使用时非常容易出错，所以在学习本章内容时要十分小心，多思考、多比较、多上机，在实践中掌握它。接下来我们来看看指针变量的具体用法。

8.2　指针变量的定义、赋值和运算

8.2.1　指针变量的定义

在 C 程序中，存放地址的指针变量需专门定义，定义的一般形式为：

```
类型名称   *指针变量名 1, *指针变量名 2;
```

其中，*是指针说明符，表示这是一个指针变量，类型名称表示该指针变量可以指向的变量的数据类型，即指针变量的基类型。例如：

```
int *p1;     /* p1 是可以指向 int 型变量的指针变量，简称 int 型指针  */
char *p2;   /* p2 是可以指向 char 型变量的指针变量，简称 char 型指针  */
```

指针变量名是 p1、p2，不是*p1、*p2，“*”仅仅是指针说明符。

定义两个具有相同基类型的指针变量时，每个变量前都要加指针说明符，如：

```
int *pa, *pb;   /*  定义了 int 型指针 pa 和 pb */
```

而不能使用

```
int *pa, pb;   /*  定义了 int 型指针 pa 和 int 型变量 pb */
int* pa, pb;   /*  定义了 int 型指针 pa 和 int 型变量 pb，不推荐这样用  */
```

定义指针变量时，应该注意如下几点：

（1）指针变量的命名规则和其他变量一样，且不能与现有变量重名。

(2)指针变量可存放 C 语言中的任何基本数据类型、数组和其他所有高级数据结构的地址。

(3)一个指针变量是只能指向其基类型的变量，如 p2 只能指向 char 变量，不能时而指向一个 char 变量，时而又指向一个 float 变量。

(4)指针变量的定义只是声明了指针变量的名字及其所能指向的数据类型，并没有说明指针变量究竟指向了哪里，指针变量未初始化意味着指针变量的值是一个随机值，我们无法预知它会指向哪里，这极有可能会带来一些潜在的危险。

思考题 8-1 既然指针变量都是用来存放地址的，那么 C 语言中为什么不直接设定一种通用型的指针变量，而是要指定基类型呢？

8.2.2 指针变量的赋值及初始化

指针变量同普通变量一样，使用之前不仅要定义，而且必须赋予具体的值。未经赋值的指针变量不能使用，否则将造成系统混乱，甚至死机。

1. 与指针相关的两个运算符

(1)求地址运算符&。

指针既然用来保存变量的地址，那么如何获得变量的地址呢？这就要用到求地址运算符“&”，在前面的 scanf 函数中，我们曾经使用过这个运算符，它是一个单目运算符，其一般形式为：

```
&变量名
```

求地址运算符只能应用于变量、数组元素，不能应用于表达式、常量以及 register 变量。

(2)间接访问运算符(指针运算符)。

当指针变量中存放了一个确定的地址时，就可以使用间接访问运算符“*”来引用该指针所指的存储单元，它也是单目运算符。

需要注意的是，符号“*”在 C 语言中有多重含义，既可以表示乘号，又可以作为指针说明符，还可以是间接访问运算符，编译器会根据上下文自动判断。当它作为双目运算符出现时表示乘号，而当它作为单目运算符出现在定义语句部分时就是指针说明符，而只有当它作为单目运算符且出现在执行语句部分时才是间接访问运算符。

2. 指针变量的赋值

指针变量的赋值有如下 4 种形式。

(1)通过求地址运算符对指针赋值。例如：

```
int a=3;
int *pa;          /* 指针变量的类型必须和它所指向变量的类型相同 */
pa=&a;            /* &a 表示变量 a 的地址，变量 a 本身必须先定义 */
```

这时指针 pa 指向变量 a。

注意 定义指针变量时，int *pa 中的“*”不是间接访问运算符，而是指针说明符，表示其后是指针变量。pa=&a 中 pa 前不能再加“*”，因为这里是给指针变量赋值，而不是通过指针变量进行间接访问。

(2)通过一个已被赋值的指针赋值给另一个指针。例如：

```
int a=3;
int *p1, *p2;
```

```
p1=&a;
p2=p1;    /* 基类型相同才可以进行赋值 */
```

这时指针 p1、p2 都指向变量 a。

（3）通过标准函数获得地址值。可以通过调用库函数 malloc 和 calloc 在内存中开辟动态存储单元，并把所开辟的动态存储单元的首地址赋给指针变量，有关这方面的内容会在本章的后续内容中介绍。

（4）给指针赋“空”值。除了给指针变量赋地址值以外，还可以给指针变量赋 NULL 值，例如：

```
int *p;
p=NULL;
```

NULL 是在 stdio.h 中定义的宏，其代码值为 0，所以上述赋值语句等价于：

```
p=0;  或者  p='\0';
```

此时指针不指向任何变量的地址，指针被赋以空值也就是指针指向空。空指针与未对指针赋值是两个不同的概念。前者指针是有值的，其值为 0，不指向任何变量，而后者指针的值不确定的。企图通过空指针去访问一个存储单元时，将会得到一个出错信息。空指针的用途就是为了避免指针变量的非法引用和作为状态进行指针的比较。

3．指针变量的初始化

在定义指针变量时，可以同时对它赋值，即指针变量的初始化。例如：

```
int a=3;
int  *p1=&a;  /* 定义指针 p1 的同时给其赋值，使指针指向变量 a */
int  *p2=p1;  /* 定义指针 p2 的同时对其赋值，使 p2 的值和 p1 相同 */
```

上述三条定义语句也可以用一条定义语句完成，形式如下

```
int a=3, *p1=&a, *p2=p1;
```

8.2.3　指针变量的运算

1．指针变量的引用

当指针变量中存放了一个确定的地址时，就可以使用间接访问运算符“*”来引用该指针所指的存储单元。

对指针变量的引用形式为：

```
*指针变量
```

下面通过示例进一步解释指针的赋值、引用，帮助读者更好地理解指针与地址。

例 8-2

```
#include <stdio.h>
void main()
{
   int a=3, *p;
   p=&a;
   printf("p=%p, &a=%p, &p=%p\n", p, &a, &p); /* %p 输出地址值 */
   printf("a=%d, *p=%d\n", a, *p);
```

```
8        *p=10;
9        printf("a=%d, *p=%d\n", a, *p);
10       printf("Enter a: ");
11       scanf("%d", &a);
12       printf("a=%d, *p=%d\n", a, *p);
13       (*p)++;
14       printf("a=%d, *p=%d\n", a, *p);
15   }
```

在 VC6.0 下的运行结果为

```
p=0012FF44, &a=0012FF44, &p=0012FF40
a=3, *p=3
a=10, *p=10
Enter a: 5↙
a=5, *p=5
a=6, *p=6
```

第 4 行的“int a=3,*p”和其后出现的*p 尽管形式是相同的，但两者的含义完全不同。第 4 行定义了指针变量 p，*表示其后是指针变量；而后面出现的*p 代表对指针 p 做间接访问，即引用指针 p 所指向的变量。

当执行 p = &a 后，*p 与 a 相同；&*p 与&a 相同，是地址；*&a 与 a 相同，是变量。如果程序运行结果的第 1 行在你的计算机上得到了不同的结果，请不要感到意外和吃惊，因为不同的计算机、不同的操作系统存储变量的地址有所不同。

(*p)++等价于 a++，将指针 p 所指向的变量值加 1。它也等价于表达式*p=*p+1 或++*p。

注意　(*p)++中的括号不能少，如果写成*p++，由于间接访问运算符和自加运算符优先级相同，结合性都是自右向左，则相当于*(p++)，先取 p 所指的存储单元的值作为表达式的值，再将指针 p 的值往高位移动一个存储单元，运算后 p 不再指向变量 a，这里就涉及了指针的算术运算。

2. 指针的算术运算

指针可以加上或减去一个整数，表示该指针所指存储单元附近其他存储单元的地址，指针的加减运算是以其基类型的字节长度为单位的。

假定 p 是 short 型指针并已赋值，如图 8-3 所示。

对指针进行加减运算中，数字“1”不是表示 1 个字节，而是指 1 个存储单元，至于 1 个存储单元占多少存储空间，则视指针的基类型而定。同理，两个基类型相同的指针可以做减法运算，表示两者所指的位置相差多少个存储单元。

由此可见，指针的加减运算只有在他们所指的位置在同一连续存储单元（如数组）内才有意义。

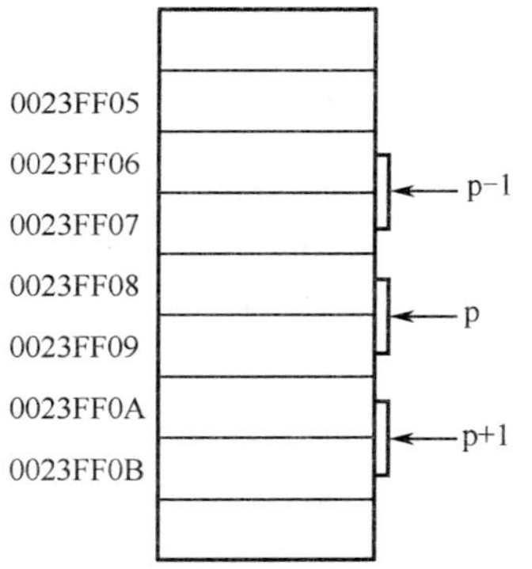

图 8-3　指针算术运算内存示意图

我们只能进行指针和整数的加减运算以及基类型相同的指针之间的减法运算，除此以外，不可以对指针进行任何其他的算术运算。

3. 指针的关系运算

基类型相同的指针还能进行关系运算，通常两个指针指向同一片连续的存储单元时比较才有意义。指针不能与非指针类型变量进行比较，但可与 NULL（即 0 值）进行等或不等的关系运算。

假设已定义了指针变量 p、q 并已赋值，有：

```
if(p<q) printf("p 在内存中 q 的低端。\n");
if(p==q) printf("p 与 q 指向同一存储单元。\n");
if(p==NULL) printf("p 为空指针。\n");
```

思考题 8-2

（1）指针定义后为什么一定要经过赋值才能使用？如果不赋值直接使用可能会有什么后果？下面的语句正确吗？如果错误怎样改正？

```
Include<stdio.h>
 main(void)
{
   int *p;
   scanf("%d",p);
   ...
}
```

（2）除了 NULL 以外，指针变量可不可以直接赋其他整数值？

（3）两个基类型相同的指针变量能不能相加？为什么？

8.3　指针与函数

8.3.1　指针作为函数的参数

指针既然是数据类型，自然可以做函数参数。指针作为实参传递给形参时，相应形参也必定是指针。

在分析例 8-1 时，我们提到值调用不能改变主调函数中变量的值。那用指针作为函数的参数能否改变主调函数中多个变量的值呢？下面通过例题来分析。

例 8-3　在程序中，主函数调用了两个函数 swap2()、swap3()，以实现交换主函数中变量 a 和变量 b 的值的功能。请分析两个函数中哪个函数能实现这样的功能？

```
#include <stdio.h>
void main()
{
   int a=15, b=8;
   int *pa=&a, *pb=&b;
   void swap2(int *,int *), swap3(int *,int *);   /* 函数说明 */
   swap2(pa, pb);
   printf("a=%d, b=%d\n", a, b);
   a=15, b=8;
   swap3(pa, pb);
   printf("a=%d, b=%d\n", a, b);
}
```

```
void swap2(int *px, int *py)
{
    int t;
    t = *px;
    *px = *py;
    *py = t;
}
void swap3(int *px, int *py)
{
    int *pt;
    pt = px;
    px = py;
    py = pt;
}
```

函数 swap2()的形参是指针。主函数调用 swap2()时，实参（变量 a 和变量 b 的地址）传给了形参（指针 px 和指针 py），此时，形参 px 指向变量 a，py 指向变量 b，因此*px 和 a（*py 和 b）代表同一存储单元，那么只要在 swap2()中交换*px 和*py 的值，也就交换了主函数中变量 a 和变量 b 的值。可见 swap2()能实现交换主函数中数据的功能。主函数调用 swap2()的过程如图 8-4 所示。

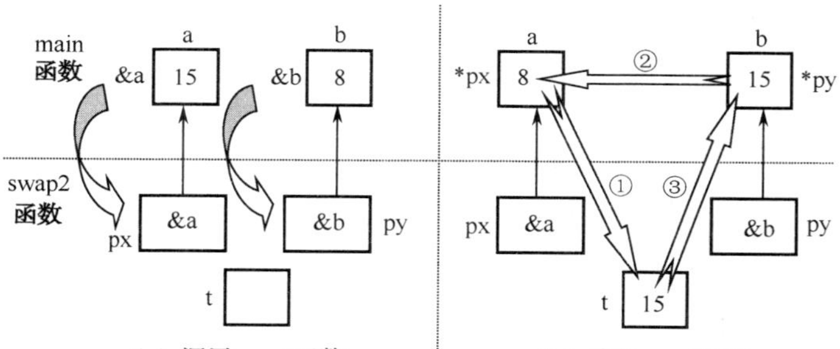

（a）调用swap2函数　　（b）执行swap2函数

图 8-4　主函数调用 swap2()的过程

函数 swap3()的参数与 swap2()一样都是指针，调用时的参数传递过程也相同。但在 swap3()只改变了形参的值，同样的道理，形参不会反传给实参，因此主函数中变量 a 和变量 b 的值未改变。可见，swap3()不能实现交换主函数中数据的功能。主函数调用 swap3()的过程如图 8-5 所示。

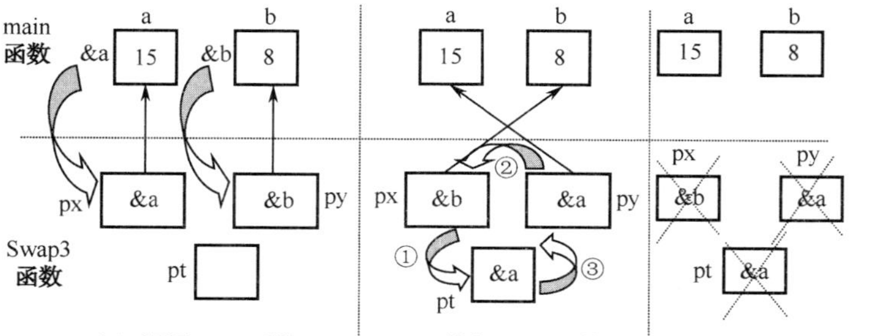

（a）调用swap3函数　　（b）执行swap3函数　　（c）从swap3函数返回

图 8-5　主函数调用 swap3()的过程

通过例 8-3，我们得出要通过函数调用来改变主调函数中某个变量的值：

（1）在主调函数中，将该变量的地址或者指向该变量的指针作为实参。

（2）在被调函数中，用相同基类型的指针形参接受该变量的地址。

（3）在被调函数中，通过指针形参改变形参所指向变量的值。

8.3.2　指针作为函数返回值

既然函数返回值可以是整、实型等数据。当然也可以是指针值，只是函数定义头部形式略有不同：

类型名称 *函数名(形参列表)

例如：

```
int  *fun() {...}
```

其中，fun 是函数名，调用它以后返回一个指向整型的指针。*表示其后的函数 fun( )是指针型函数（函数返回值是指针），最前面的 int 表示返回的指针基类型为整型。

例 8-4　输出若干个学生成绩中的最高分。要求用指针函数实现。

分析：返回指针值的函数所返回的应该是数组中某个最高分在数组中的位置，即该数组元素的地址。所以，可将函数的返回值赋给一个同类型的指针变量。

```
#include <stdio.h>
#define N 10
float *GetMax(float a[])
{
  float max=a[0];
  int i, maxPos=0;
  for(i=1; i<N; i++)
      if(a[i]>max)
      {
          max=a[i];
          maxPos=i;
      }
  return (&a[maxPos]);
}
void main()
{
  int i;
  float *pMax, score[N]={68,77,54,91,72,67,50,88,81,65};
  pMax=GetMax(score);
  printf("Max score is %.1f\n", *pMax);
}
```

主函数将数组名 score 作为参数直接调用 GetMax 函数，即将一维数组 score[]的首地址传递给 GetMax 函数的形参。GetMax 函数中，用变量 maxPos 记录最大的元素的数组下标。循环结束后返回的是数组中值最大的元素的地址（指针值）。主函数中定义了一个指针变量 pMax，调用 GetMax 函数将返回的指针值赋值给指针变量 pMax。后续的输出函数打印* pMax 的值，即最大值。

注意　将指针值作为函数返回值时，一定要保证该指针值是一个有效的指针。

思考题 8-3　若将例 8-4 中 GetMax 函数的 return 语句改成如下形式是否正确？为什么？

```
return &max;
```

8.3.3　指向函数的指针

指针不但可以指向一般的变量、数组，还可以指向函数。指向函数的指针保存的是函数的入口地址，即这个函数第一条指令的地址。和数组名代表数组的首地址一样，函数名代表函数的入口地址。

函数指针的定义如下：

```
类型名称 (*函数指针变量名)(函数参数列表);
```

例如：

```
int (*p)( );
```

表示 p 为一个函数指针变量，用于存放一个函数的入口地址，但该函数的返回值必须为 int 型。注意，*p 外部的括号不能省略，否则，就变成指针型函数的函数说明了。

给函数指针变量赋值的方式为

```
函数指针变量=函数名
```

它不是实参，不是调用，而是将入口地址赋给函数指针变量。

1．用函数指针变量调用函数

方法为

```
(*函数指针变量名)(实参列表)
```

或

```
函数指针变量名(实参列表)
```

前一种调用函数的方法含义更直观，因为它显示地说明了这是一个指向函数的指针，而后一种调用函数的方法容易使读者误认为这就是一个函数名称。

以下是指向函数的指针的具体用法示例：

```
double fun(int a,int *p)
{...}
void main()
{
   int n;
   double (*fp)(int,int *), y;        /* 定义函数指针变量 fp 和变量 y */
   fp=fun;                            /* 把函数 fun()的入口地址赋值给指针变量 fp */
   ...
   y=(*fp)(56,&n);                    /* 通过指向函数的指针调用 fun 函数 */
   ...
}
```

在定义函数指针变量时，后面一对圆括号中是类型名，用以说明所指函数的参数个数和参数的类型，这些类型名应与所指函数的参数类型一一对应。如果函数没有参数，这对圆括号也不能省略。

"fp=fun;"赋值语句中，fp 类型必须与 fun 类型相同，包括返回值类型，参数个数和参数类型都必须相同。

"y=(*fp)(56,&n);"实现对函数的调用，它相当于"y=fun(56,&n); "。

2．函数名或指向函数的指针变量作为参数

C 语言中，函数指针主要用做参数传递，当函数指针在两个函数之间传递时，调用函数的实参应该是被传递的函数名，而被调函数的形参应该是接收函数地址的函数指针。

例 8-5 通过给 tran 函数传送不同的函数名，求 tan(x)和 cot(x)的值。

```
#include <stdio.h>
#include <math.h>
double tran(double (*)(double),double (*)(double),double); /*  函数说明  */
void main()
{
   double x,y,v;
   printf("请输入角度 x=");
   scanf("%lf",&x);
   v=x*3.14159/180;                    /*  转换成弧度  */
   y=tran(sin,cos,v);                  /*  第一次调用  */
   printf("tan(%.1f)=%f\n",x,y);
   y=tran(cos,sin,v);                  /*  第二次调用  */
   printf("cot(%.1f)=%f\n",x,y);
}
double tran(double (*f1)(double),double (*f2)(double),double x)
{
   return (*f1)(x)/(*f2)(x);
}
```

函数 tran 有三个形参 f1、f2、x。其中 f1 和 f2 是两个指向函数的指针变量，它们所指函数的返回值必须是 double 类型，且有一个 double 类型的形参；第三个形参 x 是 double 类型的简单变量。

在第一次调用中，把库函数 sin 的地址传送给指针变量 f1，把库函数 cos 的地址传送给指针变量 f2，tran 函数的返回值是 sin(x)/cos(x)；第二次调用中，把库函数 cos 的地址传送给指针变量 f1，把库函数 sin 的地址传送给指针变量 f2，tran 函数的返回值是 cos(x)/sin(x)。

思考题 8-4

（1）采用指针作为函数参数时与普通变量作为函数参数有什么不同？在什么情况下需要使用指针变量作为函数参数？

（2）调用函数参数传递时，传值与传地址有什么区别？

（3）函数指针的定义和指针函数的说明在书写上有何区别，请从运算符的优先级和结合性方面进行分析理解。

8.4　指针、数组、地址间的关系

8.4.1　指针与一维数组

一个数组存储在一块连续内存单元中，数组的首地址是在内存中存储数组的起始位置，它是数组中第 1 个元素（下标为 0）的地址。数组名就是这块连续内存单元的首地址，因此数组名本身是一个地址，且基类型是该一维数组元素的数据类型。在访问内存方面，指针与数组几乎是相同的。当然也有不同，这些不同是微妙且重要的。指针是以地址作为值的变量，而数组名的值是一个特殊的固定地址，是地址常量，可以把它看做常量指针，因此不可以给数组名重新赋值。

数组名是地址值，指针变量值也为地址，那么只要他们基类型相同，数组元素的地址和内容的表示方式也可以用指针给出，下面总结如下：

首先把数组的首地址赋值给指针：

```
short a[10];
short *p;
p=&a[0];        /* 或者 p=a; 但不能写成 p=&a; */
```

（1）a+i 是距数组 a 的首地址的第 i 个偏移。如图 8-6 所示，p+i 和 a+i 均表示 a[i]的地址，或者讲，它们均指向数组下标为 i 的元素，即指向 a[i]。因此，*(p+i)和*(a+i)都表示 p+i 和 a+i 所指对象的内容，即为 a[i]。

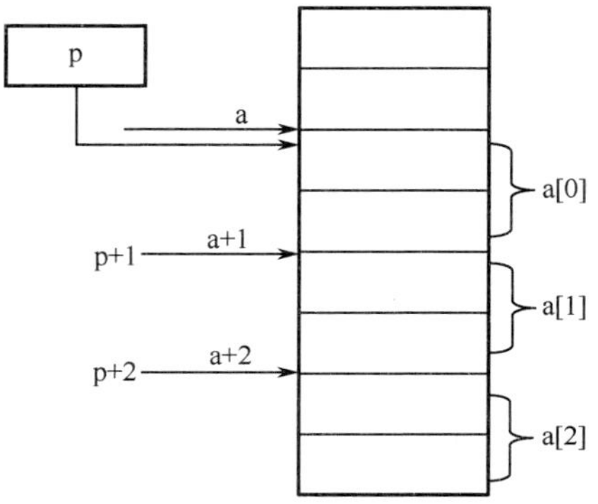

图 8-6　数组 a 与指针 p 关系图示

（2）指向数组元素的指针，也可以表示成数组的形式，也就是说，允许指针变量带下标，如 p[i]，它与*(p+i)等价。当指针 p 指向数组 a 的首地址时，p[i]、a[i]、*(p+i)、*(a+i)等价。

但在这里，a 和 p 有着明显的区别，a 是不可变的，而 p 是变量，其中的地址值是可变的。因此，a++、a=p 等运算都是非法的，而 p++、p=a、p=&a[i]则都是合法的表达式。可见 p 的值不一定总是为 a，假设有语句：

```
p=a+5;
```

则 p[2]就相当于*(p+2)，由于 p 指向 a[5]，所以 p[2]就相当于 a[7]。而 p[-3]就相当于*(p-3)，它表示 a[2]，由于 C 语言编译时不进行边界检测，因此请确保程序不会越界访问。

从以上分析，我们得出可以用以下 4 种表示数组地址和元素的方法。即任何由数组下标来实现的操作都能用指针来完成。

地址	元素
&a[i]	a[i]
a+i	*(a+i)
p+i	*(p+i)
&p[i]	p[i]

第 7 章中我们曾介绍到向函数传递一维数组，将数组名作为实参进行调用，相应的被调用函数的形参形式有多种写法。通过上述指针与一维数组的介绍，我们明白，数组名实际上就是一个地址值，因此将数组名作为实参进行调用，实际上就是传递了数组的首地址，被调函数在定义时，形参不管使用哪种书写形式，实质上形参都是一个用以接收该地址值的指针变量。所以当我们看到如下代码时也不要吃惊：

```
void fun(int s[10])
{
    ...
    s++;
    ...
}
```

因为这里的 s 虽然看上去像一个数组，但实际上却是一个指针变量。

下面通过简单例子来看看用指针完成数组的操作。

例 8-6　采用指针变量表示地址的方法输入输出数组中的各元素。

分析：用指针 p 指向数组的首地址，则 p+i 表示&a[i]，*(p+i)表示 a[i]。

```
#include <stdio.h>
void main()
{
    int i,a[10],*p=a;
    printf("Please enter 10 integers:\n");
    for(i=0; i<10; i++)
        scanf("%d",p+i);
    printf("------ Output ------\n");
    for(i=0; i<10; i++)
        printf("%4d",*(p+i));
    printf("\n");
}
```

运行结果：

```
Please enter 10 integers:
1 2 3 4 5 6 7 8 9 10↙
------ Output ------
   1   2   3   4   5   6   7   8   9  10
```

例 8-7　利用指针变量的自增运算输入输出数组中的各元素。

分析：用指针 p 指向数组 a 的首地址，则 p++的变化可以使指针变量 p 依次指向 a 数组中的每一个元素。

```
1   #include <stdio.h>
2   void main()
3   {
4       int i,a[10],*p=a;
5       printf("Please enter 10 integers:\n");
6       for(i=0; i<10; i++)
7           scanf("%d",p++);
8       printf("------ Output ------\n");
9       p=a;    /* 把指针重新指向数组首地址 */
10      for(i=0; i<10; i++)
11          printf("%4d",*p++);
12      printf("\n");
13  }
```

程序中 p++表示指针所指向的变量地址加上 1 个同类型变量所占字节数。而*p++等价于*(p++)，相当于先取*p 的值，然后执行 p++。

上述例题还可以完全去掉循环控制变量 i，如第 6-7 行可以简化为：

```
for(p=a; p-a<10; p++)
    scanf("%d",p);
```

思考题 8-5

（1）在例 8-7 中把第 9 行的“p=a;”赋值语句去掉，程序的运行结果会有变化吗？为什么？

（2）可以有几种方式引用数组元素？

（3）指向数组的指针作为函数参数时有什么作用？

（4）指针变量作为形参，实参可以是什么？指针变量作为实参，形参有几种形式？

8.4.2 指针与字符串

C 语言本身并没有设置一种类型来定义字符串变量，完全是使用字符数组和字符指针来处理。

字符串：以'\0'结尾的字符序列。

字符数组：每个元素都是字符类型的数组。例如：

```
char str[100];
```

字符指针：指向字符类型的指针，即基类型为字符型的指针变量。例如：

```
char *cp;
```

虽然 C 语言中没有字符串数据类型，但却允许使用“字符串常量”。在表示字符串常量时，使用双引号作为定界符，且不需要人为在其末尾加入'\0'，编译器会自动完成这一工作。

系统在存放一个字符串时，先给定一个起始地址，从该地址指定的存储单元开始，连续存放字符串中的字符。从上一节我们得知，指针与数组可以等同看待。而字符串常量实质上是一个指向该字符串首字符的地址常量，即字符串常量的值为地址常量，例如，字符串"Hello"的值是一个地址，所以下面的赋值也是合法的：

```
char *sp="Hello"+1;    /* sp 指向字符 e */
```

可见，字符串、字符数组、字符指针本质上是一回事，要访问字符串就需要字符串首字符的地址。

下面我们用例子说明用字符类型指针访问字符串。

```
char sa[] = "array";
char *sp = "point";
printf("%s ", sa);                /* 数组名 sa 作为输出参数 */
printf("%s ", sp);                /* 字符指针 sp 作为输出参数 */
printf("%s\n", "string");         /* 字符串常量作为输出参数 */
```

输出：

```
array point string
```

调用 printf()函数，以%s 的格式输出字符串时，作为输出参数，数组名 sa、指针 sp 和字符串"string"的值都是地址，从该地址所指定的存储单元开始，连续输出其中的内容，直到遇到'\0'为止。

字符数组与字符指针都可以处理字符串，但两者之间是有重要区别的。

（1）存储空间不同。字符数组存储全部字符和'\0'，占用字节数以定义的大小为准；字符型指针仅存储所指字符串的首地址，和 int 型一样，在 TC2.0 中占用 2 字节，在 VC6.0 编译平台下占用 4 字节，例如：

```
char *p="hello", s[10]="world";
printf("%d  %d\n",sizeof(p),sizeof(s));
```

以上语句在 VC6.0 中的运行结果为：

```
4   10
```

（2）性质不同：字符数组名为指针常量，不能移动；而字符型指针是变量，可以移动。若指向其他字符串，它代表的存储区域将改变。

（3）改变字符串的方法不同：字符数组要逐个元素重新赋值或使用 strcpy 等函数；字符型指针变量只要取得新字符串首地址即可（用“字符型指针变量=字符串”或“字符型指针变量=字符数组名”或“字符型指针变量=字符的地址”）。注意不能以“字符数组名=字符串”的形式给字符数组赋值。

例如：

```
char s[]="hello", *p="hello";
s="hi";      /* 编译错误 */
p="hi";      /* 使用正确，p 的指向会发生改变 */
p=&s[1];     /* 使用正确 */
```

另外需要注意，字符指针变量必须有明确的指向，否则使用是很危险的。

例如：

```
char s[10], *p;
scanf("%s",s);     /* 使用正确 */
```

```
scanf("%s",p);     /* 编译可以通过，但是存在危险访问 */
```

思考题 8-6

（1）字符串指针的初始化与字符数组的初始赋值有何区别？

（2）使用指向字符或指向字符串的指针进行字符或字符串操作时需要注意哪些内容？

8.4.3 指针数组与指向指针的指针

1. 指针数组

元素均为指针类型数据的数组，称为指针数组。

定义形式为：

```
类型名称 *数组名[数组长度];
```

例如：

```
int a[10];
```

a 是一个数组，它有 10 个元素，每个元素的类型都是整型。

```
char *b[5];
```

b 是一个数组，它有 5 个元素，每个元素的类型都是字符指针，用于存放字符数据单元的地址。

对指针数组元素的操作相当于对同类型指针变量的操作，请看以下示例。

例 8-8

```
#include <stdio.h>
void main()
{
   int i;
   char *ptr[] = {"Pascal","Basic","Fortran","Java","Visual C"};
   for(i=0; i<5; i++)
       printf("%s\n", ptr[i]);
}
```

运行结果：

```
Pascal
Basic
Fortran
Java
Visual C
```

指针数组 ptr 的每个元素 ptr[i]都是指针，分别指向一个字符串。ptr[i]中存放的是字符串的首地址，因此“printf("%s\n", ptr[i]);”输出的是 p+i 所指向的字符串。如图 8-7 所示。

由于，ptr[0]指向字符串"Pascal",因此*ptr[0]就代表字符串首地址的内容，即字符'P'。

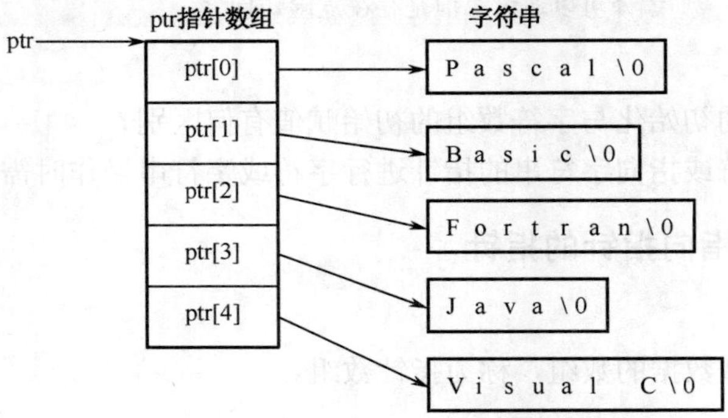

图 8-7　指针数组 ptr 的内存结构示意图

2．指向指针的指针

如图 8-7，数组名 ptr 指向数组的首地址，那么如果定义一个指针变量 p，把 ptr 赋值给它，那 p 即为指向指针的指针变量，也称为二级指针。

C 语言中指向指针的指针变量一般定义为：

```
类型名称 **变量名;
```

前面我们学过指针与数组的关系，能用数组下标完成的操作也能用指针完成。现在我们看看指针数组与二级指针的关系。

例 8-9　用二级指针改写例 8-8。

```
#include <stdio.h>
void main( )
{
   int i;
   char *ptr[] = {"Pascal","Basic","Fortran","Java","Visual C"};
   char **pptr=ptr;
   for(i=0; i<5; i++)
       printf("%s\n",*(pptr+i));
   return 0;
}
```

由以上程序可知，pptr 指向指针数组的首元素 ptr[0]，因此*pptr 和 ptr[0]代表同一个存储单元，那么*(pptr+i)与 ptr[i]等价。

ptr[0]指向字符串"Pascal"，因此，*ptr[0]、**pptr 代表同一存储单元，值为字符'P'。其中**pptr 等价于*(*pptr)，代表*pptr 所指向的变量。

从理论上说，可以定义任意多级的指针，如三级指针、四级指针等，但实际应用中多级指针的用法很少会超过二级。级数过多的指针容易造成理解错误，使程序可读性差。

3．指针数组名与指针数组元素的关系

进一步分析，指针数组名与指针数组元素虽然都是地址，但它们类型不同，即它们指向不同类型的存储单元。指针数组名指向第一个指针数组元素，指针数组元素本身是指针，即指针数组名指向一个指针，因此指针数组名是二级指针类型。如例 8-9 中，ptr 指向 ptr[0]，那么 ptr+i 就指向 ptr[i]，因此*(ptr+i)与 ptr[i]等价。指针数组元素 ptr[0]的类型是字符指针，它指向字符串"Pascal"，即指向字符'P'。因此，ptr[i]+j（j 是一个非负整数）就指向首字符后的第 j

个字符，*(ptr[i]+j)就代表了该字符。*(ptr[i]+j)也可以写成*(*(ptr+i)+j),与 ptr[i][j]等价。

例如例 8-9 中：

```
printf("%s\n",*(ptr+4)); 和 printf("%s\n", ptr[4]);
```

都输出字符串"Visual C"。

```
printf("%c\n", *(ptr[4]+4));和 printf("%c\n",*(*(ptr+4)+4));和
printf("%c\n", ptr[4][4]);
```

都输出"Visual C"的首字符后的第 4 个字符'a'。

而语句：

```
for(j=0; *(ptr[k]+j)!='\0'; j++)
    printf("%c\n", *(ptr[k]+j));
```

将会把 ptr[k]所指字符串中的字符逐个输出。它等价于语句：

```
printf("%s\n", ptr[k]);
```

注意 ptr[k]是指针数组的元素，它的类型是字符指针，指向一个字符串，也就是指向字符串的首字符；而*(ptr[k])代表 ptr[k]所指向单元的内容，就是该字符串的首字符。所以 printf("%s\n", ptr[k]);输出字符串；而 printf("%c\n", *ptr[k]);输出字符。

4．main()函数的参数和返回值

在前面介绍的程序中，main 函数后的括号内不加参数（或为 void），实际上，main 函数是可以带参数的，指向指针的指针的一个重要应用是作为 main 函数的形参。main 函数可以带两个形参，人们习惯用 argc 和 argv 作为 main 的形参名。

在最新的 C11 标准中，main 函数的标准形式有两种，分别是：

```
int main(void) { ... }
int main(int argc, char *argv[]) { ... }
```

对于第一种标准形式，根据早期的 C 标准，也有以下的写法：

```
int main() { ... }     /* 省略 void，效果是等价的 */
main(void) { ... }     /* 省略 int，默认就是返回 int 型 */
```

此外，还有一些是这样写的：

```
void main() { ... }  /* 表示无返回值，C 标准中没有此规定 */
```

这种无返回值的 main 函数，在有的编译器中可以编译，有点编译器中会给出警告，而有的编译器却直接报错。

对于第二种标准形式，其中 argc 表示命令行中参数的个数，而命令行中的各个参数（包括文件名本身）是以字符串常量进行保存的，他们的地址又保存在一个无名的字符指针数组里，argv 就是指向了这个指针数组的首地址。

在 8.4.1 节中我们曾介绍到，形参虽然看上去是数组形式，实际上它是一个指针变量，这里的 argv 也是一样，看上去是一个指针数组，实际上确实一个指向指针的指针，因此带参数的 main 函数也可以写成：

```
int main(int argc, char **argv) { ... }
```

不管 main 函数头部使用哪种写法，返回值的类型都只能是 int 型，这样返回值才能传递给程序的调用者（一般是操作系统）。因此 main 函数结尾我们通常都会加上：

```
return 0;
```

表示程序正常退出。如果没写 return 语句的话，C99 规定编译器要自动在生成的目标文件中加入上述语句（VC6.0 不会自动加）。

main 函数是由系统调用的，C 源程序文件经过编译、连接后得到的与源程序文件同名的可执行文件，在操作系统命令环境下，输入该文件名，系统就调用 main 函数。输入命令时，除了输入该文件名以外，还可以带上参数，命令行的一般形式为：

```
文件名　参数 1　参数 2　……　参数 n
```

文件名和各参数之间用空格隔开，如果参数本身含空格，则这个参数要用双引号括起来。

例 8-10　编写一个程序，把输入的命令行参数按逆序依次打印出来。

```
#include <stdio.h>
int main(int argc, char *argv[])
{
   int i;
   for(i=argc-1; i>0; i--)
        printf("%s ",argv[i]);
   return 0;
}
```

假设源文件名为 invert.c，经编译、连接后生成文件名为 invert.exe 的可执行文件，在命令提示符下，切换到该执行文件目录下以后，输入 invert I love China 后，运行结果为

```
China love I
```

程序分析：

执行 main 函数时，文件名 invert 是第一个参数，因此 argc 的值为 4，argc[0]是字符串“invert”的首地址，argc[1]是字符串“I”的首地址，argc[2]是字符串“love”的首地址，argc[3]是字符串“china”的首地址（图 8-8）。

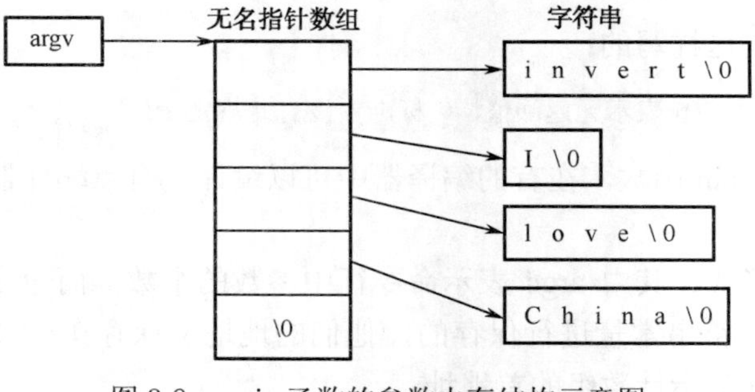

图 8-8　main 函数的参数内存结构示意图

思考题 8-7

（1）指针数组与一维数组有何区别？

（2）指针数组比较适合用来处理多个字符串操作的问题，思考用指针数组的方法编写程序，给多个字符串排序。

8.4.4 指针与二维数组

二维数组元素是按行存放的，可以按存放的顺序访问数组元素。但是，为了方便地按行和列的方式访问数组元素，必须要了解 C 语言规定的行列地址的表示方法。

C 语言规定，二维数组由一维数组扩展形成，即二维数组实际上是一个一维数组，这个一维数组的每个元素又是一个一维数组（一行）。例如，定义二维数组 short a[3][4]，可以看成如图 8-9 所示的结构。

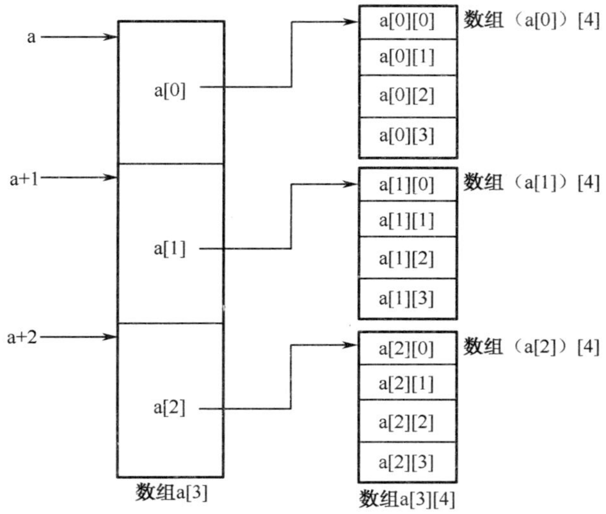

图 8-9 二维数组内存结构示意图

从图 8-9 可知，我们可将 a 看做一维数组，由 a[0]、a[1]、a[2]三个元素组成，而 a[0]、a[1]、a[2]每个元素又分别是由 4 个短整型元素组成的一维数组。可用 a[0][0]、a[0][1]等来引用 a[0]中的每个元素，其他依次类推。

在 8.4.1 节中我们已经知道，一维数组名是一个地址常量，其值为数组第一个元素的地址，基类型是该一维数组元素的数据类型。在以上二维数组中，a[0]、a[1]、a[2]都是一维数组的名字，同样也代表一个不可变的地址常量，其值依次为二维数组每行第一个元素的地址，其基类型就是数组元素的类型，即 short 型。因此，像 a[0]++这样的表达式是非法的，而对于表达式 a[0]+1，其中 1 的单位应当是 2 个字节。

此时，若定义指针 short *p; 由于其基类型与 a[i]（0≤i<3）相同，因此表达式 p=a[i]的赋值是合法的。我们已知 a[i]与*(a+i)等价，这个赋值表达式也可以写成 p=*(a+i)。

再将上述二维数组 a 看做一个由 a[0]、a[1]、a[2]三个元素组成一维数组，继续进行分析。数组名 a 同样也是一个地址常量，其值为这个数组中第一个元素的地址，与 a[0][0]的地址值相同，但是它的基类型却是一个数组类型，而且是一个具有 4 个短整型元素的数组类型，也就是基类型为该二维数组的一行。这种地址我们称之为行地址。而对于二维数组中每列上元素的地址则称之为列地址，如：&a[0][0]、a[1]等。

可见二维数组名应理解为一个行指针，a+i 表示第 i 行的首地址，其值与 a[i]的值相同，但是基类型不同。对于 a+1 与 a[0]+1，其中 1 的单位前者是 4×2 个字节，后者是 2 个字节。赋值表达式 p=a 是不合理的，因为 p 和 a 的基类型不同，虽然在 VC6.0 下可以编译通过，但是在某些编译平台下会给出警告，这种赋值依赖于编译器的隐式赋值转换，不建议使用。

在 8.4.1 节中，我们已知对于一维数组而言 a[i]与*(a+i)等价，而二维数组又可当做是特殊的一维数组，这个一维数组中的每个元素又是一维数组。所以我们可以利用上述等价公式相互进行替换，将二维数组中的数组元素用以下六种表达式来引用：

（1）a[i][j]　　/* 常见形式 */

（2）*(a[i]+j)　　/* a[i]作为一个整体，利用等价公式替换 */

（3）*(*(a+i)+j)　　/* 将第(2)种方式中的 a[i]进行等价替换 */

（4）(*(a+i))[j]　　/* 将第(3)种方式中*(a+i)当做一个整体 */

（5）*(&a[0][0]+4*i+j)　　/* 直接取地址值后间接访问 */

（6）*(a[0]+4*i+j)　　/* &a[0][0]就是 a[0] */

在（4）中，*(a+i)外的一对圆括号不能少，如果写成：*(a+i)[j]，因为下标运算符[ ]的优先级高于间接访问运算符*，则表达式变成了*((a+i)[j])，利用等价替换公式，转换成：*(*((a+i)+j))，即*(*(a+i+j))，等价于*(a[i+j])，等价于 a[i+j][0]，引用的不再是 a[i][j]了，甚至会出现越界访问。

将上述六个表达式进行求地址运算或去除间接访问就得到二维数组中数组元素的地址的六种引用形式：

（1）&a[i][j]

（2）a[i]+j

（3）*(a+i)+j

（4）&(*(a+i))[j]

（5）&a[0][0]+4*i+j

（6）a[0]+4*i+j

前面我们已经知道二维数组名是一个地址常量，基类型为该二维数组的一行，那么怎么定义一个基类型与此相同的指针变量，用以保存这样的地址值呢？这就要使用行指针了。事实上，与一维数组名作为实参进行调用时一样，我们在使用二维数组名作为实参进行调用的时候，在被调函数定义头部，不管形参使用哪种书写形式，即便看上去像一个二维数组，但其实质却是一个行指针变量，其值是可变的。

下面我们通过示例来看看行指针的定义和赋值。

```
int a[3][4], (*p)[4];
```

这里的说明符(*p)[4]中，因为圆括号的存在，可以解释为 p 首先是一个指针，然后再看到底是什么指针呢？通过与[4]的结合，说明这个指针的基类型为具有 4 个元素的一维数组，再通过前面的 int 知道，这 4 个元素都是 int 类型，所以完整的含义就是定义了一个基类型为具有 4 个整型元素的一维数组的指针。

有了定义以后就可以进行如下赋值了：

```
p=a;    /* 或 p=a+1 之类的均可 */
```

因为 p 和 a 的基类型相同，所以这个赋值是合法合理的，当 p 指向数组 a 开头时，前面提到的对二维数组元素的六种引用方式全部可以使用行指针来替换。

（1）p[i][j]

（2）*(p[i]+j)

（3）*(*(p+i)+j)

（4）(*(p+i))[j]

（5）*(&p[0][0]+4*i+j)

（6）*(p[0]+4*i+j)

唯一的不同时，p 是指针变量，它的值是可变的，而 a 数组名，是地址常量。

思考题 8-8

（1）a 与*a，都是地址吗？它们的值相等吗？如果两者的值相等，那么它们有什么区别？

（2）输出二维数组元素，程序如下：

```
void main()
{
   int a[3][3]= {1,2,3,4,5,6,7,8,9}, *p;
   for(p=a[0]; p<a[0]+9; p++) printf("%d",*p);
}
```

如果将 p=a[0]改成 p=a 会是什么结果？为什么？

8.5　指针与内存的动态分配

变量在使用前必须被定义且安排好存储空间（包括内存起始地址和存储单元的大小）。这种以静态方式安排存储的好处主要是实现比较方便、效率高，程序执行中需要做的事情比较简单。但这种做法也有局限性，某些问题不好解决，如任意个整数求和的问题，每次求和的项数都可能不同，以静态的方式就是先定义一个很大的数组，以保证输入的项数不超过能容纳的范围。

一般情况下，运行中的很多存储要求在写程序时是无法确定的，因此需要一种机制，可以根据运行时的实际存储要求分配适当的存储区，用以存放那些在运行中才能确定数量的数据。C 语言为此提供了动态存储管理机制。在程序执行时为指针变量所做的地址分配就称之为动态内存分配。当无需指针变量操作时，可以将其所分配的内存归还系统，此过程称之为内存空间的释放。

1．动态内存分配的步骤

（1）了解需要多少内存空间。

（2）利用 C 语言提供的动态分配函数来分配所需要的存储空间。

（3）使指针指向获得的内存空间，以便用指针在该空间内实施运算或操作。

（4）当使用完毕后，释放这一内存空间。

2．动态内存分配函数

在进行动态存储分配的操作中，C 语言提供了一组标准函数，定义在 stdio.h 中。

（1）动态存储分配函数 malloc()。

函数原型为

```
void *malloc(unsigned size);
```

功能：向系统申请大小为 size 的连续内存块，把首地址返回。如果申请不成功，返回 NULL。函数 malloc()的返回值(void *)类型（这是通用指针的一个重要用途）指针可以指向任意类型的变量。

在具体使用中，将函数 malloc()的返回值强制转换到特定指针类型，赋给一个指针。例如：

```
int n, *p=NULL;
printf("Please enter array size:");
scanf("%d", &n);
p=(int *)malloc(n*sizeof(int));
if(p==NULL)
{ printf("Not able to allocate memory.\n");
  exit(1);
}
...
```

调用 malloc 时，用 sizeof 计算存储块大小，虽然存储块是动态分配的，但它的大小在分配后也是确定的，不要越界使用。每次动态分配都要检查是否成功，考虑例外情况处理。

这时使用 p 就相当于使用一个一维数组。

（2）计数动态存储分配函数 calloc ()。

函数原型为

```
void *calloc(unsigned num, unsigned size);
```

功能：向系统申请 num 个 size 大小的内存块，把首地址返回。如果申请不成功，返回 NULL。malloc()对所分配的存储块不做任何事情，而 calloc()对整个区域进行初始化。

（3）动态存储释放函数 free()。

函数原型为

```
void free(void *p);
```

功能：释放由 malloc()和 calloc()申请的内存块。p 是指向此块的首地址。

使用 free()时，系统标记此块内存为未占用，本程序不能继续使用，所有其他程序可以申请使用。如果调用 malloc()或 calloc()之后不使用 free()，此块内存将永远不会被任何程序使用，就好像这块内存泄露出去一样。

（4）分配调整函数 realloc()。

函数原型为

```
void *realloc(void *p, unsigned size);
```

功能：更改以前的存储分配。p 必须是以前通过动态存储分配得到的指针，参数 size 为现在需要的空间大小。如果调整失败，返回 NULL，同时原来 p 指向存储块的内容不变。如果调整成功，返回一片能存放大小为 size 的区块，并保证该块的内容与原块的一致。如果 size 小于原块的大小，则内容为原块前 size 范围内的数据；如果新块更大，则原有数据存在新块的前一部分。

如果分配成功，原存储块的内容就可能改变了，因此不允许再通过 p 去使用它。

8.6　应用程序举例

例 8-11　在输入的字符串中删除指定的字符。

分析：要删除指定的字符，只需要把这个字符后面的字符前移以覆盖此字符即可。

步骤：

（1）定义一个字符型数组存储字符串，定义两个字符型指针变量 p、q，都指向数组的起始地址。

（2）输入需要删除的字符。

（3）在同一片存储空间中，p 用来遍历原字符串，q 用来遍历处理后的字符串。在 p 遍历原字符串时，判断其指向的字符是否为要删除的字符，如果不是则执行赋值语句“*q=*p”，同时使 p、q 向后移动，如果是需要删除的字符，则只将 p 向后移动而 q 不变。

程序源代码如下：

```
#include <stdio.h>
void delChar(char *s, char ch)
{
   char *p, *q;
   for(p=q=s; *p!='\0'; p++)   /* 实现在字符串中删除字符的算法 */
       if(*p!=ch) *q++=*p;
   *q='\0';   /* 添加字符串结束标志*/
}
void main()
{
   char str[80], ch;
   printf("Input a string:\n");
   gets(str);
   printf("Input a character you want delete:\n");
   ch=getchar();
   delChar(str,ch);
   puts(str);
}
```

语句“if(*p!=ch) *q++=*p;”当*p==ch 时（即指针 p 指向要删除字符时），条件为假，不执行“*q++=*p;”返回到 for 语句的“p++”，这样，p 向后移动了，而 q 不变。此后 p 所指字符为 q 所指字符的后一个字符。

利用指针的方法处理删除数组中某个元素的问题非常简单，我们只需稍加扩展就可以编制出很多功能强大的管理程序，如删除某个学生的信息（如成绩）、插入某个学生的信息、按某条件查询学生信息等。

例 8-12 输入 N 个学生成绩，实现插入、查询某学生成绩的操作。要求用参数为地址的函数去实现。

分析：定义一个整型一维数组存储学生成绩。主函数传递数组名给被调用函数的形参，在被调用函数中通过指针的移动来完成相应的操作。

程序源代码如下：

```
#define N 5
#include <stdio.h>
#include <stdlib.h>
int num=N;                    /* 现有学生成绩个数 */
void main()
{
   void display(int *p);
   void findRecord(int *p);
   void inseart(int *p);
   int a[N+5];                /*定义数组存放学生成绩，假设最多插入 5 个学生成绩*/
```

```
    int i, choice;
    for(i=0; i<N; i++)
    {
        printf("请输入第%d 个学生的成绩:",i+1);
        scanf("%d",&a[i]);      /* 输入成绩 */
    }
    do
    {
        printf("学生管理系统功能选项：1:显示  2:查找  3:插入  0:退出\n");
        printf("请选择功能：");
        scanf("%d", &choice);
        getchar();                  /* 消化 scanf()输入时的回车符 */
        switch(choice)
        {
        case 1:
            display(a); break;
        case 2:
            findRecord(a); break;
        case 3:
            inseart(a); break;
        case 0:
            exit(0);                /* 结束程序 */
        }
    }
    while(choice!=0);
}
void display(int *p)
{
    int i;
    for(i=0; i<num; i++)
        printf("第%d 个学生的成绩为：%d\n",i+1,p[i]);
}
void findRecord(int *p)
{
    int i;
    printf("请输入要查找学生的序号:\n");
    scanf("%d",&i);
    printf("第%d 学生成绩为：%d\n",i,*(p+i-1));
}
void inseart(int *p)
{
    int i,*pos,*t,x;
    printf("请输入插入到第几个学生的后面：");
    scanf("%d",&i);
    printf("请输入学生的分数：");
    scanf("%d",&x);
    pos=p+i;  /* 插入的位置 */
```

```
    for(t=p+num-1; t>=pos; t--)
        *(t+1)=*t;              /* 要插入的位置之后的数据向后移动 */
    *pos=x;                     /* 插入元素 x 到位置 pos */
    num=num+1;                  /* 现有学生成绩个数加 1 */
}
```

从上例我们知道，通过地址的传递，可以在调用函数中得到多个由被调函数改变了的值。

例 8-13 先存储一个班学生的姓名，从键盘输入一个姓名，查找该人是否为该班学生。

分析：

（1）先设一个指针数组，使每个元素指向一个字符串。

（2）输入一个需要查找的名字（字符串）。

（3）将此名字与班上已有的名字比较，如果与其中之一相同，则使 flag 变量置为 1（表示已找到），如果在已有姓名中找不到此名字，则 flag 保持为 0。

（4）根据 flag 的值输出信息。

程序源代码如下：

```
#include <stdio.h>
#include <string.h>
void main()
{
  int i,flag=0;
  char *name[4]={"Zhangsan","Lisi","Wangwu","Zhaoliu"};
  char your_name[20];
  printf("Enter your name: ");
  gets(your_name);
  for(i=0; i<4; i++)
      if(strcmp(name[i],your_name)==0) flag=1;
  if(flag)
      printf("is in this class");
  else
      printf("is not in this class");
}
```

例 8-14 有若干名学生的成绩（每名学生选修 4 门成绩），要求在用户输入学生序号后，能够输出该学生的全部成绩。

分析：

（1）定义一个整型二维数组 score[n][m]存储学生成绩，其中数组的行下标 n 表示学生的个数，列下标 m 表示课程门数。

（2）输入需要查询的学生序号。

（3）在主函数中传递数组名（行指针）给被调函数，在被调函数中把行指针转换为列元素指针，然后把该地址返回给主函数。

（4）使用循环结构移动返回的列指针以输出此行的所有元素。

程序源代码如下：

```
#include <stdio.h>
float *search(float (*ptr)[4],int n)        /*返回指针值的函数*/
```

```
{
   float *pt;
   pt=*(ptr+n-1);
   return(pt);
}
void main()
{
   float sc[][4]={{70,80,95,68},{78,88,85,77},{86,80,82,95}};
   float *p;
   int i, m;
   printf("Enter the number of student: ");
   scanf("%d",&m);
   printf("The score of No.%d are:\n ",m);
   p=search(sc,m);
   for(i=0; i<4; i++)
        printf("%5.2f\t",*(p+i));
}
```

程序运行后输出结果：

```
Enter the number of student: 1↙
The score of No.1 are:
 78.00  88.00   85.00   77.00
```

函数 search 中的形参为指向一维数组的指针变量，因此在主函数调用 search 时所用的实参应该也是行指针。score、score+1、score+2 都是行指针。这时，实参和形参都是指向相同类型的对象。被调函数 search 中“float *pt;”的 pt 是被定义为列元素指针，即指向一个 float 型元素的指针。语句“pt=*(ptr+n-1);”把行指针转变为列指针赋值给 pt。在主函数中通过列指针 pt 的移动输出此行的所有元素。

思考：指针作为函数返回值的作用。

例 8-15　输入任意 m 个班、每班 n 个学生的某门课成绩，计算最高分，并指出具有该最高分成绩的学生是第几个班的第几个学生。要求使用函数调用和动态内存分配的方法。

分析：

（1）在主函数中，用 calloc 函数申请内存空间并返回指向新空间首地址的指针。

（2）用循环结构移动指针使输入的学生信息存储到动态申请的空间。

（3）编写一个能返回任意 m 行 n 列的二维数组中最大值的函数，并利用指针改变主函数中最大值所在的行列下标值。

（4）把 calloc 函数的返回值，行数，列数，以及指向最大值行下标的指针和指向最大值列下标的指针传递给相应的形参。

（5）函数返回最大值，并通过指针把最大值的行下标与列下标赋值给主函数中的变量，输出结果。

程序源代码如下：

```
#include <stdio.h>
#include <stdlib.h>
int FindMax(int *p, int m, int n, int *pRow, int *pCol);
```

```
void main()
{
   int *pScore, i, j, m, n, maxScore, row, col;
   printf("请输入班级数 m 和每班学生数 n：");
   scanf("%d%d", &m, &n);        /*输入班级数 m 和学生数 n*/
   /*申请 m*n 个 sizeof(int)字节的存储空间*/
   pScore=(int *)calloc(m*n, sizeof(int));
   if(pScore == NULL)
   {
      printf("内存不足！\n");
      exit(1);
   }
   printf("请输入成绩：\n");
   for(i=0; i<m; i++)
   {
      printf("班级#%d:\n",i+1);
      for(j=0; j<n; j++)
         scanf("%d", &pScore[i*n+j]);        /*输入学生成绩*/
   }
   maxScore = FindMax(pScore, m, n, &row, &col);
   /*输出最高分 max 及其所在的班级和序号*/
   printf("最高分=%d, 班级=%d, 序号=%d\n",maxScore,row+1,col+1);
   free(pScore);                              /*释放向系统申请的存储空间*/
}
int FindMax(int *p, int m, int n, int *pRow, int *pCol)
{
   int  i, j, max;
   *pRow = *pCol = 0;
   max = p[0];                                /*置初值，假设第一个元素值最大*/
   for(i=0; i<m; i++)
   {
      for(j=0; j<n; j++)
      {
         if(p[i*n+j]>max)
         {
            max = p[i*n+j];                   /* 记录当前最大值 */
            *pRow = i;                        /* 记录行下标 */
            *pCol = j;                        /* 记录列下标 */
         }
      }
   }
   return (max);                              /* 返回最大值 */
}
```

程序运行结果如下：

```
请输入班级数 m 和每班学生数 n：3 4↙
请输入成绩：
```

```
班级#1:
81 72 73 64↙
班级#2:
65 86 77 88↙
班级#3:
91 90 85 92↙
最高分=92, 班级=3, 序号=4
```

函数 FindMax 功能为计算任意 m 行 n 列的二维数组中的最大值，并指出其所在行列下标值。函数 FindMax 的入口参数有：整型指针变量 p，指向一个二维整型数组的第 0 行第 0 列；整型变量 m，二维整型数组的行数；整型变量 n，二维整型数组的列数；出口参数有：整型指针变量 pRow，指向数组最大值所在的行，整型指针变量 pCol，指向数组最大值所在的列。函数返回值为数组元素的最大值。程序中，p 为指针，指针带下标，如 p[i]，它与*(p+i)等价。实参传递给形参的是最大值行下标的地址和最大值列下标的地址，而不是最大值的行下标变量和列下标变量，这是因为变量的传递是值传递不能改变主函数中相应变量的值。

本例中也可以用一个行指针来保存 calloc 返回的地址值，并像使用二维数组一样使用该行指针。

从本例中可以看出，动态申请内存空间时使用用 calloc 函数返回一个指针，指针指向申请的连续空间的首地址。跟第 7 章我们所学的静态数组不同的是：采用动态存储分配，不需要预先占用足够大的内存空间，即程序运行的时候分配空间大小，而不是在写程序的时候就规定大小。程序运行的时候根据需要，临时分配内存单元用以存储数据。

在写程序时，无法确定存储要求的情况下，可以动态申请内存空间。这种应用很多，比如任意个数求和的问题等。

8.7 本 章 小 结

1．指针数据类型

指针是一种特殊的数据类型，它的值是地址。表 8-1 为有关指针数据类型的各种定义方式。

表 8-1 指针相关的各种数据类型定义

名　称	定义（以 int 为例）	含　义
一级指针	int *p	p 指向整型数据（变量、数组元素）
二级指针/指向指针的指针	int **p	p 指向整型一级指针变量
基类型为一维数组的指针/行指针	int (*p)[n]	用于二维数组（有 n 列）的行指针变量
一维指针数组	int *p[n]	元素是整型一级指针变量的一维数组
指向函数的指针	int (*p)()	p 可以指向一个返回整型值的函数
返回指针的函数	int *fun(){函数体}	fun 函数返回一个指向整型数据的指针

2．指针的赋值

指针变量的赋值运算即是让指针变量存储地址值的运算，指针变量定义以后必须要给它赋值，否则被称作“野指针”，如果使用将可能出现意想不到的结果。给指针变量赋值有定义时初始化赋值和在函数执行部分赋值两种形式。

给指针变量赋地址值必须注意类型和级别。

类型：不管什么级别的指针变量，包括返回指针的函数返回的地址值，其类型都是指最终指向数据的类型。指向函数的指针变量的类型是所指向函数的返回值的类型。

级别：尽管 C 语言能将地址转换成指针变量可接受的级别，例如有定义：int a[3][4], *p; 赋值语句 p=a; 和 p=a[0]; 效果相同(a 和 a[0]表示的地址值相同，但级别不同，a 是行指针，二级指针常量；a[0]是列指针，一级指针常量)，强烈建议按级别给指针变量赋值，特别对初学者很有好处。

指针的使用原则是永远要清楚每个指针指向了什么位置，永远要清楚每个指针指向的位置中的内容是什么。

3. 指针的运算

变量的取地址运算&和指针的指向运算*。&运算得到变量的内存地址，*运算得到指针指向的存储单元。

指针的算术运算的含义是指针的移动，将指针执行加上或者减去一个整数值 n 的运算相当于指针向后或向前移动 n 个数据单元。

指针可以执行比较运算，用来判断两个指针指向的前后关系。

4. 指针、数组、地址之间的关系

在访问内存方面，指向数组的指针与数组几乎是相同的。任何由数组下标来实现的操作都能用指针来完成。不同的是指针是以地址作为值的变量，而数组名的值是一个特殊的固定地址，可以把它看做常量指针。

数组名、指针和字符串的值都是地址，三者本质上是一回事。但是数组与指针在处理字符串时是有重要区别的，它们的存储空间不一样，性质不一样，改变字符串的方式不一样。

指针数组，是数组中的每个元素都为指针，指针数组名为一个二级指针类型，但它为常量。用二级指针或指针数组能方便地处理多个字符串的排序等相关问题。

在二维数组与指针的关系中，需要理解二维数组的行指针和列指针，可以类比指针数组，关键是要掌握二维数组在内存中的存放方式。

5. 指针的应用

作为函数参数，作用为通过函数传地址调用改变主调函数中相关变量的值。指针变量、数组名都可以作为函数的形参和实参。指针也可以作为函数的返回值。

动态分配内存，实现动态数组，对于动态分配的内存，不要忘记在用完之后进行释放。

6. 常见错误分析

（1）使用未初始化的指针。例如：

```
#include <stdio.h>
void main()
{
        int *p;
        scanf("%d",p);
        ...
}
```

编译可以通过，但是运行时可能会存在问题。因为指针 p 定义以后没有赋值，此时它指向了一个随机的内存单元，往该内存单元中存放数据时可能会带来一些潜在的危险，甚至造

成死机。因此，在使用指针以前一定要进行初始化或进行赋值，让指针有一个明确的指向。

（2）把数组名当指针进行重新赋值。例如：

```
#include <stdio.h>
void main()
{
    char a[]="hello";
    a="world";
    ...
}
```

编译时会出现错误。因为数组名虽然也是一个地址值，在使用上与指针有很多相同之处，但是它们之间也有明显的区别。数组名相当于一个地址常量，一旦定义好以后，其值就是数组首地址，不能再进行更改。因此，它不能像指针那样可以重新赋值。

（3）通过指针对常量字符串中的字符重新赋值。例如：

```
#include <stdio.h>
void main()
{
    char *p="hello";
    p[0]='H';
    ...
}
```

编译可以通过，但是运行时会出现错误。因为指针 p 指向了一个字符串常量，该字符串常量存储在静态存储区中，此时数据不能进行修改，因此，当执行 p[0]='H'时，程序会报错。

（4）不同基类型的指针进行赋值操作。例如：

```
#include <stdio.h>
void main()
{
    char a[3][4],*p;
    p=a;
    ...
}
```

在 VC6.0 中编译可以通过，甚至运行时也不会报错，因为此处 p=a; 存在赋值转换，VC6.0 编译系统会自动将字符型行指针转换成字符指针，但是在某些编译系统下会给出警告，因此这种赋值操作不建议使用。

（5）出现越界访问。例如：

```
#include <stdio.h>
#include <string.h>
void main()
{
    char s1[]="hello", s2[]="world";
    strcat(s1,s2);
    ...
}
```

编译可以通过，但是运行时可能会存在问题。因为 s1 在定义时只占用 6 个字节的内存单元，当把 s2 连接到 s1 后面以后，连接后的字符串至少要占用 11 个字节的内存单元，而 C 编译器不会进行边界检测，此时会对字符数组 s1 之后的内存单元进行越界访问，因此会带来潜在的危险。

（6）函数返回无效指针。例如：

```
int *fun(int a[])
{
    int t;
    ...
    return &t;
}
```

编译可以通过，但是运行时可能会存在问题。因为 fun 函数返回的是该函数内部局部变量 t 的地址，局部变量 t 在函数调用结束以后其内存单元已经被回收，因此，此时返回得到的地址实际上是一个无效的指针，一旦原来变量 t 所在的内存单元被重新分配给其他程序使用时，将造成结果的紊乱。

（7）动态分配的内存用完后没有释放。

```
void fun()
{
    char *p1,*p2;
    p1=malloc(1000);
    p2=malloc(100);
    ...
    p1=p2;
    ...
}
```

编译运行都没有问题，但是会造成系统内存泄露，因为 p1 原来所指的 1000 个字节的内存单元没有调用 free 函数进行释放就将指针 p1 重新指向了其他地方，这样就会造成原来分配的 1000 个字节的内存单元既无法被当前程序利用，又无法释放给其他程序使用，当 fun 函数进行多次调用时，内存泄露将变得越来越严重，甚至影响到其他程序和操作系统的运行。因此，在进行动态存储分配的操作中，一定要记得在使用完之后，调用 free 函数释放由 malloc 和 calloc 申请的内存单元。

习　　题

一、填空题

1．要使指针变量与变量之间建立联系，可以用运算符________来定义一个指针变量，用运算符________来建立指针变量与变量之间的联系。

2．已知：int a[2][3]={1,2,3,4,5,6}, *p=&a[0][0]; 则表示元素 a[0][0]的方法有指针法：________，数组名法：________。*(p+1)的值为________。

3．以下程序的输出结果是________。

```
int main(void)
{ int arr[]={30,25,20,15,10,5}, *p=arr;
  p++;
  printf("%d\n",*(p+3));
}
```

4．以下程序调用 findmax 函数返回数组中的最大值。请填空。

```
int findmax(int *a,int n)
{ int *p,*s;
  for(p=a,s=a; p-a<n; p++)
    if(______) s=p;
  return(*s);
}
int main(void)
{ int x[5]={12,21,13,6,18};
  printf("%d\n",findmax(x,5));
}
```

5．以下程序的功能是：将无符号八进制数字构成的字符串转换为十进制整数。例如，输入的字符串为：556，则输出十进制整数 366。请填空。

```
int main(void)
{ int n; char s[6], *p=s;
  gets(p);
  n=*p-'0';
  while(______!='\0') n=n*8+*p-'0';
  printf("%d\n",n);
}
```

6．若有以下定义：

```
int a[5]={1,2,3,4,5}, *p=&a[4];
```

则表达式*p--的值是________。

7．有以下程序：

```
void fun(char *a, char *b) { a=b; (*a)++; }
void main()
{     char c1='A', c2='a', *p1=&c1, *p2=&c2;
      fun(p1,p2);
      printf("%c%c\n",c1,c2);
}
```

程序运行后的输出结果是________。

8．有以下程序：

```
void main()
{     int x[8]={8,7,6,5,0,0}, *s=x+3;
      printf("%d\n",s[2]);
}
```

程序运行后的输出结果是________。

9．有以下程序：

```
void main()
{    char *s[]= {"one","two","three"}, *p=s[1];
     printf("%c,%s\n", *(p+1), s[0]);
}
```

程序运行后的输出结果是________。

10．有以下程序：

```
void fun(int *n)
{    while((*n)--);
     printf("%d",++(*n));
}
void main()
{    int a=100;
     fun(&a);
}
```

程序运行后的输出结果是________。

二、思考题

1．编程实现从键盘输入一个字符串，将其字符顺序颠倒后重新存放，并输出这个字符串。

2．从键盘任意输入 10 个整数，用函数编程实现计算最大值和最小值，并返回它们所在数组中的位置。

3．将 5 个字符串从小到大排序后输出。

4．编写一个能对任意 m×n 阶矩阵进行转置运算的函数 Transpose()。

第九章　结构体、共用体与枚举

前面已经介绍了C语言的基本数据类型（整型、实型、字符型）。但实际问题中碰到复杂数据对象时，仅用前面介绍的数据类型显然是不够的。所以，解决的根本方法是允许用户根据实际需要利用已有数据类型构造自己所需要的数据类型，例如C语言中的结构体类型。本章将继续围绕学生成绩管理系统介绍结构体、共用体、枚举三类构造数据类型。

【学习目标】

1. 掌握结构体类型的概念、定义和引用。
2. 了解共用体的概念和应用。
3. 了解用户定义类型和枚举类型的概念和使用。

9.1　问 题 提 出

9.1.1　What

结构体是一种比较复杂却非常灵活的构造型数据类型。通常用数组来表示类型相同的数据，用结构体来表示类型不同的数据。结构体是若干个类型相同或互异的数据项集合。

9.1.2　Why

第一章介绍的学生成绩管理系统中如何表示学生的基本信息（包括学生学号、姓名、各科成绩等）？按前面所学过的数据类型来进行表示，由于学生信息包括多项内容，而且各项内容的数据类型不同，因此只能为每项内容用个一维数组或二维数组进行存储。假设最多存储30个学生信息，定义并赋初值，如下：

```
char studentId[30][10]={{"01"},{"02"},{"03"},{"04"}};
char studentName[30][20]={{"张三"}, {"李四"},{"王五"},{"刘娟"}};
float scoreComputer[30]={88.5,86.5,75,68.5};
float scoreEnglish[30]={78,75.5,65.5,82};
float scoreMath[30]={78,75.5,65,82.5};
```

数据的内存管理方式如图9-1所示。当要访问某学生信息时，需要分别访问这些数组，这会给操作带来很多不便，而且这几项内容是共同属于某个学生的，它们之间有着内在联系。显然，用数组存储这种方法不能建立数组间的关系，结构零散，不容易管理，对数组进行赋初值时，容易发生错位。

01	张三	88.5	78	78
02	李四	86.5	75.5	75.5
03	王五	75	65.5	65
04	刘娟	68.5	82	82.5
…	…	…	…	…

图9-1　数组方法存储数据的内存管理方式图

人们设想找到一种数据类型，把学生的信息当一个整体来存储，这个整体中元素的数据类型可以不同。这个数据类型即结构体，可以将不同类型的数据组合成一个整体，用来表示简单类型无法描述的复杂对象，同时可以用结构体来定义用户自己的数据类型。上例的学生基本信息用结构数据类型描述如图 9-2 所示。

01	02	03	04
张三	李四	王五	刘娟
88.5	86.5	75	68.5
78	75.5	65.5	82
78	75.5	65	82.5

图 9-2　结构体方法存储数据的内存管理方式图

9.1.3　When & Where

在现实中，几个数据之间有着密切联系，它们用来描述事物的几个方面，但它们不属于同一类型，这时可以用结构体数据类型。也就是说结构体为程序员提供了一种封装一组相关数据元素的简便方法。

9.1.4　How

结构类型定义仅描述一个结构形式，如果要在程序中使用结构体需要定义结构变量、结构数组或结构指针。存储一个学生基本信息用一个结构变量来描述，存储多个学生基本信息用结构数组来描述。结构数组即数组中每个元素是结构类型的数据。结构体中所包含的数据元素称为成员，对结构体变量成员的引用需要使用成员运算符。

下面，本章将分别介绍结构体类型、结构体的应用、共用体及枚举类型。

9.2　结　构　体

结构体是一种构造类型，它是由若干“成员”组成的。每一个成员可以是一个基本数据类型或者又是一个构造类型。结构体是一种“构造”而成的数据类型，那么在说明和使用之前必须先定义它，也就是构造它。

9.2.1　结构体类型

上述学生基本信息（学号、姓名、三科成绩）的例子，C 语言程序可用结构体定义为：

```
struct student_info
{
    char id[20];
    char name[15];
    float score[3];
};
```

上述定义中，struct 是保留字，表示是一种结构体类型。student_info 是结构体名。而 id（字符型数组）、name（字符型数组）、score（实型数组）称为结构体的成员变量，又称为成员名。

结构体类型定义的一般形式为：

```
struct   结构名
{
    类型名  结构成员名 1;
    类型名  结构成员名 2;
    …
    类型名  结构成员名 n;
};
```

结构成员可以有多个，可以用前面学过的任意数据类型定义。这样，大括号中定义的成员信息被聚合成一个整体，形成一个新的数据类型。

注意

（1）关键字 struct 和它后面的结构名一起组成一个新的数据类型名。如: struct student_info。

（2）结构的定义以分号结束，被看做一条语句。

（3）结构定义并不预留内存。

在实际生活中，一个较大的实体可能由多个成员构成，而这些成员中有些又有可能是由一些更小的成员构成的实体。例如构建手机通信录，通信录的结构如图 9-3 所示。前面已经说过，一个结构的成员是由合法的 C 语言数据类型和变量名组成的，也就是说，在定义结构成员时所用的数据类型也可以是结构类型，这样就形成了结构类型的嵌套。

姓名	性别	年龄	通信地址				联系电话
			城市	街道	门牌号	邮编	

图 9-3　手机通信录结构

定义结构类型如下：

```
struct address                //定义通信地址结构类型
{
    char city[10];            //定义城市成员
    char street[20];          //定义街道成员
    int code;                 //定义门牌号成员
    int zip;                  //定义邮编成员
};
struct nest_friendslist       //定义手机通信录结构类型
{
    char name[10];
    int age;
    struct address addr;      //addr 成员是 struct address 类型，即结构类型
    char telephone[13];
};
```

在定义嵌套的结构类型时，必须先定义成员的结构类型，再定义主结构类型。

思考题 9-1　思考定义一个日期型结构体类型。

9.2.2　结构体类型变量

如同 C 语言的其他数据类型一样，结构定义仅描述了一个结构的形式。如果要在程序里操作结构数据，需要声明结构变量。C 语言编辑器只有在定义相应的结构变量后才为其分配存储单元。

1．结构体类型变量的定义

结构体定义可以采用多种方法。

1）单独定义

先定义结构类型，再定义具有这种结构类型的变量。例如，上述学生信息的例子，定义结构变量如下。

```
struct student_info
{
    char id[20];
    char name[15];
    float score[3];
};
struct student_info student1,student2;
```

2）在定义结构类型的同时说明结构变量

```
struct student_info
{
    char id[20];
    char name[15];
    float score[3];
}student1,student2;
```

3）直接说明结构体变量（不出现结构体名）

```
struct
{
    char id[20];
    char name[15];
    float score[3];
}student1,student2;
```

三种方法都说明 student1,student2 是结构体 student_info 类型的变量。student1,student2 各代表了一个学生的基本信息。

注意不能将保留字 struct 省略，而写成：student_info student1,student2;

2．结构体类型变量的初始化

和其他类型变量一样，对结构变量可以在定义时进行初始化赋值。以上述学生信息为例，初始化如下。

```
struct student_info
{
    char id[20];
    char name[15];
```

```
        float score[3];
    }student={"102","Zhang ping", 78.5,98.5,86.5};
```

或者定义完后使用语句进行初始化赋值,例如：

```
    struct student_info student={"102","Zhang ping", 78.5,98.5,86.5};
```

赋值的顺序应与成员声明时的顺序一样,不允许跳过前面的成员给后面的成员赋初值，但可以只给前面的若干个成员赋初值，对于后面未赋初值的成员，系统将自动为数值型和字符型数据赋初值零。上例中完成初始化后各成员的值分别为:student.id="102"，student.name="Zhang ping",student.score[0]=78.5,student.score[1]=98.5, student.score[2]=86.5。

3．结构体类型变量的引用

在程序中使用结构变量时，往往不把它作为一个整体来使用。一般对结构变量的使用，包括赋值、输入、输出、运算等都是通过结构变量的成员来实现的。

引用结构体变量成员的一般形式为

```
    <结构变量名>.<结构成员名>
```

其中的“.”称为“结构体成员运算符”，这样引用的结构体成员相当于一个普通变量。

例如：定义日期结构体变量 birth，

```
    struct date
    {
        int   year;
        int   month;
        int   day;
    };
    struct date birth;
```

birth 变量不能整体输入输出，要通过成员运算符逐个访问其成员。如下：

```
    printf("%d,%d,%d", birth);        //错误的
    printf("%d,%d,%d", birth.year,birth.month,birth.day); //正确的
```

如果成员本身又是一个结构则必须逐级找到最低级的成员才能使用。

例如：假设 birth 是结构体变量 boy1 的一个成员，它本身又是一个结构体类型变量。则 boy1.birth.month 为第一个人出生的月份成员可以在程序中单独使用，与普通变量完全相同。

下面我们结合学生成绩管理系统看下一个学生信息的输入输出以及赋值。

```
    struct student_info
    {
        char id[10];          //学号
        char name[15];        //姓名
        float score[3];       //成绩
    };
    struct student_info stu1;
```

可以在程序中直接给成员赋值，如下：

```
    strcpy(stu1.id,"02");
    strcpy(stu1.name,"Zhang Zi Liang");
```

```
stu1.score[0]=88;
stu1.score[1]=86;
stu1.score[2]=90;
```

也可以从键盘输入值给成员赋值，如下：

```
printf("请输入学号：");gets(stu1.id);
printf("请输入姓名："); gets(stu1.name);
for(int i=0;i<3;i++)
{
    printf("请输入成绩");scanf("%f",&stu1.score[i]);
}
```

成员值的输出如下：

```
printf("学号:%s 姓名:%s\n", stu1.id, stu1.name);
for (i = 0; i < 3; i++)
    {printf("%.2f\n",stu1.score[i]);}
```

结构体变量的赋值如下：

```
struct student_info stu2;    //再定义一个结构体变量 stu2
```

C 语言允许对具有相同类型的结构变量直接赋值。将赋值符号右边结构变量的每一个成员的值都赋给了左边结构变量中相应的成员。如：stu2=stu1;

也可以逐个对成员赋值，如：

```
stu2.score[0]=stu1.score[0];
stu2.score[1]=stu1.score[1];
stu2.score[2]=stu1.score[2];
```

但是不能使用语句：stu2.id=stu1.id; stu2.name=stu1.name;

而必须使用语句：

```
strcpy(stu2.id,stu1.id);strcpy(stu2.name,stu1.name);
```

这是因为字符型数组名代表的是字符串的首地址，是一个常量，不能作为赋值表达式的左值。因此，对字符数组类型的结构体成员进行赋值时，必须使用字符串处理函数 strcpy()。

思考题 9-2

（1）结构体类型与数组类型有什么区别和联系？

（2）上文中结构体成员赋值语句 gets(student.name)改为 scanf("%s",student.name)可以吗？有什么不同？

9.2.3　定义自己的类型名

C 语言不仅提供了丰富的数据类型，而且还允许由用户自己定义类型说明符，也就是说允许由用户为数据类型取“别名”。类型定义符 typedef 即可用来完成此功能。例如：

typedef char NAME [20];表示 NAME 是字符数组类型，数组长度为 20。然后可用 NAME 说明变量，如:

```
NAME a1,a2,s1,s2;
```

完全等效于:

```
char al[20],a2[20],s1[20],s2[20]
```

当然也可以为结构体定义别名，例如：

```
typedef struct student_info
{
    char id[20];
    char name[15];
    float score[3];
}STUDENT;
```

STUDENT 与 struct student_info 是结构类型，完全等价。然后可用 STUDENT 来定义结构变量。例如：

```
STUDENT stu1,stu2;        //与 struct student_info stu1,stu2;完全等价
```

typedef 定义的一般形式为

```
typedef 原类型名  新类型名
```

其中原类型名中含有定义部分，新类型名一般用大写表示，以便于区别。

注意，此语句的作用只是给已有数据类型加一个别名，并未产生新的数据类型，原有数据类型依然有效。

使用 typedef 说明一个新类型名，有助于增强程序的可移植性，并可在一定程度上提高程序的可读性。

思考题 9-3　typedef 和#define 的区别是什么？

9.2.4　结构体数组

一个结构变量只能表示一个实体的信息，如果有许多相同类型的实体，就需要使用结构数组。例如前面的例子中结构体变量对应一个学生信息，而实际中经常对多个学生信息进行操作，那么则需要用到结构数组。结构数组是结构与数组的结合，与普通数组的不同之处在于每个数组元素都是一个结构类型的数据。

1．结构体数组的定义

结构体数组的定义与结构体变量的定义方法相似。假如要定义一个班级 40 个学生的学号、姓名、三门课程成绩，可以定义成一个结构体数组。如下所示。

```
struct student_info
{
    char id[20];
    char name[15];
    float score[3];
};
struct student_info stu[40];
```

也可定义为

```
struct student_info
```

```
{
    char id[20];
    char name[15];
    float score[3];
} stu[40];
```

还可以定义为

```
struct
{
    char id[20];
    char name[15];
    float score[3];
} stu[40];
```

2．结构体数组的初始化

结构体数组的一个元素相当于一个结构体变量，结构体数组初始化即顺序对数组元素初始化。例如：

```
struct student_info stu[10]={ {"01","Wang li",78.5,98.5,86.5},
                              {"02","Zhang Fun",88.5,78.5,81.5},
                              {"03","Li Ling",76.5,68.5,76.5}
                              };
```

在上面的语句中只给前三个结构数组元素进行了初始化，但对于其他元素，编译器仍然会预分配内存空间，其他数组元素被系统自动赋值为 0。

此外，由于结构数组中的所有元素都是同种类型，因此，数组元素之间可以直接赋值。如 stu[1]=stu[0];。

3．结构数组元素成员的引用

由于数组元素的类型都是结构类型，其使用方法就和相同类型的结构体变量一样。既可以引用数组元素，也可以引用结构数组元素的成员。结构体数组元素的成员表示为

```
结构体数组名[下标].成员名
```

例如，stu[2].id，stu[2].name 分别表示结构数组元素 stu[2]的学号和姓名，按上例中的初始化, stu[2].id 的值为"03"，stu[2].name 的值为"Li Ling"。对其的使用方法与同类型的变量完全相同。

结构体类型嵌套的情况下引用表示为

```
结构体数组名[下标].结构体成员名…结构体成员名.成员名
```

除初始化外，对结构体数组赋常数值、输入和输出、各种运算均是对结构体数组元素的成员（相当于普通变量）进行的。不能把结构体数组元素当成一个整体直接进行输入输出，如 printf（"%d",student[0]）;语句是不合法的。

因此，结构体数组的引用是循环对结构体数组各个元素（相当于结构体变量）的成员的引用。例如输入 3 个学生的基本信息，如下所示：

```
for(i=0;i<3;i++)
{
```

```
        float sum=0;
        printf("请输入学号:"); gets(stu1[i].id);
        printf("请输入姓名:"); gets(stu1[i].name);
        for(j=0; j<3;j++)
        {
            printf("请输入成绩:"); scanf("%f",&stu1[i].score[j]);
        }
    }
```

思考题 9-4

（1）结构体数组元素是否相当于结构体变量？

（2）结构体数组元素是如何输入输出的？如果结构体中再包含数组成员，此时结构体数组元素如何输入输出？

（3）扩展上面输入 3 个学生的基本信息的例子，要求计算每个学生平均分，程序怎么写？

（4）定义一个图书结构体类型，包含书名、出版社、书价信息，编写程序对图书结构体数组进行输入输出。

9.2.5 结构体指针

在第 8 章我们已经学习过指针的知识，指针可以指向任何一种变量，而结构变量也是 C 语言的一种合法变量，因此，指针也可以指向结构变量，这就是结构指针。即：结构指针就是指向结构变量的指针。结构指针变量中的值是所指向的结构变量的首地址。通过结构指针即可访问该结构变量，这与数组指针和函数指针的情况是相同的。

如前面我们定义了一个 struct student_info 结构类型,则可以用下面形式定义一个指向这种结构类型数据的指针变量。

```
    struct student_info *p;
```

定义指针变量 p 后，必须使之指向一个具体的变量，即为指针变量赋值。“p=&stu1;”语句为赋值语句，是将结构变量 stu1 的首地址赋给 p，使 p 指向了 stu1。结构类型数据往往由多个成员组成，结构指针实际指向结构变量的第一个成员。如图 9-4 所示。

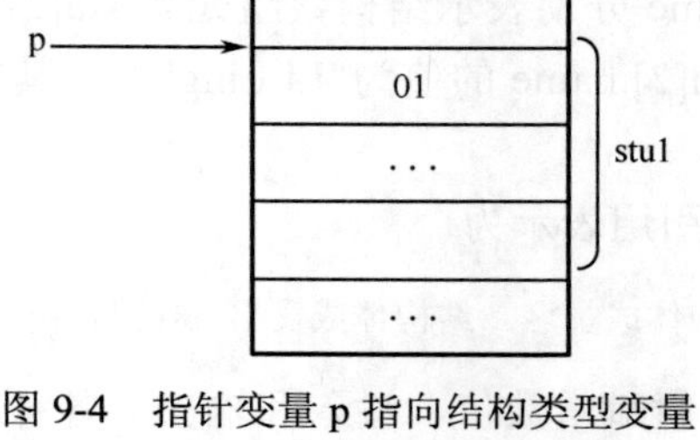

图 9-4　指针变量 p 指向结构类型变量

怎样通过 p 访问 stu1 的成员呢？具体有两种方式。

（1）指针变量->结构体成员名。

例如通过 p 引用结构体变量 stu1 中的 name 成员，写成 p->name。

（2）(*指针变量).结构体成员名。

上例可以写为(*p).name。这里的圆括号是必须的，因为运算符“*”的优先级低于运算符“.”。*p.name 和*(p).name 的写法都是错误的。

在使用结构指针访问结构成员时，通常使用指向运算符“->”。

综上所述，当访问结构变量成员时，下面 3 条语句的效果是一样的。

```
stu1.name
p->name
(*p).name
```

与第八章介绍的数组与指针的关系一样，由于指针操作具有灵活性和高效率，结构指针也经常用于结构数组。将结构体数组名赋给指向结构体变量的指针变量，该指针变量将指向下标为 0 的结构体数组元素，它可以在数组元素之间移动。例如定义了结构类型 struct student_info 后，编写：

```
struct student_info stu1[3],*p;
p=stu1;                    //数组名表示数组的首地址
```

此时，使 p 指向 stu1 结构数组，也就是 stu1 的第一个元素。若执行 p++;,则指针指向下一个结构数组元素。如图 9-5 所示。

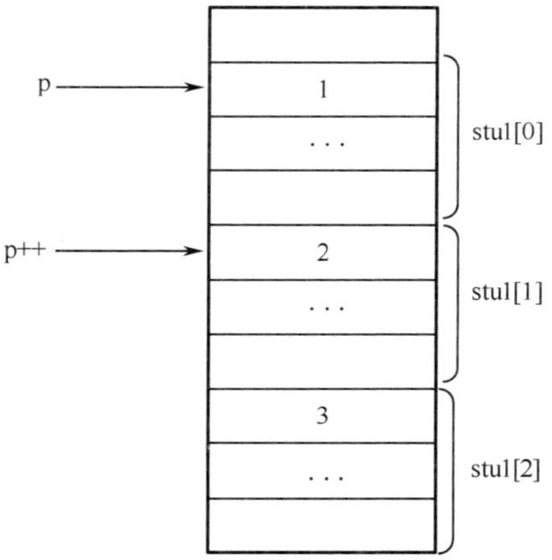

图 9-5　指针变量 p 指向结构数组

思考题 9-5

（1）指向结构体变量的指针定义后就可以直接使用吗？

（2）思考指向结构体数组元素的指针移动的含义。

（3）考虑如何用结构体指针改写 9.2.4 节中输入 3 个学生基本信息的语句。

9.2.6　结构变量、结构指针作为函数参数

如果一个 C 程序的规模较大、功能较多，必然需要以函数的形式进行功能模块的划分和实现，而如果程序中又含有结构类型数据，则就需要用结构变量或结构指针作为函数的参数或返回值以便在函数间传递数据。

1．结构变量作为函数参数

结构变量与普通变量一样，可以作为函数的参数。

例 9-1　学生的基本信息包括学号、姓名、3 门成绩。输入 3 个学生信息，并输出显示。定义一个输出功能的函数，要求用结构体变量作函数参数。

分析：定义个输出功能的函数 outputinfo()，函数形参是 struct student_info 型的，实参也

是同一类型的。输出 3 个学生信息，则 main 函数循环调用 outputinfo 函数三次，每调用一次 outputinfo 函数输出 1 个学生信息。

程序源代码如下：

```
#include<stdio.h>
#define CLASS 3                  /*CLASS 符号常量，表示课程的数目*/
struct student_info
{
    char id[10];                 /*学号*/
    char name[15];               /*姓名*/
    float score[CLASS];          /三门课程成绩*/
};
char CLASSNAME[CLASS][30] = { "计算机", "英语", "数学"};    /课程名称*/
void main()
{
    struct student_info stu1[3];                          /定义结构数组*/
    void outputinfo(struct student_info m);               /函数申明*/
    int i,j;
    for(i=0;i<3;i++)
    {
      printf("请输入学号：");
      gets(stu1[i].id);                          /从键盘输入一个学生的学号*/
      printf("请输入姓名：");
      gets(stu1[i].name);                        /从键盘输入一个学生的姓名*/
      for(j=0; j<CLASS; j++)                     /三门课程，因此终值为 CLASS*/
      {
          printf("请输入 %s 成绩: ", CLASSNAME[j]);
          scanf("%f",&stu1[i].score[j]);         /*从键盘循环输入一个学生的成绩*/
      }
    }
   for(i=0;i<3;i++)
      outputinfo(stu1[i]);                  /*调用 outputinfo 函数输出一个学生的信息*/
}
void outputinfo(struct student_info m)
{
    printf("学号:%s 姓名:%s \n", m.id, m.name);
    for (int j=0; j<CLASS;j++)
        printf("%s 成绩: %.2f\n", CLASSNAME[j],m.score[j]);
 }
```

从上面的例子可以看出，结构体变量作为函数参数时，数据传递仍然是“值传递方式”，形参单独开辟一段内存单元以存放从实参传过去的各成员的值。

结构变量不仅可以作为函数参数，也可以作为函数的返回值。

2．结构指针作为函数参数

结构指针作为函数参数，实参向形参传递的是一个结构指针的值（结构体变量的地址），即传地址调用，再通过形参指针变量引用结构体变量中成员的值。

例 9-2　改写例 9-1，学生的基本信息包括学号、姓名、3 门课程成绩。输入 3 个学生信息，并输出显示。要求用结构体指针作函数参数，定义输出功能的函数。

定义用于输出的函数。编码如下。

```
void outputinfo(struct student_info *p)
{
    for(int i=0;i<3;i++,p++)
    {
      printf("学号:%s 姓名:%s \n", p->id, p->name);
      for (int j=0; j<CLASS;j++)
          printf("%s  成绩: %.2f\n", CLASSNAME[i], p->score[j]);
    }
}
```

主函数 main()中输入完 3 个学生的数据后调用 outputinfo(&stu1[0]);或者 outputinfo(stu1);一次完成数据输出。

本例中，实参为结构数组的首地址，形参为结构指针。在函数 outputinfo()中，实参传递给形参结构指针 p，利用结构指针 p 的移动（for 循环中的 p++）操作，完成结构数组的输出。

通过例 9-1 和例 9-2，讨论结构变量与结构指针作为函数参数的不同情况。

（1）结构变量作为参数时，数据传递是“值传递方式”，如果结构参数包含的成员有很多，那么在参数的传递过程中就需要花费很多时间和空间。

（2）如果需要对主函数中定义的结构体数组成员赋值，即修改结构指针所指向的内容，根据前面所学知识，只能用传递地址的方式。

（3）结构指针作为函数参数，可以通过被调函数中结构指针的移动（如 p++）来完成对主函数中多个结构数组元素的操作；而结构变量作为函数参数，只能完成对主函数中某一个结构数组元素的操作，要完成对多个结构数组元素的操作，需要在主函数中循环调用以结构变量作为参数的函数。

综上所述，用结构指针作为参数的效率更高，因而是更佳的选择。

结构指针也常常作为函数的返回值。如在学生系统中，对某学生信息的查询、对某学生信息的修改、对某学生信息的删除，可以通过函数返回的结构指针值对这个学生定位。

思考题 9-6

（1）在例 9-1 中，主函数要调用 outputinfo(struct student_info m)函数三次，输出 3 个结构数组元素，为什么在例 9-2 中，主函数只需要调用 outputinfo(struct student_info *p)一次？

（2）例 9-2 中实参为结构数组的首地址，与第七章向函数传递数组的知识进行类比，用形参 void outputinfo(struct student_info stu1[])改写例 9-2。

（3）编写程序，自定义一函数实现学生信息输入的功能，函数的返回值为结构体变量。

9.2.7　链表

前面我们学习了用结构体数组静态地存储和处理学生信息的方法，现在我们分析一下这种方法的弊端。首先，数组在内存中是顺序存储的，进行插入、删除操作时需要移动大量数据，程序的执行效率降低。另外，在用数组存放数据时，一般需要事先定义好固定长度的数组，如果事先不能确定最终人数，就要定义数组足够大，以容纳下学生的数据，这样处理问题，缺乏灵活性，往往会浪费许多内存。因此，人们设想用另一种方法来解决问题。

可以考虑逻辑上相邻的数据元素物理上可以随意存放，逻辑相邻元素用指针联系。按此设想，数据所占存储空间分为两个部分，一个部分存放节点值，一个部分存放表示节点关系的指针。链表结构如图 9-6 所示。这样的结构即链表，链表是结构体的一种应用。这样，进行插入、删除操作时不需要移动数据，只需要修改指针，程序效率提高。另外，链表是一种动态存储分配的数据结构，不需要预先占用足够大的内存空间，而是在程序运行的时候根据需要，用第八章介绍的 C 语言库函数 mallco()临时分配内存单元用以存储结构体数据，然后把这个数据插入到链表中。链表分为单向链表、双向链表，下面我们只介绍单向链表。

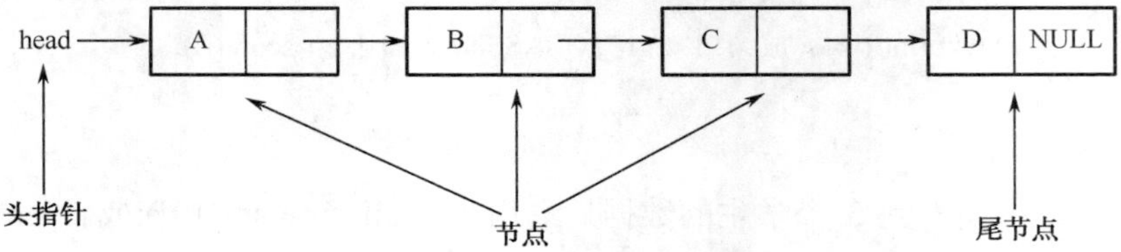

图 9-6　单向链表结构图

链表由若干个同一结构类型的"节点"依次串接而成。图中，第 0 个节点称为头指针，它存放有第一个节点的首地址，它没有数据只是一个指针变量。以下的每个节点都分为两个域，一个是数据域存放各种实际的数据，如学号 id、姓名 name 和成绩 score 等。另一个域为指针域，存放下一节点的首地址。链表中的最后一个结点称为尾节点（表尾）其指针域的值为 NULL（表示空地址）。通常使用结构的嵌套来定义单向链表的数据类型。

例如，一个存放学生学号和成绩的节点可以为以下结构:

```
struct stuinfo
{
    char id[10];
    int score;
    struct stuinfo *next;
}
```

前两个成员项组成数据域，后一个成员项 next 构成指针域，它是一个指向 stuinfo 类型结构的指针变量。

链表的常用操作有建立链表，遍历链表，插入节点，删除节点。

1. 链表的建立

单链表的创建过程有以下几步:

（1）定义链表的数据结构。

（2）创建一个空表。

（3）利用 malloc()函数向系统申请分配一个节点。

（4）将新节点的指针成员赋值为空。若是空表，将新节点连接到表头；若是非空表，将新节点接到表尾。

（5）判断一下是否有后续节点要接入链表，若有转到（3）,否则结束。

如图 9-7 所示，我们写出建立单链表的关键语句。

（1）由于新增加的节点总是加在链表的末尾，因此新增节点的指针域应置为 NULL：p1->next=NULL;

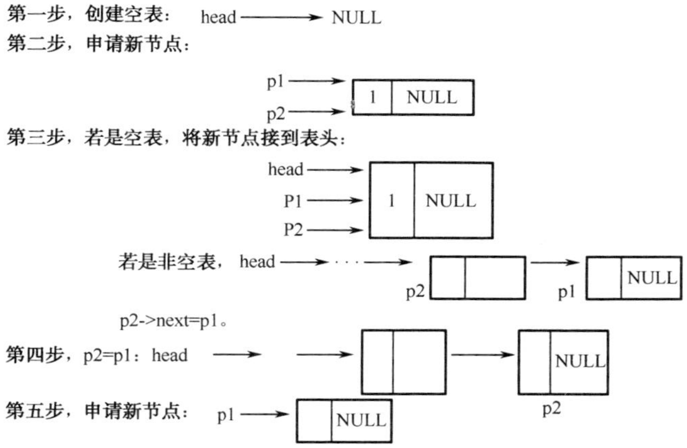

图 9-7　链表创建步骤图示

（2）若链表不是空表，把原来链表的尾节点的指针域指向新的节点，这样就把新节点加入到了链表中：p2->next=p1;

若链表是空表（head==NULL），这时 p1 应该直接赋值给 head，而不是 p2->next，因为 p2 此时还没有结点可指向。即 head=p1;头指针指向新节点。

（3）此时尾节点为新节点：p2=p1;

2．链表的遍历

为了逐个显示链表每个节点的数据，程序要不断从链表中取节点内容，显然这是个重复的工作，需要循环来解决。由于从链表的首节点开始输出内容，所以在 for 语句中将结构指针变量（比如 p）的初值设为表头 head，当 p 不为 NULL 时，继续循环，否则退出循环。

每次循环后的 p 值变成了下一个节点的起始地址，即：p=p->next;。

3．插入节点

插入节点可以分为在表头、表中、表尾三种情况。过程如图 9-8 所示。

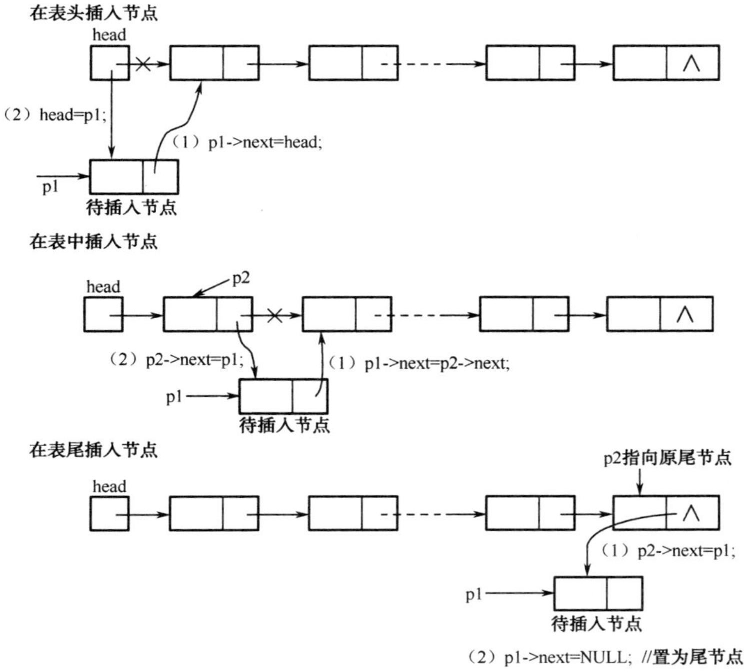

图 9-8　插入节点三种情况图示

从图 9-8 可以看出，插入的原则是先连后断。也就是说，先将待插入节点与 p2 所指节点的后一个节点相连（p1->next=p2->next），再将 p2 所指节点的指针域指向待插入节点即断开原来的连接。

4．删除节点

从链表中删除节点有三种情况，删除链表头节点，删除链表的中间节点，删除链表的尾节点。过程如图 9-9 所示。

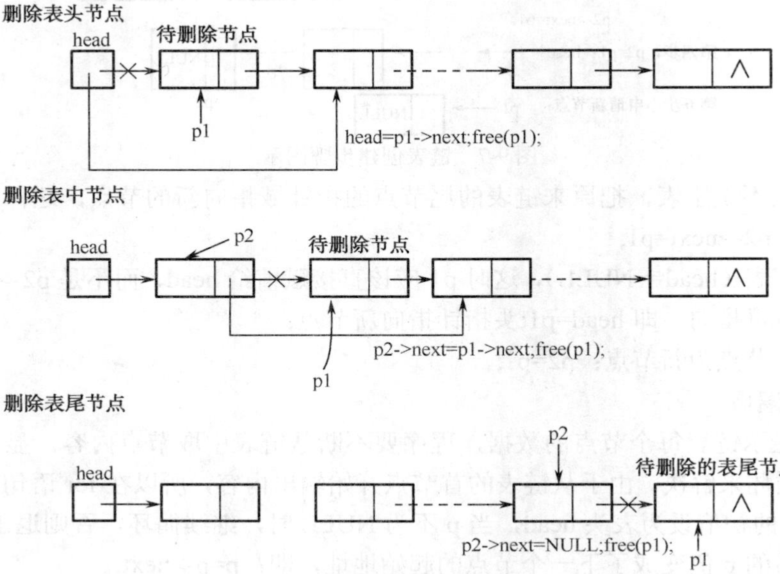

图 9-9　删除节点三种情况图示

链表节点删除的原则是：先接后删。即将 p2 所指向的节点与 p1 所指向的节点（待删除节点）的后一个节点先连上，再将被删除节点的存储空间释放。

思考题 9-7

（1）在学生信息的插入和删除功能实现上，使用结构体数组和使用链表有何不同，哪种方法更具效率。

（2）思考用动态单向链表，实现输入/输出多个学生信息的功能。

9.3　共　用　体

目前为止所介绍的各种数据类型的变量，虽然其值可以改变，而其数据类型却不能改变。那么，比如说在学生信息管理系统中填加个属性：是否中共党员。如果不是属性的值为 0（int），如果是属性的值为入党的时间(char)。在某一时间，属性只有一种值，而且数据类型不同，在这种情况用什么数据类型描述呢？

对于这种应用，C 语言引入了共用体类型。共用体是一种同一存储区域由不同类型变量共享的数据类型，它提供一种方法能在同一存储区中操作不同类型的数据，也就是说共用体采用的是覆盖存储技术，准许不同类型数据互相覆盖。

9.3.1　共用体类型及变量的定义

共用体类型的定义与结构体类似，其一般定义格式如下：

```
union 共用体名
{
    共用体成员表;
};
```

其中 union 是关键字，称为共用体定义标识符，共用体名同样由程序员来命名。大括号中的共用体成员表包含若干成员，每一个成员都具有如下的形式：

```
数据类型标识符 成员名;
```

例如：

```
union  data
{
    int   i;
    char  ch;
    float  f;
};
```

定义共用体变量的方式与结构体变量相似，也有三种方式：

（1）先定义共用体类型，再用共用体类型定义共用体变量。

```
union  类型名
{
  成员表列
};
union  类型名  变量名表;
```

（2）定义共用体类型名的同时定义共用体变量。

```
union  类型名
{
  成员表列
}变量名表;
```

（3）不定义类型名直接定义共用体变量。

```
union
{
  成员表列
}变量名表;
```

定义了共用体变量后，系统为共用体变量开辟一定的存储单元。由于共用体变量先后存放不同类型的成员，系统开辟的共用体变量的存储单元的字节数为最长的成员需要的字节数。如上例的 sizeof(union data)取决于占空间最多的那个成员变量，即 float 类型的字节数。另外，先后存放各成员的首地址都相同，即共用体变量的所有成员它们的首地址都相同。

9.3.2 共用体变量的引用

引用共用体变量的形式以及注意事项均与引用结构体变量相似，其要点如下：

（1）就共用体变量整体而言，和结构体变量一样是不能进行整体的输入、输出，只能引用共用体变量的成员。共用体变量的一个基本类型成员相当于一个普通变量，可参与该成员所属数据类型的一切运算。

（2）与结构体类似，同一类型的共用体变量可相互赋值。例如有赋值语句 x.a=3; 共用体变量 x 有值，则可用赋值语句：y=x;

这样 y.a 的值也为 3。

（3）共用体变量不能同时存放多个成员的值，而只能存放其中一个值，即只能存放当前（最新）的一个成员的值。因此共用体变量不能进行初始化。

（4）共用体类型和结构体类型在定义时可以嵌套，即一个结构体中可以有共用体结构，反之，一个共用体结构中可以有结构体结构。例如：描述某职工的信息如表 9-1 所示的数据类型，代码如下。

```
struct person
{
    char name[20];                  /*姓名*/
    char sex;                       /*性别*/
    int  age;                       /*年龄*/
    union
    {
        int single;                 /*未婚*/
        struct
        {
            char spouseName[20];
            int  child;
        }married;                   /*已婚*/
    }marital;                       /*婚姻状况*/
};
```

表 9-1　职工信息表

<table>
<tr><td rowspan="3">姓名</td><td rowspan="3">性别</td><td rowspan="3">年龄</td><td colspan="3">婚姻状况</td></tr>
<tr><td rowspan="2">未婚</td><td colspan="2">已婚</td></tr>
<tr><td>配偶</td><td>子女</td></tr>
</table>

职工有很多属性，可以用 struct person 结构类型来描述。而其中的婚姻状况可分为不同情况，而在某一时间只能是一种情况，因此婚姻状况这个结构成员可以用共用体类型来描述；已婚的有配偶姓名和子女个数两种属性，数据类型不一样，因此我们可以用结构类型描述。这样在结构体类型中含有共用体，共用体中又含有了结构体。

下面我们通过一个例子进一步了解共用体这种数据类型。

例 9-3　运行下面的程序，分析运行结果。

```
void main()
{
    union int_char
    {
        int i;
        char ch[2];
    }x;
    x.i=24897;
    printf("i=%d\n i=%o\n",x.i,x.i);
    printf("ch0=%o,ch1=%o\n ch0=%c,ch1=%c\n",
            x.ch[0],x.ch[1],x.ch[0],x.ch[1]);
}
```

程序运行后输出结果：

```
i=24897
i=60501
ch0=101,ch1=141
ch0=A,ch1=a
```

如图 9-10 所示，当给 i 赋值时，其低八位和高八位就是 ch[0]和 ch[1]的值；反之，当给 ch[0]和 ch[1]赋字符值后，这两个字符的 ASCII 码也将作为 i 的低八位和高八位。

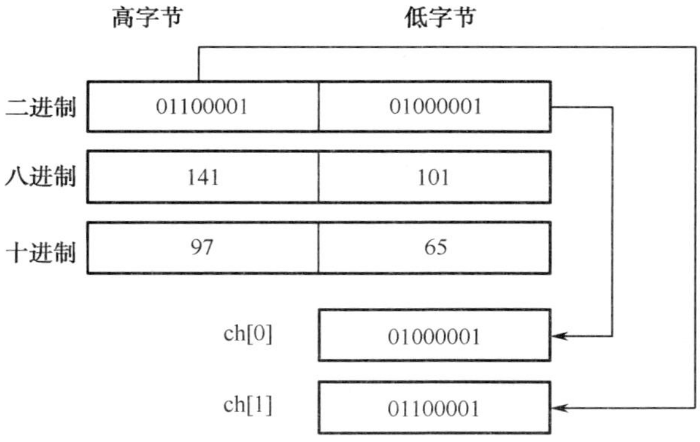

图 9-10　共用体变量数据内存存储示图

思考题 9-8

（1）何时使用共用体类型。

（2）思考共用体类型与结构体类型的内存分配及占用字节数方面的区别。

9.4　枚 举 类 型

在实际应用中，有些变量的取值范围是有限的，仅可能只有几个值，如一个星期 7 天，一年 12 个月，一副扑克有 4 种花色，每一花色有 13 张牌等。此时用整型数来表示这些变量的取值，其直观性很差，如在程序中使用 1，对于非编程者来说，它是代表星期一呢？还是一月份？很难区分。若在程序中使用“Mon”，则不会有人认为是代表一月份。由此看出，为提高程序的可读性，引入非数值量，即引入一些有意义的符号是非常必要的。对于这种应用，C 语言引入枚举类型，所谓“枚举”，就是将变量可取的值一一列举出来。

对枚举类型也要先定义其类型，再定义其变量。

枚举类型定义的一般形式是：

```
enum 枚举名
{
    标识符列表;
};
```

其中，enum 是关键字，称为枚举类型定义标识符，枚举名由程序员命名。标识符也是由程序员自定义，都是一些描述性标识符，要求不能重名，这些标识符分别代表不同枚举元素，通常称为枚举常量。

例如：

```
enum   weekday
{
    sun, mon, tue, wed, thu, fri, sat
};
```

由此定义了一个枚举类型 enum weekday，它有 7 个枚举元素（常量）。

说明

（1）枚举型仅适应于取值有限的数据。例：1 周 7 天，1 年 12 个月。

（2）枚举元素的命名并无固定的含义，只是一个符号而已。如：不是因为写成“sun”就自动代表“星期天”。事实上，枚举元素用什么表示都可以。

（3）枚举值标识符是常量不是变量，不能改变其值。枚举元素作为常量，它们是有值的。从花括号的第一个元素开始，其值分别是 0、1、2、…，这是系统自动赋给的。

（4）枚举元素是用户自己定义的，其命名规则与标识符相同，即枚举元素只能以字母开头，字母、数字和下划线组合而成，不能是基本类型常量。比如，这样定义枚举类型

```
enum   weekday{0,1,2,3,4,5,6};是错误的。
```

（5）可在定义枚举类型时对枚举常量重新定义值，如：

```
enum   weekday{sum=3,mon,tue,wed=8,thu,fri,sat};
```

此时 mon 为 4，tue 为 5，thu 为 9，即系统自动往后延续。

在定义了类型之后，就可以用该类型来定义变量。定义枚举类型变量与定义结构体变量和共用体变量相似。

形式为

```
enum   类型名   变量名表;
```

也可以在定义类型的同时定义变量，形式为

```
enum   类型名{标识符序列} 变量名表;
```

或者省略类型名直接定义变量，形式为

```
enum   {标识符序列} 变量名表;
```

例如：enum　weekday{sun, mon, tue, wed, thu, fri, sat }day;

说明

（1）枚举变量定义以后就可以对它赋枚举常量值或者其对应的整数值，例如变量 day 可以赋 7 个枚举值之一：

```
day=sun;或 day=0;
day=tue;或 day=2;
```

但 day=sunday;或 day=10;均不合法，因为 sunday 不是枚举值，而 10 已超过枚举常量对应的内存值。

（2）枚举变量和枚举常量可以用 printf("%d",…);输出对应的整数值；而枚举常量不是字符串，不能用 printf("%s",sun);方法输出字符串 “sun”。若想输出枚举值字符串，则只能间接进行，如：

```
day=sun;
if(day==sun) printf("sun");
```

因枚举常量对应整数值，因此枚举变量、常量和常量对应的整数之间可以比较大小，如：

```
if(day==sun) printf("sun");或 if(day==0) printf("sun");
if(day!=sun) printf("Today is not sunday!");
if(day>fri) printf("Today is saturday.");
```

（3）枚举变量不能通过 scanf 或 gets 函数输入枚举常量，只能通过赋值取得枚举常量值。但是枚举变量可以通过 scanf("%d",&枚举变量);输入枚举常量对应的整数值。

（4）枚举变量还可以进行++、--等运算。

例 9-4　打印全部的枚举值字符串。

分析：由于枚举变量可以作为循环变量，因此可以利用循环和 switch 语句打印全部的枚举值字符串。

```
include<stdio.h>
int main()
{
    enum {red,yellow,blue,white,black}color;
    printf("All enum strings are:\n");
    for(color=red;color<=black;color++)
    switch(color)
    {
        case red:printf("red\n");break;
        case yellow:printf("yellow\n");break;
        case blue: printf("blue\n");break;
        case white:printf("white\n");break;
        case black:printf("black\n");break;
    }
    return 0
}
```

思考题 9-9

（1）为什么使用枚举？

（2）枚举如何引用？枚举的值有何特点？

9.5　应用程序举例

（1）使用结构数组存储学生成绩信息（包括学号、姓名、成绩、平均分、总分），要求自定义输入函数实现对成绩信息的新建操作。（假定最多输入 50 个学生的信息）

分析：新建学生信息用函数 void new_student(struct student_info students[ ])实现，函数的形参为结构数组。

第一步，在主函数中把结构数组名 students 传递给形参，即把结构数组的首地址传递给形参。

第二步，对结构数组元素 students[Count]的各成员进行赋值操作。由于 Count 是全局变量，因此可以在 new_student（）函数中直接使用。

第三步，Count 的值加 1。

程序源代码如下：

```
#include<stdio.h>
#include<string.h>
#define   NUM_SUBJECT   3                           /*定义学生课程的数目为 3 科*/
struct student_info
{
      char   number[15];                            /*学号*/
      char   name[20];                              /*姓名*/
      float score[NUM_SUBJECT];                     /*分别为该学生 3 门课的成绩*/
      float sum;                                    /*总分*/
      float average;                                /*平均分*/
};
char *subject[]={"计算机","数学","英语"};            /*定义一维指针数组*/
int Count = 0;                                      /* 定义全局变量 Count，记录当前学生总数 */
void new_student(struct student_info students[ ]);
void main()
{
      char name[10];
      struct student_info students[50];             /* 最多包含 50 个人*/
      int n;
      printf("请输入输入学生的个数");
      scanf("%d",&n);
      new_student(students,n);
}
/*新建学生信息*/
void new_student(struct student_info students[ ],n)
{
      int i; float sum=0;
      for(i=0;i<n;i++)                                     /*循环输入多个学生信息*/
      {
            if(Count == 50)
                  {printf("学生存储已满!\n");return;}
            printf("请输入学号：");gets(students[Count].number);
```

```
            printf("请输入姓名：");gets(students[Count].name);
            sum=0;
            for(int j=0; j<NUM_SUBJECT; j++)
            {
                printf("请输入 %s 成绩: ", subject[j]); /*输出课程名称*/
                scanf("%f",&students[Count].score[j]);
                getchar();                          /*用来"吃掉"输入成绩后所输入的"回车"符*/
                sum+=students[Count].score[j];      /*求一名学生所有课程的总分*/
            }
            students[Count].sum=sum;
            students[Count].average=sum/NUM_SUBJECT;
            Count++;
        }
}
```

（2）按照上题学生信息的结构体类型，自定义查询学生信息函数，查询按姓名条件操作。

分析：

自定义函数的形参为结构数组和字符型指针变量。

第一步，在主函数中把结构数组名 students 和存储从键盘输入姓名的数组名 name 传递给形参，即把结构数组的首地址和存储要查询学生姓名的数组 name 的首地址传递给形参。

第二步，通过函数 strcmp(name,students[i].name)==0 来定位结构数组元素，也就是说如果上式成立，那么 students[i]即为我们要查询的结构数组元素。

第三步，输出结构数组元素 students[i]中的各成员变量，并且返回 i 的值，返回 i 的值可以为按姓名删除函数提供定位功能。

源代码如下：

```
int search_student(struct student_info students[ ], char *name)
{
    int i, flag = 0;
    if(Count == 0)
        {printf("没有学生记录!\n");return -1;}
    for(i = 0; i<Count; i++)
    {
        if(strcmp(name,students[i].name) == 0)    /* 找到欲查询的学生*/
            flag=1;
        if(flag)
        {
            printf("学号:%s 姓名:%s 总成绩: %f 平均成绩%.2f\n",
                        students[i].number, students[i].name,
                        students[i].sum,students[i].average);
            for (int j=0; j<NUM_SUBJECT;j++) /*循环输出各科成绩*/
                {printf("%s  成绩: %.2f\n",subject[j],students[i].score[j]);}
            return i;
        }
    }
    printf("没有此学生记录!"); return -1;
    /*循环结束后才能确定没有需查找的学生信息，因此只能写在循环外*/
}
```

（3）按照上题学生信息的结构体类型，自定义求一门课程平均分函数，函数要求计算出一门课程的平均分，并把低于平均分的学生人数和学生信息输出，函数返回平均分。

分析：自定义函数的形参为结构指针和整型变量。

第一步，在主函数中把结构数组名 students 传递给结构指针 a；把待求课程的参数传递给形参 j。这样自定义函数中 a[i].score[j]代表第 i 个学生第 j 门课程的分数。

第二步，循环求出第 j 门课程总分，然后求出该课程平均分 ave。

第三步，循环将低于平均分的学生记录存储于 low_ave 结构数组中。

第四步，输出第 j 门课程平均分和低于平均分的人数，并输出低于平均分的学生学号和成绩。

源代码如下：

```
double average(struct student_info *a,int j)
{
    int i,n=0;
    double ave=0.0;
    struct student_info low_ave[50];          /*存储低于平均分学生的结构数组*/
    for(i=0;i<Count;i++)
        {ave=ave+a[i].score[j];}              /*求第 j 门课程的总分*/
    ave=ave/Count;                            /*求第 j 门课程的平均分*/
    for (i=0;i<Count;i++)                     /*把低于平均分的学生记录存入 low_ave*/
        {if(a[i].score[j]<ave) low_ave[n++]=a[i];}
    printf("The %d student data which is lower than %7.3f:\n",n,ave);
    for(i=0;i<n; i++)
        printf("%s    %4.1f \n",low_ave[i].number,low_ave[i].score[j]);
    return ave;
}
```

（4）建立一个学生成绩信息（包括学号、姓名、成绩）的单向链表，学生记录号由小到大顺序排列，要求实现找出学生的最高分，并由函数值返回。

分析：采用模块化的程序结构，程序的每一个功能的实现都是通过函数来完成，这些函数在 main()函数中被统一调用。其中，函数 Creat_Stu_Doc()用于建立链表，函数 Print_Stu_Doc()的功能是遍历显示链表中所有的信息，函数 Max_Stu_Doc()的功能是求成绩最大值并返回。

源代码如下：

```
#include<stdio.h>
#include<stdlib.h>
#include<string.h>
struct student_info
{
    int     num;
    char    name[20];
    int     score;
    struct student_info *next;
};
typedef struct student_info Student;
Student * Create_Stu_Doc();                   /* 新建链表 */
void Print_Stu_Doc(Student * head);           /* 遍历显示链表内容 */
```

```
double Max_Stu_Doc() (Student *h);             /* 求最大值 */
int main(void)
{
    Student *head,*p;
    double max;
    head=Create_Stu_Doc();
    Print_Stu_Doc(head);
    max=Max_Stu_Doc(head);
    printf("max=%6.1f\n",max);
    return 0;
}

/*新建链表*/
Student * Create_Stu_Doc()
{
    Student *head,*p,*q;
    int num,score;
    char    name[20];
    head=p=(Student *)malloc(sizeof(Student));
    printf("Input num,name and score:\n");
    scanf("%d%s%d", &num,name, &score);
    while(num != 0)
    {
        q= (Student *) malloc(sizeof(Student));
        q->num = num;
        strcpy(q->name, name);
        q->score = score;
        p->next=q; p=q;
        scanf("%d%s%d", &num, name, &score);
    }
  return head;
}
/*遍历显示链表内容*/
void Print_Stu_Doc(Student * head)
{
    Student * ptr;
    if(head = = NULL)
    {
        printf("\nNo Records\n");
        return;
    }
    printf("\nThe Students' Records Are: \n");
    printf("    Num     Name     Score\n");
    for(ptr = head; ptr; ptr = ptr->next)
        printf("%8d%20s%6d \n", ptr->num, ptr->name, ptr->score);
}
/*求分数最大值*/
```

```
double Max_Stu_Doc() (Student *h)
{
    double max=h->score;
    while(h!=NUll)
    {
        if(max<h->score) max=h->score;
        h=h->next;
    }
    return max;
}
```

9.6 本 章 小 结

本章学习了 C 语言的用户自定义类型，包括结构体、共用体和枚举类型三种，其中结构体和共用体是构造类型，枚举类型是基本数据类型，重点学习了结构体类型。本章还学习了用户定义类型名的方法。现小结如下。

（1）结构体与共用体有很多相似的地方。

① 类型定义的形式相同，变量说明的方法相同。

② 结构体与共用体的引用方式相同。

成员运算符　stu1.name

指向运算符　p=&stu1; p->name

嵌套结构只能引用其基本成员，如：变量.成员.成员…基本成员。

除了同类型的变量之间可赋值外，均不能对变量整体赋常数值、输入、输出和运算等，都只能通过引用其成员项进行。

（2）结构体与共用体主要区别。

① 含义和适用范围不同。

结构体是将不同类型的数据成员组织在一起形成的数据结构，适合于对联系密切、逻辑相关，用来描述事物几个方面的数据进行处理；共用体是逻辑相关，情形互斥的不同数据类型的数据组织在一起，每一时刻只有一个成员起作用。

② 变量占用的存储空间不同。

在结构体变量中，各成员均拥有自己的内存空间，它们是同时存在的，一个结构变量的总长度等于所有成员项长度之和；在共用体变量中，所有成员只能先后占用该共用体变量的内存空间，它们不能同时存在，一个共用体变量的长度等于最长的成员项的长度。这是结构体与共用体的本质区别。

③ 初始化、赋值不同。

结构体变量或数组可以初始化，而由于共用体变量同时只能存储一个成员，因此共用体变量不能初始化。

（3）用户可以通过 typedef 给已有数据类型重新命名，注意这并没有定义新的类型。

（4）实用的链表结点必须是动态存储分配的，即在函数执行部分通过动态存储分配函数开辟存储单元。链表的操作有建立、输出链表，插入、删除结点等。当元素的数量变化较大，且主要操作是插入、删除这样的动态操作时，宜于采用链表结构。

（5）枚举类型数据是用户定义的一组标识符（枚举常量）的序列，其存储的是整型数值，因此枚举类型是基本数据类型。由于枚举常量对应整数值，因此枚举类型数据与整数之间可以比较大小，枚举变量还可以进行++、-- 等运算。枚举类型不能直接输入输出，只能通过赋值取得枚举常量值，输出也只能间接进行。

（6）常见错误小结。

常见错误描述	错 误 类 型
定义结构体、共用体类型时，忘记在最后加上分号	编译错误
结构体变量赋值时，类型不一致	编译错误
在结构体指向运算符的两个组成符号-和>之间插入空格	编译错误
访问结构体变量的成员只有成员名，前面缺少结构体变量名	编译错误
误以为结构只能包含一种数据类型	理解错误
误以为不同结构体的成员不能相同	理解错误
误以为用 typedef 可以定义一种新的数据类型	理解错误

习　　题

一、填空题

1．设有说明

struct DATE{int year;int month; int day;};

请写出一条定义语句，该语句定义 d 为上述结构体变量，并同时为其成员 year、month、day 依次赋初值 2006、10、1。

________。

2．已有定义如下：

```
struct node
{
    int data;
    struct node *next;
}*p;
```

以下语句调用 malloc 函数，使指针 p 指向一个具有 struct node 类型的动态存储空间。请填空。

```
p=(struct node *)malloc(______);
```

3．以下程序中函数 fun 的功能是：统计 person 所指结构体数组中所有性别(sex)为 M 的记录的个数，存入变量 n 中，并做为函数值返回。请填空：

```
#include    <stdio.h>
#define N 3
typedef struct
{
        int num;
        char nam[10];
        char sex;
```

```
}SS;
int fun(SS person[])
{
    int i,n=0;
    for(i=0;i<N;i++)
        if(______=='M' ) n++;
    return n;
}
main()
{
    SS W[N]={{1， "AA",'F'},{2, "BB",'M'},{3,"CC",'M'}};
    int n;
    n=fun(W);
    printf(“n=%d\n”,n);
}
```

4．以下程序运行后的输出结果是________。

```
struct NODE
{
  int k;
  struct NODE *link;
};
void   main()
{
  struct NODE m[5],*p=m,*q=m+4;
  int i=0;
  while(p!=q)
  {
     p->k=++i; p++;
     q->k=i++; q--;
   }
  q->k=i;
  for(i=0;i<5;i++) printf("%d",m[i].k);
  printf("\n");
}
```

5．以下程序的功能是：建立一个带有头结点的单向链表，并将存储在数组中的字符依次转储到链表的各个结点中，请填空。

```
#include ______
stuct node
{
  char data;
  struct node *next;
};
______CreatList(char *s)
{
    struct node *h,*p,*q);
```

```
    h=(struct node *) malloc(sizeof(struct node));
    p=q=h;
    while(*s!='\0')
    {
        p=(struct node *) malloc(sizeof(struct node));
          p->data=______;
          q->next=p;
          q=______;
          s++;
    }
    p->next='\0';
    return h;
}
void main()
{
    char str[]="link list";
    struct node *head;
    head=CreatList(str);
      ...
}
```

二、思考题

1．学生成绩管理系统 V4.0

本章的例子大多使用学生信息结构体，

```
struct student_info
{
    char id[20];
    char name[15];
    float score[3];
};
```

并例举了学生信息输入、输出功能函数，查询某学生信息功能函数，求学生课程平均成绩功能函数，求一门课程平均成绩功能函数。下面请大家根据章节中的例子，进一步思考如下问题，进一步完成学生成绩管理系统，编写自定义函数：

（1）求所有课程平均成绩功能函数。

（2）按学生的平均分或总分由高到低排序并输出。

（3）按优秀（90-100）、良好（80-89）、中等（70-79）、及格（60-69）、不及格（<60）五个等级，统计每门课程学生的等级人数及所占百分比。

（4）增加、修改、删除学生信息。

2．定义一个结构体变量（包括年、月、日）。计算该日在本年中是第几天，注意闰年问题。

3．构建简单的手机通讯录，手机通讯录包括信息（姓名、年龄、联系电话），要求实现新建、查询功能。假设通信录最多容纳 50 名联系人信息。

4．建立一个教师链表，每个结点包括教师号（no），姓名（name[8]），工资（wage），写出动态创建函数 creat 和输出函数 print。

5．在上一题基础上，假如已经按教师号升序排列，写出插入一个新教师的结点的函数 Insert。

第十章 文　　件

本章在说明文件基本概念的基础上，将继续围绕学生成绩管理系统介绍 C 语言程序对文件的处理方法以及 C 语言程序对文件的操作。

【学习目标】

1. 了解文件的一些基本知识。
2. 理解文件类型指针。
3. 掌握文件的打开与关闭方法。
4. 掌握文件的读写与定位。

10.1 问 题 提 出

10.1.1 What

我们在操作系统中，就已经看到很多文件，知道每个文件有唯一的名称（文件名.扩展名）来标识，计算机通过文件名对文件进行读、写、修改或删除等操作。而且知道用文件可长期保存数据，数据在使用时才被调入内存。那么 C 语言中文件的概念与操作系统中文件的概念是否相同呢？

在 C 语言中，把文件看做是一个有序的字节流，即文件的读取都是以字节为单位的。它与操作系统中文件的概念是相同的。但 C 语言中的文件类似于数组、结构体等，它是一种数据组织方式，是程序处理的对象。程序可以创建文件，可以读写文件数据。读文件数据是把文件中有序的一个个字符或字节调入内存作为程序处理对象，写文件数据是把程序处理的中间结果或最终结果以一个个字符或字节的形式写入外存储器的文件中。

10.1.2 Why

我们知道，程序运行结束后，程序处理的这些数据所占有的内存空间将被释放，会被其他程序或数据占用而不被保存。这样会出现各种问题。比如，运行学生成绩管理系统，输入学生数据，根据应用把操作结果从显示器或打印机输出，而一旦结束此系统的运行，数据没有保存，内存中的数据被释放，那么，下次需要这些运算结果时，只能再次运行这个系统，又需要重新从键盘输入学生数据；并且，当输入/输出数据量较大时，用键盘和显示器就会受到限制，带来不便。另外，当数据变动时，可能需要修改程序。

文件是解决上述问题的有效办法。有了文件，第一，数据可以长期保存，任何时候都可以查看文件数据，不需要重新从键盘输入数据来执行程序；第二，数据通过文件读入比键盘输入更加方便，特别是数据量比较大时；第三，不同程序可以访问同一文件中的数据，实现数据共享；第四，数据文件的改动不引起程序的变动。

10.1.3 When & Where

在用户处理的数据量较大，数据存储要求较高，处理功能需求较多的场合，应用程序经常使用文件操作功能。

10.1.4　How

对文件的操作一般通过 3 个步骤完成：打开文件、读写文件、关闭文件。C 语言中，文件的操作是通过文件管理函数来完成的。由于结构指针的参数传递效率更高，因此 C 语言文件操作统一以文件指针方式实现。

10.2　文 件 概 述

10.2.1　文件分类

1. 普通文件与设备文件

从广义上说，文件是指信息输入和输出的对象，磁盘文件、键盘、显示器、打印机等均可视为文件。从用户角度来看文件可分为普通文件和设备文件。

普通文件是指驻留在磁盘或其他外部介质上的一个有序数据集，可以是程序文件也可以为数据文件。

设备文件是指与主机相联的各种外部设备，如显示器、打印机、键盘等。在操作系统中，把外部设备也看作是一个文件来进行管理，把它们的输入、输出等同于对磁盘文件的读和写。通常把显示器定义为标准输出文件，一般情况下在屏幕上显示有关信息就是向标准输出文件输出。键盘通常被指定为标准的输入文件，从键盘上输入就意味着从标准输入文件上输入数据。C 中常用的标准设备文件名如下：

CON：键盘（或 KYBD）
CON：显示器（或 SCRN）
PRN：打印机（或 LPT1）
AUX：异步通信口（或 COM1）

另外，系统还命名了三个标准设备文件的文件结构体指针，如下所示：

stdin：标准输入文件结构体指针（由系统分配为键盘）
stdout：标准输出文件结构体指针（由系统分配为显示器）
stderr：标准错误输出文件结构体指针（由系统分配为显示器）

2. 文本文件与二进制文件

按照数据编码的形式，文件可以分为文本文件与二进制文件。它们的差别在于数值型数据的存储方式不一样。

文本文件也称为 ASCII 文件，是以字符 ASCII 码值进行存储和编码的文件。文件中的数值型数据，如每一位数字都占一个字节，这个字节存放的是相应数字的 ASCII 码。内存中的数值型数据存储到文件中需要转换为 ASCII 码。因此，文本文件存储量大、速度慢、便于字符操作。

二进制文件是存储二进制的文件。文件中的数据采用与内存数据一致的表示形式存储，也就是说，二进制文件是把整个数字作为一个整体进行存储的，每一位数字不单独占用一个字节。因此内存数据存储到二进制文件时不需要进行数据转换。二进制文件存储量小、速度快便于存放中间结果。

例如，整数 12

文本文件保存：49　50（分别代表'1'、'2'字符的 ASCII 码，占 2 个字节）

二进制文件保存：00001100（12 对应的二进制数，占 1 个字节）

综上所述，数据必须按照存入的类型读出才能恢复本来面貌。比如，C 语言的源程序是文本文件，其内容完全由 ASCII 码构成，通过“记事本”等编辑工具可以对文件内容进行查看、修改等。而 C 语言程序的目标文件是二进制文件，它包含的是计算机才能识别的机器代码，如果也用编辑工具打开，将会看到稀奇古怪的符号，即通常所说的乱码。所以，文件的写入和读出必须匹配，两者要约定为同一文件格式。对于具体的数据应该选择哪一类文件进行存储，由需要解决的问题来决定，并在程序的一开始就定义好。

10.2.2　C 语言对文件的处理方法

应用程序是如何进行文件数据的访问的呢？下面引出缓冲系统的原理来回答这个问题。由于系统对磁盘文件数据的存取速度与内存的存取访问速度不同，而且文件数据量较大，数据从磁盘读到内存或从内存写到磁盘文件不能瞬间完成，所以为了提高数据存取访问效率，C 程序对文件的处理采用缓冲文件系统的方式进行，这种方式要求程序与文件之间有一个内存缓冲区，程序与文件的数据交换通过该缓冲区来进行。

根据这种文件缓冲的特性，把文件系统分为缓冲文件系统和非缓冲文件系统。

缓冲文件系统（标准 I/O）：系统自动地在内存区为每一个正在使用的文件开辟一个缓冲区。用缓冲文件系统进行的输入输出又称为高级磁盘输入输出。它的优越性表现在提高对数据的处理速度，减少对磁盘的读写次数。缓冲文件系统的工作原理如图 10-1 所示。

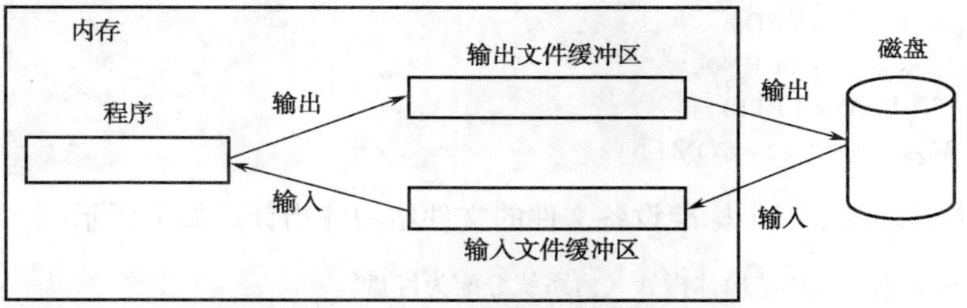

图 10-1　缓冲文件系统的工作原理图

如图 10-1 所示，程序要操作磁盘文件的数据，必须借助缓冲区。缓冲文件系统规定磁盘与内存缓冲区之间的交互由操作系统自动完成。程序处理数据，只需要跟内存缓冲区打交道即可。因此缓冲文件系统处理文件时，不必考虑外部磁盘的物理特性。缓冲区的大小具体由 C 语言的版本决定，一般微型计算机的 C 语言系统，把缓冲区定为 512B，与磁盘的一个扇区大小相同，从而保证了磁盘操作的高效率。当要把数据存储到文件时，首先把数据写入文件缓冲区，一旦写满 512B，操作系统自动把全部数据写入磁盘一个扇区，然后把文件缓冲区清空，新的数据继续写入文件缓冲区。当要从文件读取数据时，系统自动把磁盘上一个扇区的数据导入文件缓冲区，供 C 程序逐个读入数据，一旦 512B 数据都被读入，系统自动把下一个扇区的内容导入文件缓冲区，供 C 程序继续读取数据。

非缓冲文件系统（系统 I/O）不自动开辟确定大小的缓冲区，而由程序为每个文件设定缓冲区。用非缓冲文件系统进行的输入输出又称为低级输入输出系统。

在 UNIX 系统下,用缓冲文件系统来处理文本文件,用非缓冲文件系统来处理二进制文件。ANSI C 标准只采用缓冲文件系统来处理文本文件和二进制文件。

本章只介绍缓冲文件系统。那么缓冲文件系统是怎样对文件进行操作的呢？ANSI C 定义了高级文件操作函数，这些函数具有跨平台和可移植的能力，对大多数文件的操作都是通过这些函数来实现的。

10.2.3 文件结构指针

C 语言为了实现对文件的操作，为每个被使用的文件都在内存中开辟一个区，用来存放文件的有关信息。这些信息保存在一个结构体类型的变量中。该结构体类型是由系统定义的，取名为 FILE。

```
typedef struct
{
    short  level;                    /* 缓冲区"满"或"空"的程度*/
    unsigned  flags;                 /* 文件状态标志*/
    char  fd;                        /* 文件描述符*/
    unsigned char  hold;             /* 无缓冲区不读取字符*/
    short  bsize;                    /* 缓冲区大小*/
    unsigned char  *buffer;          /* 数据缓冲区位置指针*/
    unsigned char  *curp;            /* 当前指针指向*/
    unsigned  istemp;                /* 临时文件指示器*/
    short  token;                    /* 用于有效性检查*/
}FILE;
```

用户只需在程序中使用 FILE * fp；定义一个文件指针变量，用以保存已打开文件所对应的 FILE 结构所在内存的地址，此后用户程序就可用此 FILE 指针来实现对指定文件的存取操作。例如，文件打开时，系统自动建立文件结构体，并把指向它的指针返回，程序通过这个指针获得文件信息，访问文件。文件关闭后，文件结构体被释放。

每一个文件都有自己的 FILE 结构和文件缓冲区。注意：文件指针并不像以前普通指针那样能进行自增（自减）或取值等操作。FILE 结构中有一个成员 curp，通过 fp->curp 可以指向文件缓冲区数据存储的位置，但对于一般编程者来说不需要关心 curp 的变化，curp 的改变是隐含在文件读写操作中的。即一般编程者不必关心 FILE 结构内部的具体内容。

思考题 10-1

（1）使用文本文件、二进制文件保存数据的差别，哪种情况适用哪类文件？

（2）整数 1234 保存到文本文件和二进制文件中，分别占用多少存储空间？

（3）缓冲文件系统有什么优点？

10.3 文件的打开与关闭

10.3.1 文件的打开

打开文件功能用于建立系统与要操作的某个文件之间的关联，指定这个文件名并请求系统分配相应的文件缓冲区内存单元。打开文件由标准函数 fopen()实现。

调用格式：

```
FILE *fp;
fp=fopen（"文件名","文件打开方式"）；
```

功能：fopen()打开一个指向文件名的文件，文件操作方式由打开方式的值决定。

返回值：正常打开为返回一个指向该文件信息结构体的指针，若错误返回错误标识 NULL。

文件打开方式的参数如表 10-1 所示。

表 10-1　文件打开模式

文本文件（ASCII）		二进制文件	
使 用 方 式	含　义	使 用 方 式	含　义
"r"	打开文本文件进行只读	"rb"	打开二进制文件进行只读
"w"	建立新文本文件进行只写	"wb"	建立新二进制文件进行只写
"a"	打开文本文件进行追加	"ab"	打开二进制文件进行写/追加
"r+"	打开文本文件进行读/写	"rb+"	打开二进制文件进行读/写
"w+"	建立新文本文件进行读/写	"wb+"	建立新二进制文件进行读/写
"a+"	打开文本文件进行读/写/追加	"ab+"	打开二进制文件进行读/写/追加

例如：用下面两种方法以读的方式打开 abc.txt 文件。

```
FILE *fp;
fp=fopen("abc.txt","r");              /*用字符串常量表示文件*/
```

或者

```
char *p="abc.txt";                    /*用字符指针表示文件*/
fp=fopen(p, "r");
```

为保证文件操作的可靠性，调用 fopen()函数时最好做一个判断，以确保文件正常打开后再进行读写。其形式为：

```
if((fp = fopen("f.txt", "r"))= = NULL)
{
    printf("File open error!\n");
    exit(0);
}
```

exit(0)是系统标准函数，作用是关闭所有打开的文件，并终止程序的执行。参数 0 表示程序正常结束，非 0 参数通常表示不正常的程序结束。

说明

（1）“文件名”指出要对哪个具体文件进行操作，一般要指定文件的路径，如果不写出路径，则默认为与应用程序的当前路径相同。文件若包含绝对完整路径，则定位子目录用的斜杠“\”需要用双斜杠“\\”，如“c:\\abc.txt”，因为 C 语言认为“\”是转义字符，双斜杠“\\”表示了实际的“\”。

（2）用"r"方式打开的文件应该已经存在。

（3）用"w"方式打开的文件，如果不存在该文件，则新建立一个，如果存在该文件，则在打开时将该文件删去,然后重新建立一个新文件。

（4）如果希望向文件末尾添加新的数据（不希望删除原有数据），则应该用"a"方式打开。

（5）用"r+"、"w+"、"a+"方式打开的文件可以用来输入和输出数据。

（6）一旦文件经 fopen()正常打开，对该文件的操作方式就被确定，并且直至文件关闭都不变。

（7）C 语言允许同时打开多个文件，不同文件采用不同文件指针指示，但不允许同一个文件在关闭前被再次打开。

（8）标准输入文件（键盘），标准输出文件（显示器），标准出错输出（出错信息）是由系统打开的，可直接使用。

（9）文件一旦使用完毕，应用关闭文件函数把文件关闭，以避免文件的数据丢失等错误。

（10）文件打开的实质是把磁盘文件与文件缓冲区对应起来，这样后面的文件读写操作只需要使用文件指针即可。

10.3.2　文件的关闭

关闭文件通过调用标准函数 fclose()实现。

调用格式：

```
fclose（文件指针）；
```

功能：关闭文件指针对应的文件，并返回一个整数值。

返回值：若成功地关闭了文件，则返回一个 0 值；否则返回一个非零值。

另外，fcloseall()；函数的功能为同时关闭程序中已打开的多个文件（标准设备文件除外），返回关闭文件的数目。

例如：

```
if(fclose(fp))
{
    printf("Can not close the file!\n");
    exit(0);
}
```

需要说明的是，当文件操作完成后，应及时关闭它，以防止不正常的操作。前面已介绍对于缓冲文件系统来说，数据首先写入文件缓冲区，只有写满 512B，才会由系统真正写入磁盘扇区。如果写的数据不满 512B，发生程序异常终止，那么这些数据缓冲区中的数据将会被丢失。当文件结束时，即使未写满 512B，通过文件关闭，能强制把文件缓冲区中的数据写入磁盘扇区，并释放缓冲区，确保写文件的正常完成。

思考题 10-2

（1）为什么要判断文件打开成功与否呢？

（2）操作系统对文件同时打开的数目有限制吗？

（3）为什么文件使用结束后必须关闭文件？

10.4　文件的读写

10.4.1　字符方式文件读写函数 fgetc()与 fputc()

对于文本文件，存储数据都是 ASCII 码字符文本，可以使用下面的函数。

1. fgetc()函数

从指定文件读入一个字符，该文件必须是以读或读写方式打开的。

函数原型：

```
int fgetc(FILE *fp)
```

功能：从 fp 指向的文件中读取一个字节代码。

返回值：正常，返回读到的代码值；读到文件尾或出错，返回 EOF。

EOF 是符号常量，其值为-1，由于字符的 ASCII 码不可能出现-1，因此当读入的字符值等于-1 时，表示读入的已不是正常的字符而是文件结束符。（EOF 在库文件"stdio.h"中有说明。）

2. fputc()函数

把一个字符输出到磁盘文件上。被写入的文件可以用写、读写，追加方式打开。用写或读写方式打开一个已存在的文件时将清除原有的文件内容，写入字符从文件首开始。如需保留原有文件内容，希望写入的字符以文件末开始存放，必须以追加方式打开文件。被写入的文件若不存在，则创建该文件。

函数原型：

```
int fputc(int c, FILE *fp)
```

功能：把一字节代码 c 写入 fp 指向的文件中。

返回值：正常，返回 c；出错，为 EOF。

例 10-1 从键盘输入如下学生数据，写到文件 f1.txt 中，再重新读出，并在屏幕上显示验证。输入以"#"号结束。

```
14405730101↙
张三 ↙
80 70 90↙
```

分析：根据题意，我们主要有以下步骤：打开文件→键盘输入→写入文件→重新定位指针位置→读文件→屏幕显示的过程→关闭文件。其中，读和写是两种不同的操作，所以打开文件 f1.txt 的方式为读写方式。程序源代码如下：

```
#include<stdio.h>
#include<process.h>
#include<string.h>
void main()
{
    int i; char ch; FILE *fp;
    if((fp=fopen("f1.txt","w+"))= = NULL)   /*  打开文件 f1.txt   */
    {
        printf("File open error!\n");
        exit(0);
    }
    printf("input a string\n");
    ch=getchar();
    while (ch!='#')                          /* 输入字符以"#"号结束*/
```

```
    {
        fputc(ch,fp);              /* 将输入的字符写入文件*/
        ch=getchar();
    }
    rewind(fp);                    /* 用于把指针 fp 所指的文件的内部位置指针移动文件头*/
    ch=fgetc(fp);
    while(ch!=EOF)                 /*读文件,并测试是否达到文件尾*/
    {
        putchar(ch);
        ch=fgetc(fp);
    }
    if(fclose(fp))                 /*再关闭文件*/
    {
        printf("Can not close the file!\n"); exit(0);
    }
}
```

在文件的读写过程中，fgetc()和 fputc()实际上是对文件缓冲区进行读写，其工作过程与字符数组类似。在文件内部有一个位置指针（curp）,用来指向文件的当前读写字节。在文件打开时，该指针总是指向文件的第一个字节。随着 fgetc()或 fputc()函数的执行，位置指针会自动向后移动一个字节。

读文件数据时，如何判断读到了文件末尾呢？fgetc()函数读到文件尾时返回文件结束符 EOF（End Of File），其值为-1，而字符的 ASCII 码不可能出现-1，则 EOF 可以区别常规的 ASCII 码，代表文件结束。因此可用 EOF 做为读文件时循环结束的条件。

10.4.2 字符串方式文件读写函数 fgets()与 fputs()

这两个函数以字符串的方式来对文本文件进行读写。读写文件时一次读取或写入的是字符串。

函数原型：

```
char *fgets(char *s,int n,FILE *fp)
int fputs(char *s,FILE *fp)
```

功能：

fgets()从 fp 所指文件读 n-1 个字符送入 s（可以是字符数组名）指向的内存区,并自动在最后加一个'\0'，因此送入字符数组中的字符串（包括'\0'在内）最多为 n 个字节。若读入 n-1 个字符前遇到换行符或文件尾（EOF）即结束。遇到换行符'\n'也作为一个字符送入字符数组中（在'\0'字符之前）；若遇到 EOF，则不保留 EOF。

fputs()把 s 指向的字符串写入 fp 指向的文件，字符串的结束符'\0'不写入文件。

返回值：

fgets 正常时返回读取字符串的首地址；出错或文件尾，返回 NULL。

fputs 正常时返回写入的最后一个字符；出错时返回 EOF。

例 10-2 用字符串方式文件读写函数改写例 10.1，程序源代码如下。

```
#include<stdio.h>
```

```
#include<process.h>
#include<string.h>
void main()
{
    FILE  *fp;
    char  string[20];
    if((fp=fopen("f1.txt","w+"))= =NULL)
        {printf("cann't open file");exit(0);}
    printf("input a string\n");
    while(strlen(gets(string))>0)/* gets()函数读入回车符时停止，且回车符不做为字符串读入，因此只输入回车符时，字符串长度为 0，循环结束*/
    {
        fputs(string,fp);
        fputs("\n",fp);
    }
    rewind(fp);  /* 用于把指针 fp 所指的文件的内部位置指针移动文件头*/
    while(fgets(string,20,fp)!=NULL)
        puts(string);
    fclose(fp);
}
```

“fputs("\n",fp);”语句是把回车符写入到文件中，这样在 fgets()读出文件数据时碰到回车符即结束。因此，才能利用循环结构用 fgets()多次读出字符串并输出，输出的字符串才能换行。如果没有“fputs("\n",fp);”语句，文件中没有换行符，在使用 fgets()函数时将一次性读出文件所有字符直到文件结尾，这样输出时，字符串在同一行。

从上面的例子，我们注意到，fgets()函数读到回车符时，也将回车符做为一个字符读入到字符串中来，而 gets()则不会；fputs()函数不会在写入文件的字符串末尾加上回车符，而 puts()会输出回车符。

思考题 10-3

（1）例 10.2 中语句“while(fgets(string,20,fp)!=NULL)”与语句“while(fgets(string,strlen(string),fp)!=NULL)”有什么不同？

（2）用 fgetc()、fgets()函数读取文件数据，在判断文件结束上有什么不同？

（3）如何实现文件的复制功能？

10.4.3　格式化文件读写函数 fscanf()与 fprintf()

前面学过 scanf()函数与 printf()函数，分别用来从键盘上读入和屏幕上输出数据。fscanf()函数与 fprintf()函数则用于按控制格式从文件读写数据。

函数原型：

```
int fprintf(FILE *fp,格式控制串,输出列表)
int fscanf(FILE *fp,格式控制串,输入列表)
```

功能：

fprintf()函数的功能是按格式控制串中的控制符把相应数据写入 fp 指向的文件中。

fscanf()函数的功能是从 fp 指向的文件中，按格式控制串中的控制符读取相应数据赋给输入列表中对应的变量地址中。

返回值：成功,返回读写的个数；出错或文件尾,返回 EOF。

例如：

```
FILE *fp; int n; float x;
fp = fopen("a.txt", "r");
fscanf(fp，"%d%f"，&n，&x);
```

表示从文件 a.txt 中分别读入整型数到变量 n、浮点数到变量 x。

```
fp = fopen("b.txt", "w");
fprintf(fp, "%d%f", n, x);
```

表示把变量 n 和 x 的数值写入文件 b.txt。

注意 用 fprintf()和 fscanf()函数对磁盘文件读写，使用方便，容易理解，但由于在输入时要将 ASCII 码转换为二进制形式，在输出时又要将二进制形式转换成字符，花费时间比较多。因此，在内存与磁盘频繁交换数据的情况下，最好不用 fprintf 和 fscanf 函数。

思考题 10-4 用 fprintf()函数添加 9.5 第一题的功能，要求把新建的学生信息保存到 studentinfo.txt 文件中；用 fscanf()函数从 studentinfo.txt 文件中读取学生信息并输出到屏幕。

10.5 文件的随机读写

上面介绍的对文件的读写都是顺序读写，即从文件的开头逐个数据读或写。文件结构体中有一个“读写位置指针”，指向当前的读或写的位置。在顺序读写时，每读完一个数据后该位置指针就自动移到它后面一个位置。常常希望能直接读到某一数据项而不是按物理顺序逐个读下来，这种可以任意指定读写位置的操作称为随机读写。

文件的随机读写有两个优点：一是方便快捷，二是只改变指定位置后固定长度的字节的内容，其他数据不会被破坏。

10.5.1 文件随机读写函数

随机读写函数允许按数据块（记录）来读写文件。C 语言提供这种方式进行读写文件就能方便地对程序中的数组、结构体数据进行整体输入输出。

函数格式：

```
int fread(void *ptr,int size,int count,FILE *fp);
int fwrite(void *ptr,int size,int count,FILE *fp);
```

功能：

fread()函数为在 fp 指定的文件中读取 count 次数据项（每次 size 个字节）存放到以 ptr 所指的内存单元地址中。

fwrite()函数为将从 ptr 为首地址的内存中取出 count 次数据项（每次 size 个字节）写入 fp 所指的磁盘文件中。

ptr 为一指针，指向数据在内存中存放的起始地址；size 为每次要读/写的数据项长度（字节）；count 为要读/写的次数；fp 为文件类型指针。

返回值：成功，返回读/写的块数；出错或文件尾，返回 0。

注意　用 fread()和 fwrite()函数进行读写时，必须采用二进制，即向二进制文件读写数据项。

例如：

```
fread(f,4,2,fp);
```

此函数从 fp 所指向的文件中读入 2 个 4 个字节的数据，存储到数组 f 中，若写入成功，函数返回值为 2。

```
fwrite(buffer,16,64,fp);
```

表示从数组名 buffer 所代表的数组起始地址开始，每次输出长度为 16 个字节的数据项，共输出 64 个数据项，将它们写入到由 fp 指定的磁盘文件中。若写入成功，函数返回值为 64。

随机读写文件适合于固定长度记录的文件，可以用 fwrite()函数或 fprintf()函数建立文件，即按记录块(结构体)把内容输出到文件或把记录块的内容写 n 次到文件中去。

10.5.2　文件的定位

要完成随机读写操作，可以设想，只需把文件位置指针移到指定位置即可，可看出关键就是文件的定位。C 语言提供的文件定位函数有 3 个，下面分别介绍。

1．函数 fseek()

函数原型：

```
int fseek(FILE *fp, long offset,int from);
```

函数功能：

用来控制文件的位置指针移动。

from：起始位置。文件首部、当前位置和文件尾部分别对应 0,1,2，或常量 SEEK_SET、SEEK_CUR、SEEK_END。

offset:以起始点为基点，向前移动的字节数。

返回值：定位成功为 0，不成功为非 0 的整数值。

例如：

fseek(fp，100L，0);

将位置指针移到离文件头 100 个字节处。

fseek(fp，50L，1);

将位置指针移到离当前位置 50 个字节处。

fseek(fp，10L，2);

将位置指针从文件末尾处向后退 10 个字节。

fseek(fp, -20L, SEEK_END);

将文件位置指针移动到离文件尾部前 20 字节处。

2．函数 ftell()

函数原型：

```
long ftell(FILE *fp);
```

函数功能：

获取当前文件指针的位置，即相对于文件开头的位移量（字节数）。

返回值：成功时，值>=0,即文件指针的当前指向。出错时，返回-1L。

例如：

```
i = ftell(fp);
if(i= =-1L) printf("error\n");
```

3．函数 rewind()

函数原型：

```
void rewind(FILE *fp)
```

函数功能：定位文件指针，使文件指针指向读写文件的首地址，即打开文件时文件指针所指向的位置。

4．函数 feof()

函数原型：

```
int feof(FILE *fp)
```

函数功能：判断 fp 指针是否已经到文件末尾。

返回值：

返回值为 1，表示到文件结束位置；

返回值为 0，表示文件未结束。

思考题 10-5

（1）用 fwrite()或 fread()是按记录块把内容输出到文件或从文件读出，它适合什么样特点的文件？fwrite()、fread()为什么可以实现文件的随机读写？

（2）判断文件结束的有哪些方法？

（3）编写程序，将一整型数组写入文件，从文件中读取第 1、3、5、7、9 个数据。

（4）思考怎样去实现把结构体变量或结构体数组中的数据用 fwrite()写入文件，然后用 fread()从文件读出数据。

10.6　文件的错误检测

1．函数 ferror()

函数原型：

```
int ferror(FILE *fp)
```

函数功能：函数用来检查文件在用各种输入输出函数进行读写是否出错。文件指针必须是已经定义过的。

返回值：若返回值为 0，表示未出错，否则表示有错。

说明：在调用一个输入输出函数后立即检查 ferror 函数的值，否则信息会丢失。在执行 fopen 函数时，ferror 函数的初始值自动置为 0。

2．函数 clearerr()

函数原型：

```
void clearerr(FILE *fp)
```

函数功能：用来清除出错标志和文件结束标志，使它们为 0。

说明：出错后，错误标志一直保留，直到对同一文件调 clearerr(fp)或 rewind(fp)或任何其他一个输入输出函数。

10.7　应用程序举例

1. 文件的复制操作

分析：

（1）定义两个数组存储源文件名和目标文件名。

（2）以只读方式打开源文件，以读写方式打开目标文件。

（3）利用循环结构执行：使用 fgetc()函数从源文件读数据，使用 fputc()函数把数据写入目标文件，循环条件为 fgetc()函数没有读到源文件尾。

程序源代码如下：

```
#include <stdio.h>
#define MAXLEN     80
int CopyFile(const char* srcName, const char* dstName);
void main()
{
     char srcFilename[MAXLEN];                    /* 源文件名 */
     char dstFilename[MAXLEN];                    /* 目标文件名 */
     printf("Input source filename:");
     scanf("%s", srcFilename);                    /*输入源文件名 */
     printf("Input destination filename:");
     scanf("%s", dstFilename);                    /*输入目标文件名 */
     if (CopyFile(srcFilename, dstFilename))
          printf("Copy succeed.\n");
     else
          perror("Copy failed:");
}
int CopyFile(const char* srcName, const char* dstName)
{
     FILE* fpSrc = NULL;
     FILE* fpDst = NULL;
     int ch, rval=1;
     fpSrc = fopen(srcName, "rb");
     if (fpSrc = = NULL)
          rval=0;
     fpDst = fopen(dstName, "wb");
     if (fpDst = = NULL)
          rval=0;
     while ((ch=fgetc(fpSrc)) != EOF)             /*文件复制*/
     {
          if (fputc(ch, fpDst) = = EOF)           /*写入文件出错，rval 值置为 0*/
```

```
                rval=0;
        }
        if (fpSrc != NULL)
            fclose(fpSrc);
        if (fpDst != NULL)
            fclose(fpDst);
        return rval;
}
```

以上程序是把一个文件内容整体复制给另一个文件。那么，如果把一个文件的内容追加到另一个文件的末尾，原理是一样的，只需要使用 fseek()函数把文件的位置指针移动到目标文件的末尾，然后再复制。如下：

```
fseek(fpDst,0L,SEEK_END);
while((ch=fgetc(fpSrc)) != EOF)
    fputc(ch, fpDst);
```

其中，fpSrc 是源文件指针，fpDst 是目标文件指针。

2．程序写作

写一个程序，将键盘输入的 N 个学生信息存入文件 storage.sto 中，并将文件中的信息输出到屏幕进行验证。学生成绩的信息包括学号、姓名、成绩。

分析：此程序是 C 语言程序设计的综合应用，考虑的知识点较多。

（1）学生成绩信息具有多个数据，因此可以考虑定义一个结构体。

（2）根据模块化思想，定义一个将从键盘输入的学生数据写入到文件的函数 add_grade()和一个将文件数据读出到结构体并输出到屏幕的函数 show_item()。

（3）add_grade()函数中，先从键盘输入数据存储到结构体变量，使用 scanf()函数；再把结构体变量写入文件，使用 fwrite()函数（考虑循环输入/写入，写入之前文件指针要定位在文件末尾）。

（4）show_item()函数中，先使文件指针从新返回到文件的开头，再使用 fread()函数读出一个结构体变量大小的数据存储到结构体变量，最后输出到屏幕。

程序源代码如下：

```
#include  <stdio.h>
#include  <stdlib.h>
#include  <conio.h>
FILE *ptr1;
typedef struct
{
    char id[11];                    /*存储学生的学号 */
    char name[20];                  /*存储学生的姓名 */
    int score;                      /*存储科目的成绩 */
}student;
student stu;
void add_grade();                   /*添加学生的信息即将学生信息写入文件 */
void show_item();                   /*显示学生的相关信息即将文件信息输出到屏幕*/
void main()
```

```
{
    system("cls");                          /*清屏*/
    add_grade();
    show_item();
}

void add_grade()
{
    char next='y';
    ptr1=fopen("storage.sto","rb+");        /*为读\写文件打开一个二进制文件*/
    if(ptr1= =NULL)                         /*假如文件不存在，为读/写建立二进制文件*/
    {
        ptr1=fopen("storage.sto","wb+");
        if(ptr1= =NULL)
        {
            printf("Cannot open file");
            exit(0);
        }
    }
    fseek(ptr1,0,SEEK_END);                 /*定位到文件的结尾*/
    while(next= ='y')
    {
        printf("\nEnter student's Number:\n");
        scanf("%s",stu.id);
        printf("\nEnter the name:\n");
        scanf("%s",stu.name);
        printf("\nEnter the grade:\n");
        scanf("%d",&stu.score);
        fwrite(&stu,sizeof(stu),1,ptr1);    /*向文件写入数据*/
        printf("\nWould you like to enter few more items(y/n)");
        fflush(stdin);                      /*清空输入缓冲区*/
        next=getch();                       /*输入 y，继续循环，即继续输入信息并写入文件*/
    }
    fclose(ptr1);
}

void show_item()
{
    int fstat;
    ptr1=fopen("storage.sto","rb+");
    if(ptr1= =NULL)
    {
        printf("Cannot open file");
        exit(1);
    }
    rewind(ptr1);                           /*使文件指针从新返回到文件的开头*/
    printf("\n\nItem List\n------------------------------\n");
```

```
    printf("id          name          grade\n");
    while(1)
    {
        fstat=fread(&stu,sizeof(stu),1,ptr1);       /*从文件读出数据到结构体*/
        if(fstat)
            printf("%-10s%-20s%3d\n",stu.id,stu. name,stu.score);
        else
            break;
    }
    fclose(ptr1);
    system("pause");                                /*使程序暂停，等待按键*/
}
```

fread()与 fwrite()多用于读写二进制文件。C 程序对二进制文件的处理程序与文本文件相似，只是在打开的方式上有所不同。需要注意，程序中用于输入的二进制文件无法用“记事本”等工具建立，同样作为程序结果的二进制文件也无法用“记事本”等工具查看。

3．在上例学生成绩信息文件 storage.sto 中读出第二个学生的数据并显示

分析：

（1）读文件前以只读方式打开文件。

（2）读第二条记录，可以通过定位函数 fseek()。

（3）在屏幕输出记录。

程序源代码如下：

```
#include  <stdio.h>
#include  <stdlib.h>
void main()
{
    FILE *fp;
    typedef struct
    {
        char id[11];            /*存储学生的学号 */
        char name[20];          /*存储学生的姓名 */
        int score;              /*存储科目的成绩 */
    }student;
    student stu,*p;
    int i=1;
    p=&stu;
    if((fp=fopen("storage.sto","rb"))= =NULL)
    {
        printf("Cannot open file strike any key exit!");
        exit(0);
    }
    rewind(fp);                        /*使文件指针从新返回到文件的开头*/
    fseek(fp,i*sizeof(student),0); /*定位到第二条记录的开始*/
    fread(p,sizeof(student),1,fp); /*从文件读出数据到结构体变量*/
    printf("stu_id      stu_name          grade\n"); /*输出到屏幕中*/
    printf("%-10s%-20s%3d\n",stu.id,stu.name,stu.score);
    fclose(fp);
```

```
    }
```

同理，如果从文件中按条件读取一条记录或几条记录，方法也一样，请大家思考。

10.8 本 章 小 结

（1）文件是程序设计中一个重要的概念，它是一组相关数据的有序集合。在 C 程序中，从用户角度分析文件可分为普通文件和设备文件；从文件内数据的组织形式，数据文件又可以分为文本文件和二进制文件两种。

（2）C 的文件系统可分为缓冲文件系统和非缓冲文件系统两类。C 语言中将缓冲文件看成流式文件，即无论文件中的内容是什么，一律看成由字符（文本文件）或字节（二进制文件）构成的序列，即字节流。流式文件的基本单位是字节，数据文件和内存变量之间的数据交换均以字节为基础。

（3）C 语言对文件的操作都是用库函数实现的，见表 10-2。

表 10-2　C 语言程序常用文件操作函数

分　类	函 数 名	功　能
打开文件	fopen()	打开文件
关闭文件	fclose()	关闭文件
文件定位	fseek()	改变文件位置指针的位置
	ftell()	返回文件位置指针的当前值
	rewind()	使文件位置指针重新至于文件开头
文件状态	feof()	若到文件末尾，函数值为真
	ferror()	若对文件操作出错，函数值为真
	clearerr()	使 ferror 和 feof()函数值置零
文件读写	fgetc()	从指定文件取得一个字符
	fputc()	把字符输出到指定文件
	fgets()	从指定文件读取字符串
	fputs()	把字符串输出到指定文件
	fscanf()	从指定文件按格式输入数据
	fprintf()	按指定格式将数据写到指定文件中
	fread()	从指定文件中读取数据项
	fwrite()	把数据项写到指定文件中

（4）常见错误小结

常见错误描述	错 误 类 型
打开文件时，没有检查文件打开是否成功	编译错误
打开文件时，文件中的路径少写了一个反斜杠	编译错误
读文件时使用的文件打开方式与写文件时不一致	编译错误
从文件读数据的方式与向文件写数据的方式不一致	编译错误

习 题

一、填空题

1．以下程序用来判断指定文件是否能正常打开，请填空。

```
#include <stdio.h>
void main()
{
    FILE  *fp;
    if(((fp=fopen("test.txt", "r"))= =___________))
        printf("未能打开文件！\n");
    else
        printf("文件打开成功！\n");
}
```

2．下面程序用变量 count 统计文件中字符的个数。请填空。

```
#include <stdio.h>
void main()
{
    FILE  *fp;long count=0;
    if((fp=fopen("letter.dat", ______))= =NULL)
        {printf("cannot open file\n"); exit(0);}
    while(!feof(fp))
        {______;______;}
    printf("count=%ld\n", count);
    fclose(fp);
}
```

3．以下程序段打开文件后，先利用 fseek 函数将文件位置指针定位在文件末尾，然后调用 ftell 函数返回当前文件位置指针的具体位置，从而确定文件长度，请填空。

```
FILE  *myf; long  f1;
myf= fopen("test.t","rb");
__________;
f1=ftell(myf);
fclose(myf);
printf("%d\n",f1);
```

4．以下程序的功能是：从键盘上输入一个字符串，把该字符串中的小写字母转换为大写字母，输出到文件 test.txt 中,然后从该文件读出字符串并显示出来。请填空。

```
#include <stdio.h>
void main()
{
    FILE *fp;
    char str[100];int i=0;
    if((fp=fopen("text.txt",______))= =NULL)
```

```
            {printf("can't open this file.\n");exit(0);}
        printf("input astring:\n"); gets(str);
        while (str[i])
            {if(str[i]>='a'&&str[i]<='z')
                str[i]= ______;
            fputc(str[i],fp);
            i++;
            }
        fclose(fp);
        fp=fopen("test.txt",______);
        fgets(str,100,fp);
        printf("%s\n",str);
        fclose(fp);
}
```

5．以下程序的功能是将文件 f ile1.c 的内容输出到屏幕上并复制到文件 f ile2.c 中。请填空。

```
#include <stdio.h>
void main()
{
    FILE ______;
    fp1= fopen("file1.c", "r");
    fp2= fopen("file2.c", "w");
    while(!feof(fp1))
    putchar(getc(fp1));
    ______
    while(!feof(fp1))
        putc(______);
    fclose(fp1);
    fclose(fp2);
}
```

二、思考题

1．学生成绩管理系统 V5.0。

前面章节，学生成绩管理系统的例子都只把结果输出到屏幕，结果不能保存。本章学习了文件的使用方法，例举了从键盘输入数据存入文件功能函数，从文件读取数据功能函数和文件定位功能函数。根据本章所学习文件内容，参照例题，请大家进一步思考如下问题，编写自定义函数：

```
struct student_info
{
    char id[20];
    char name[15];
    int score[3];
};
```

（1）将每个学生的记录信息写入文件。

（2）从文件中读出每个学生的信息并显示。

（3）按照学号条件从文件中读出该学生信息并显示。

（4）学生数据按平均分由高到低进行排序处理，并将已排序的学生数据存入一个新文件中。

（5）将上题已排序的学生成绩文件进行插入处理。插入一个学生信息，程序先计算新插入学生的平均成绩，然后将它按平均成绩高低顺序插入，插入后建立一个新文件。

2．编写程序统计一个文本文件中字符、数字、其他符号各有多少个。

3．编写程序将一个 C 语言源程序文件中所有注释去掉，存入另一个文件。

4．编写程序，对用户输入的一个源文件实现加密。如果要解密，对该文件使用相同的密码再次加密，就可以得到原文件。（提示加密方法可使用异或运算）

第十一章　C 语言的综合应用

11.1　科学计算器

11.1.1　设计思想

计算器是现代日常生活中使用较为频繁的工具之一，常用的计算器有简易版和科学计算器两种模式。简易版的计算器不支持表达式运算，每次只能输入一个数据或者运算符来计算，而科学计算器除了容纳简易版计算器的功能外，还支持表达式运算，用户可以输入一个合法的算术表达式来得到所需的结果。

常用的算术表达式有三种，前缀表达式，中缀表达式和后缀表达式。

中缀表达式：我们平时书写的表达式就是中缀表达式，形如（a+b）*（c+d），事实上是运算表达式形成的树的中序遍历，特点是用括号来描述优先级。

后缀表达式：操作符位于操作数后面，事实上是算术表达式形成的树的后序遍历，也叫逆波兰表达式。中缀表达式（a+b）*（c+d）的后缀表达式是 ab+cd+*，它的特点就是遇到运算符就立刻进行运算。

前缀表达式：前缀表示法中，操作符写在操作数的前面，事实上是算术表达式形成的树的前序遍历。这种表示法也称波兰表示法。中缀表达式（a+b）*（c+d）的前缀表达式是+ab+*cd。

前缀和后缀表示法有三项公共特征：

（1）操作数的顺序与等价的中缀表达式中操作数的顺序一致。

（2）不需要括号。

（3）操作符的优先级不相关。

日常所书写的是中缀表达式，但是计算机内部是用后缀表达式计算，所以此程序的用户使用中缀表达式作为输入，程序将中缀表达式转化为后缀表达式后再进行运算并输出结果。

11.1.2　函数和数据结构设计

```
#include   <stdio.h>
#include   <string.h>
#include   <math.h>
#include   <ctype.h>
#include   <stdlib.h>
int is_prime(int n);                    /*判断素数 */
void sum(int n);                        /*统计计算 */
void fact(int n);                       /*求阶乘 */
int arithmetic1();                      /*四则混合运算总函数 */
double cal(char *str);                  /*计算表达式的值 */
int trans();
```

11.1.3　科学计算器的参考源代码

```
#include   <stdio.h>
#include   <string.h>
#include   <math.h>
#include   <ctype.h>
#include   <stdlib.h>
int is_prime(int n);                    /*判断素数 */
void sum(int n);                        /*统计计算 */
void fact(int n);                       /*求阶乘 */
int arithmetic1();                      /*四则混合运算总函数 */
double cal(char *str);                  /*计算表达式的值 */
int trans();

/*数制转换*********************************/
/*以下为:  二进制转换为十进制十六进制 */
void B_D(int a)
{
    int i,s=0;
    int result=0;
    for(i=1;a!=0;i*=2)                  /*i*=2,权重每次*2 */
    {
        if(a%10>1)
        {
            s=1;                        /*二进制 0,1 组成 */
            break;
        }
        else
        {
            result+=(a%10)*i;
            a=a/10;
        }
    }
    if(s= =1)
        printf("您的输入有误！请重新输入\n");
    else
        printf("\n 转换后的数为：%d\n",result);
}
void B_X(int a)
{
    int i,j,k,s=0;
    char p[30];
    int result=0;
    for(i=1;a!=0;i*=2)
    {
        if(a%10>1)
        {
```

```
                s=1;
                break;
            }
            else
            {
                result+=(a%10)*i;
                a=a/10;
            }
        }
        for(j=0;result!=0;j++)
        {
            p[j]=result%16;
            result=result/16;
            if (p[j]>10)
            {
                switch(p[j])
                {
                    case 10: p[j]='A'; break;
                    case 11: p[j]='B';break;
                    case 12: p[j]='C';break;
                    case 13: p[j]='D';break;
                    case 14: p[j]='E';break;
                    case 15: p[j]='F';break;
                }
            }
            else
                p[j]+=48;
        }
        if(s= =1)
            printf("您的输入有误！请重新输入\n");
        else
        {
            printf("\n 转换后的数为：");
            for(k=j-1;k>=0;k--)
            {
                printf("%c",p[k]);
            }
            printf("\n");
        }
}
/*以下为：十六进制转换为十进制,二进制,八进制 */
void X_D(char a[],int k)
{
        int i,j,s=0;
        int result=0;
        int b[50];
        for(i=0;i<k;i++)
```

```
        {
            if(a[i]<='9'&&a[i]>='1')
            {
                b[i]=a[i]-48;
            }
            else
            {
                switch(toupper(a[i]))
                {
                    case 'A': b[i]=10;break;
                    case 'B': b[i]=11;break;
                    case 'C': b[i]=12;break;
                    case 'D': b[i]=13;break;
                    case 'E': b[i]=14;break;
                    case 'F': b[i]=15;break;
                    default:  s=1;
                }
            }
        }
        for(i=1,j=k-1;j>=0;j--,i*=16)
        {
            result+=b[j]*i;
        }
        if(s= =1)
            printf("您的输入有误！请重新输入\n");
        else
            printf("\n 转换后的数为：%d",result);

}

void X_B(char a[],int k)
{
        int i,j,s=0;
        int result=0;
        int b[50];
        int p[30];
        for(i=0;i<k;i++)
        {
            if(a[i]<='9'&&a[i]>='1')
                b[i]=a[i]-48;
            else
            {
                switch(toupper(a[i]))
                {
                    case 'A': b[i]=10;break;
                    case 'B': b[i]=11;break;
                    case 'C': b[i]=12;break;
```

```
                    case 'D': b[i]=13;break;
                    case 'E': b[i]=14;break;
                    case 'F': b[i]=15;break;
                    default: s=1;
                }
            }
        }
        for(j=k-1,i=1;j>=0;j--,i*=16)
        {
            result+=b[j]*i;
        }
        for(j=0;result!=0;j++)
        {
            p[j]=result%2;
            result=result/2;
        }
        if(s= =1)
            printf("您的输入有误！请重新输入\n");
        else
        {
            printf("\n 转换后的数为：");
            for(k=j-1;k>=0;k--)
                printf("%d",p[k]);
            printf("\n");
        }
}

/*以下为： 十进制转换为二进制,八进制,十六进制 */
void D_B(int a)
{
        int j,k;
        int p[30];
        for(j=0;a!=0;j++)
        {
            p[j]=a%2;
            a=a/2;
        }
        printf("\n 转换后的数为：");
        for(k=j-1;k>=0;k--)
            printf("%d",p[k]);
        printf("\n");
}
void D_X(int a)
{
        int j,k;
        int p[30];
        for(j=0;a!=0;j++)
```

```
    {
        p[j]=a%16;
        a=a/16;
        if(p[j]<10)
        p[j]+=48;
        else
        {
            switch(p[j])
            {
                case 10: p[j]='A';break;
                case 11: p[j]='B';break;
                case 12: p[j]='C';break;
                case 13: p[j]='D';break;
                case 14: p[j]='E';break;
                case 15: p[j]='F';break;
            }
        }
    }
    printf("\n 转换后的数为：");
    for(k=j-1;k>=0;k--)
    {
        printf("%c",p[k]);
    }
    printf("\n");
}
/*******************************************/

int main()
{

    int x=1,y=1,z=1,w=1,j=1,k=1;
    while(1)
    {
        printf("+================================+\n");
        printf("|              欢 迎 使 用 科 学 计 算 器              |\n");
        printf("+================================+\n");
        printf("\t*****按 数 字 选 择 功 能*******\n");
        printf("   [1]四则运算\n");
        printf("   [2]数制转换\n");
        printf("   [3]统计计算(求和以及平均值)\n");
        printf("   [4]求阶乘\n");
        printf("   [5]判断素数\n");
        printf("   [0]退出程序\n\n");
        scanf("%d",&x);
        if(x= =0)
        {
            printf("\t\t 谢 谢 使 用\n");
```

```
            break;
        }
        y=1;
        while(x= =1&&y)
        {
            y=arithmetic1();
        }
        while(x= =2&&y!=0)
        {
            y=trans();
        }
        while(x= =3&&y!=0)
        {
            printf("请输入需要处理的数的个数 n(n=0 返回上一级):");
            scanf("%d",&y);
            if(y= =0)
                break;
            sum(y);
        }
        while(x= =4&&y!=0)
        {
            printf("请输入 n!中的 n(n=0 返回上一级):");
            scanf("%d",&y);
            if(y= =0)
                break;
            fact(y);
        }
        while(x= =5&&y!=0)
        {
            printf("请输入需要判断的整数 n(n=0 返回上一级):");
            scanf("%d",&y);
            if(is_prime(y))
                printf("%d 是一个素数\n",y);
            else
                printf("%d 不是一个素数\n",y);
        }
    }
    return 0;
}
/* +对应 2，-对应 3，*对应 4，/对应 5 */
double cal(char *str)
{
    double ans=0,value=0,tp=0;
    int i,flag=2,fg;
    for(i=0;str[i]!='='&&str[i]!='\0';i++)
    {
        /*遇到运算符处理一个部分*/
```

```
        while(str[i]!='+'&&str[i]!='-'&&str[i]!='*'&&str[i]!='/')
        {
            if(str[i]= ='=')
                break;
            if(str[i]= =' ')
            {
                i++;
                continue;
            }
            value=value*10+str[i]-'0';
            i++;
        }
        if(str[i]= ='=')
        {
            if(flag= =2)
                ans+=value;
            else if(flag= =3)
                ans-=value;
            break;
        }
        if(str[i]= ='+'||str[i]= ='-')
        {
            switch(flag)
            {
                case 2:ans+=value;value=0;flag=str[i]= ='+'?2:3;break;
                case 3:ans-=value;value=0;flag=str[i]= ='+'?2:3;break;
                default :break;
            }
        }
        else if(str[i]= ='*'||str[i]= ='/')   //把连在一起的乘除作为一个部分来算
        {
            tp=0;
            if(str[i]= ='*')
                fg=4;
            else
                fg=5;
            i++;
            while(str[i]!='+'&&str[i]!='-'&&str[i]!='=')   //这个部分以+,-结束
            {
                while(str[i]!='='&&str[i]!='+'&&str[i]!='-'&&str[i]!='*'&&str[i]!='/')
                {
                    if(str[i]= =' ')
                    {
                        i++;
                        continue;
                    }
                    tp=tp*10+str[i]-'0';
```

```
                    i++;
                }
                switch(fg)
                {
                    case 4:value*=tp;tp=0;break;
                    case 5:value=value/(1.0*tp);tp=0;break;
                }
                switch(str[i])
                {
                    case '=':fg=1;break;
                    case '+':fg=2;break;
                    case '-':fg=3;break;
                    case '*':fg=4;break;
                    case '/':fg=5;break;
                }
                if(fg<=3)
                    break;
                i++;
            }
            switch(flag)
            {
                case 2:ans+=value;value=0;flag=(fg= =2?2:3);break;
                case 3:ans-=value;value=0;flag=(fg= =2?2:3);break;
            }
            if(fg= =1)
                break;
        }
    }
    return ans;
}
int arithmetic1()
{
    char   str[300];
    printf("\t 此简易计算器只限不带括号的整数四则运算\n");
    printf("请输入您要计算的表达式,以'='号结束,(直接回车退出)\n");
    getchar();
    gets(str);
    if(strlen(str)= =0)
        return 0;
    printf("%.1lf\n",cal(str));
    return 1;
}


/*************************************/
void fact(int n)
{
```

```
    int i,j,r,t;
    int dig[30001];                 /*存储结果的每个数字 */
    memset(dig,0,sizeof(dig));      /*开始每个数字都为零 */
    dig[0]=1;                       /*结果初始值　0 */

    for(i=2;i<=n;i++)               /*模拟乘法*/
    {
        r=0;
        for(j=0;j<30001;j++)
        {
            t=i*dig[j]+r;
            dig[j]=t%10;
            r=t/10;
        }
    }
    j=30000;
    while(dig[j]= =0)               /*忽视前导 0 */
        j--;
    printf("%d!= ",n);
    for(;j>=0;j--)
        printf("%d",dig[j]);
    printf("\n");
    return ;
}
int is_prime(int n)
{
    int i,tmp;
    if(n= =1)
        return 0;

    tmp=(int)sqrt(n);
    for(i=2;i<=tmp;i++)
        if(n%i= =0)
            return 0;
    return 1;
}

void sum(int n)
{
    double total=0;
    int i,x;
    printf("请输入%d 个数:",n);
    for(i=0;i<n;i++)
    {
        scanf("%d",&x);
```

```
            total+=x;
        }
        printf("n 个数的和=%.3lf\n",total);
        printf("n 个数的平均值=%.3lf\n",total/n);
        return ;
}
int trans()
{
        char r[40];
        int y,j,k;
        printf("\t按 数 字 选 择 被 转 换 的 数\n");
        printf("   [1]二进制\n");
        //printf("   [2]八进制\n");
        printf("   [2]十进制\n");
        printf("   [3]十六进制\n");
        printf("   [0]退出\n\n");

        scanf("%d",&y);
        if(y= =0)
            return 0;
        switch (y)
        {
            case 1: printf("\n 请选择转换后的进制:\n0:退出\n1:二进制\n2:十进制\n3:十六进制\n");
            scanf("%d",&j);
            if(j= =0)
                break;
            switch(j)
            {
                case 1: printf("\n 同进制之间不用转化！ \n");break;
                case 2: printf("\n 请输入您想要转化的数：");
                        scanf("%d",&k);
                        B_D(k);
                        break;
                case 3: printf("\n 请输入您想要转化的数：");
                        scanf("%d",&k);
                        B_X(k);
                        break;
                default:break;
            }
            break;
            case 2: printf("\n 请选择转换后的进制:\n 0、退出\n 1、二进制\n  2、十进制\n 3、十六进制\n");
            scanf("%d",&j);
            switch(j)
            {
```

```
                case 2: printf("\n 同进制之间不用转化！ \n");break;
                case 1: printf("\n 请输入您想要转化的数：");
                        scanf("%d",&k);
                        D_B(k);
                        break;
                case 3: printf("\n 请输入您想要转化的数：");
                        scanf("%d",&k);
                        D_X(k);
                        break;
                default:break;
            }
            break;
            case 3: printf("\n 请选择转换后的进制:\n0、退出\n1、二进制\n2、十进制\n3、十六进制\n");
            scanf("%d",&j);
            switch(j)
            {
                case 3: printf("\n 同进制之间不用转化！ \n");break;
                case 1: printf("\n 请输入您想要转化的数:");
                    fflush(stdin);
                    gets(r);
                    for(k=0;;k++)
                    {
                        if(r[k]= ='\0')
                        break;
                    }
                    X_B(r,k);
                    break;

                ase 2: printf("\n 请输入您想要转化的数:");
                        flush(stdin);
                    gets(r);
                    for(k=0;;k++)
                    {
                        if(r[k]= ='\0')
                            break;
                    }
                    X_D(r,k);
                    break;
                default:break;
            }
            break;
        }
        return 1;
    }
```

11.1.4 改进措施

为了增强科学计算器功能，我们还可以考虑使用数据结构——队列和栈。

栈是限定只能在表的一端进行插入和删除操作的线性结构，队列是限定只能在表的一端进行插入和在另一端进行删除操作的线性结构。栈必须按"后进先出"的规则进行操作，即栈保证任何时刻可访问、删除的元素都是最后存入栈里的那个元素。而队列必须按"先进先出"的规则进行操作，即队列被访问（删除）的总是最早存入队列里的那个元素。栈的基本运算是入栈（向栈中推入/压入一个元素）和出栈（从栈中删除/弹出一个元素）运算。队列的基本运算是入队（一个元素进入队列）和出队（删除队头元素）运算。

在 C 语言中，队列和栈可以用数组来存储，数组的上界即是队列和栈所容许的最大容量。栈通常由一个一维数组（用于存储栈中元素）和一个记录栈顶位置的变量——栈顶指针（注意它并非指针型变量，仅记录当前栈顶下标值）组成。进栈运算的主要操作是：①栈顶指针加 1；②将入栈元素放入到新的栈顶指针所指的位置上。出栈运算只需将栈顶指针减 1。

队列通常由一个一维数组（用于存储队列中元素）及两个分别指示队头和队尾的变量组成，这两个变量分别称为“队头指针”和“队尾指针”(注意它们并非指针型变量)。通常约定队尾指针指示队尾元素在一维数组中的当前位置，队头指针指示队头元素在一维数组中的当前位置的前一个位置。入队运算的主要操作是：①队头指针加 1;②将入队元素放入到新的队头指针所指的位置上。出队运算只需将队尾指针减 1。

中缀表达式到后缀表达式的转换过程算法如下：

（1）初始化一个空堆栈，将结果字符串变量置空。

（2）从左到右读入中缀表达式，每次一个字符。

（3）如果字符是操作数，将它添加到结果字符串。

（4）如果字符是个操作符，弹出（pop）操作符，直至遇见开括号（opening parenthesis）、优先级较低的操作符或者同一优先级的右结合符号。把这个操作符压入（push）堆栈。

（5）如果字符是个开括号，把它压入堆栈。

（6）如果字符是个闭括号（closing parenthesis），在遇见开括号前，弹出所有操作符，然后把它们添加到结果字符串。

（7）如果到达输入字符串的末尾，弹出所有操作符并添加到结果字符串。

对后缀表达式求值比直接对中缀表达式求值简单。在后缀表达式中，不需要括号，而且操作符的优先级也不再起作用了。可以用如下算法对后缀表达式求值：

（1）初始化一个空堆栈。

（2）从左到右读入后缀表达式。

（3）如果字符是一个操作数，把它压入堆栈。

（4）如果字符是个操作符，弹出两个操作数，执行恰当操作，然后把结果压入堆栈。如果您不能够弹出两个操作数，后缀表达式的语法就不正确。

（5）到后缀表达式末尾，从堆栈中弹出结果。若后缀表达式格式正确，那么堆栈应该为空。

11.1.5　科学计算器改进后的功能函数如下

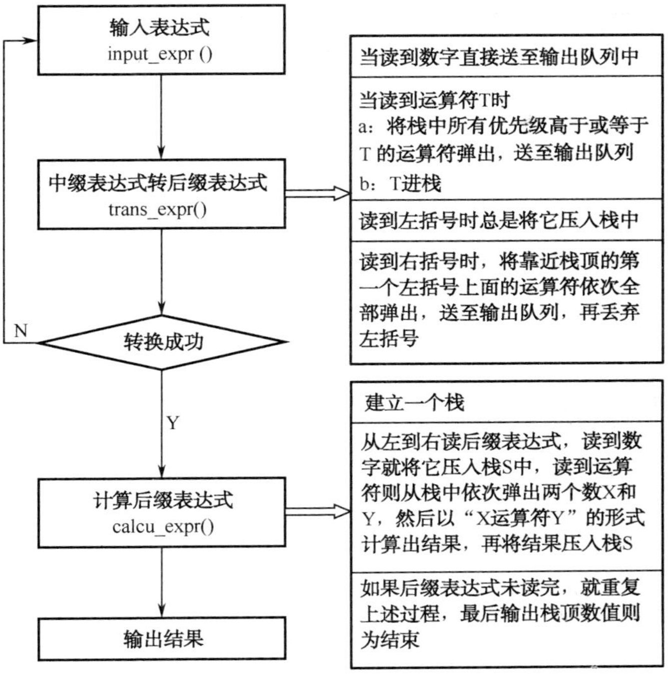

科学计算器的数据结构设计如下：

宏：

```
#define TEST                /*表示测试阶段*/
#define MAX_SIZE 100        /*表达式长度*/
#define LBRACKET 0          /*左括号*/
#define RBRACKET 1          /*右括号*/
#define ADD 2               /*加*/
#define SUB 3               /*减*/
#define MUL 4               /*乘*/
#define DIV 5               /*乘*/
#define INT 6               /*整数*/
#define DOUBLE 7            /*浮点数*/
```

数据结构：

```
表达式节点
struct ExprNode{
    int n;              //表达式节点类型
    double p;               //表达式节点数据
};
```

中缀表达式：

```
struct ExprNode infixExpr[MAX_SIZE];
int infixLen;
```

后缀表达式：

```
struct ExprNode suffixExpr[MAX_SIZE];
int suffixLen;
```

后缀转换栈：

```
int transStack[MAX_SIZE];
int transTop;
```

后缀表达式运算栈：

```
struct ExprNode calcuStack[MAX_SIZE];
int calcuTop;
```

函数过程：

```
__inline int get_char( char *c )
缓冲变量无字符则读入字符
读入成功返回 0,否者返回-1

int input_expr( void )
读入表达式
若输入非法字符则返回-1，否则返回 0

int pri( int a, int b )
优先级计算
若 a 优先于 b 则返回-1,否则返回 0

int trans_expr( void )
中缀表达式转换为后缀表达式
括号不匹配返回-1,否则返回 0

__inline int maxn( int a, int b )
求最大值

struct ExprNode calcu( struct ExprNode *a, struct ExprNode *b, int c )
计算 a 和 b 做 c 运算的结果

int calcu_expr( void )
计算后缀表达式
表达式计算失败返回-1,否则为 0

void show( void )
输出运算结果
```

11.2　学生成绩管理系统

11.2.1　设计要求

设计要求实现的功能较多，所以将他们分为几个部分叙述。

1. 建立文件

（1）可以使用默认文件名或指定文件名将记录存储到文件。

（2）文件保存成功返回 0，失败返回-1。

（3）设置保存标志 savedtag 作为是否已对记录进行存储操作的信息。

（4）写同名文件将覆盖原来文件的内容。

2. 增加学生记录

（1）可在已有记录后面追加新的记录。

（2）可以随时用它增加新的记录，它们仅保存在结构数组中。

（3）可以将一个文件读入，追加在已有记录之后。

（4）如果已经采取用文件追加的方式，在没有保存到文件之前，将继续保持文件追加状态，以便实现连续文件追加操作方式。

（5）如果没有记录存在，给出提示信息。

3. 新建学生信息文件

（1）用来重新建立学生信息记录。

（2）如果已经有记录存在，可以覆盖原记录或者在原记录后面追加，也可以将原有记录信息保存到一个指定文件，然后重新建立记录。

（3）给出相应的提示信息。

4. 显示记录

（1）如果没有记录可供显示，给出提示信息。

（2）可以随时显示内存中的记录。

（3）显示表头。

5. 文件存储

（1）可以按默认名字或指定名字存储记录文件。

（2）存储成功返回 0，否则返回-1。

（3）更新存储标志。

6. 读取文件

（1）可以按默认名字或指定名字将记录文件读入内存。

（2）读取成功返回 0，否则返回-1。

（3）可以将指定或默认文件追加到现有记录的尾部。

（4）可以将文件连续追加到现有记录并更新记录的名次。

（5）更新存储标志。

7. 删除记录

（1）可以按“学号”、“姓名”或“名次”方式删除记录。

（2）给出将被删除记录的信息，经确认后再删除。

（3）如果已经是空表，删除时应给出提示信息并返回住菜单。
（4）如果没有要删除的信息，输出没有找到的信息。
（5）应该更新其他记录的名次。
（6）删除操作仅限于内存，只有执行存记录时，才能覆盖原记录。
（7）更新存储标志。

8．修改记录

（1）可以按“学号”、“姓名”或“名次”方式修改记录。
（2）给出将被修改记录的信息，经确认后进行修改。
（3）如果已经是空表，应给出提示信息并返回住菜单。
（4）如果没有找到需要修改的信息，输出提示信息。
（5）应该同时更新其他记录的名次。
（6）修改操作仅限于内存，只有进行存储操作时，才能覆盖原记录。
（7）更新存储标志。

9．查询记录

（1）可以按“学号”、“姓名”或“名次”方式查询记录。
（2）能给出查询记录的信息。
（3）如果查询的信息不存在，输出提示信息。

10．对记录进行排序

（1）可以按学号进行升序或降序排序。
（2）可以按名称进行升序或降序排序。
（3）可以按名次进行升序或降序排序。
（4）如果属于选择错误，可以立即退出排序。
（5）更新存储标志。

另外，还对模块设计的要求如下：
（1）要求使用多文件方式实现设计。
（2）要求在各个文件内实现结构化设计。
（3）每个模块作为一个单独的 C 文件，每个文件内的函数如表 12-1 所示，表中给出了各个函数的功能说明。
（4）宏和数据结构等放在头文件中，并使用条件编译。

11.2.2　函数和数据结构设计

本设计有 5 个 C 文件（17 个函数）和一个头文件组成，每个 C 文件都代表着某特定的功能，它们的关系如表 11-1 所示。设计将更加注意模块化，以便展示 C 语言的编程风格。

程序包含文件的存、取过程。它的功能就是按输入顺序建立记录。如果原来没有记录文件，可以重新建立一个文件；如果已经有记录，可以先把文件内容输入，然后把新记录追加到原来记录的尾部；也可以单独建立新文件，以后再使用读取文件的方法拼接。

由上述功能分析可以看到它的全貌。因为它有并列选择，所以可以用选择菜单方便地实现。这个菜单具有 10 个选择项，用 switch 语句可以实现这些选择。可以用程序结构图对它们进行描述，因为并不复杂，所以不再赘述。

表 11-1　文件及函数组成

源　文　件	函数名或其他成分	功　　能
Student.c	main	总控函数
	menu-select	菜单选择
	handle-menu	菜单处理
	newrecords	新建学生信息记录
	quit	结束运行
Add-disp.c	showtable	打印表头
	getindex	按升序排序的位置
	addrecord	在表尾追加信息
	display	显示信息
Que-rewv-modi.c	removerecord	删除指定的记录
	findrecord	查找指定的信息
	queryinfo	查询指定学生的信息
	copyrecord	复制记录
	modifyrecord	修改指定学生的信息
Save-load	save records	文件储存
	load records	文件读取
Sort.c	sortinfo	排序
Student.h	常数	提供常数
	结构声明	学生成绩结构
	库函数及函数原型声明	引用库函数及函数

每个学生信息资料用一个 stuinfo 结构来保存，所有学生用数组全局变量 records 来保存，数组 records 的元素为 stuinfo 结构。其中的宏定义 INITIIAL-SIZE 表示数组初始大小，当已经分配的数组大小不够用时，将真假数组的大小，INCR-SIZE 为当每次增加的大小。全局变量 numstus 表示数组中记录的学生数，arraysize 视为数组分配的空间大小。全局变量 savedtag 是信息是否已保存的标志，当数组内容被文件保存值文件后，设为“已保存”状态，当数组内容被修改之后，设为“未保存”状态。

下面分别描述这些函数，建立它们的函数原型。

1．文件存储操作函数

函数原型：int saverecords(void)

功能：将记录存入默认文件 stu_info 或者指定文件。

参数：void

返回值：成功 0，失败-1

工作方式：数组 records 被保存至指定文件。

要求：报告是否有记录可存、是否能正常建立或打开文件、根据要求执行存入操作并报告存入记录的条数。

2．文件读取操作函数

函数原型：int　loadrecords(void)

功能：将默认文件 stu_info 或者指定文件里的记录取入内存。

参数：void

返回值：成功 0，失败-1

工作方式：records 将为从指定文件中读取出的记录。

要求：报告是否有记录可存、能否能正常打开文件、是否覆盖已有记录以及读取记录的条数。

3．显示所有学生信息的函数

函数原型：int　display(void)

功能：显示内存里的记录信息。

参数：void

返回值：void

工作方式：从头部开始逐个显示记录内容。

要求：报告是否有记录及记录条数和内容。

4．增加信息函数

函数原型：void addrecord(void)

功能：增加记录。

参数：void

返回值：void

工作方式：从尾部开始逐个追加记录。

要求：将新记录追加在记录尾部，并对记录进行计数。

5．打印表头函数

函数原型：void showtable(void)

功能：打印表头。

参数：void

返回值：void

工作方式：输出一行表头信息。

要求：将表头按制表符打印要求。

6．输出在记录中按升序排序的位置

函数原型：void getindex(float sum)

功能：找出总分为 sum 在第 0 至 numstus-1 个记录中按升序排序的。

参数：float,预找出其位置的总分。

回值：int,sum 在第 0 至 numstus-1 个记录中按升序排序的。

工作方式：查找并计数。

要求：输出位置整数。

7．删除记录函数

函数原型：void removerecord(void)

功能：删除内存数组中的制定记录。

参数：void

返回值：void
工作方式：根据给定的关键字，查找符合的记录并删除。
要求：将后面的记录前移，同时改变名次并给出相关信息。

8．查找指定记录函数

函数原型：void findrecord(char*,int,int)
功能：查找指定的记录。
参数：char*target:预查找记录的某一项与 target 相同。
　　intb targettype：表明通过哪一项来查找，0 为学号，1 为姓名，2 为名次。
　　int form:从第 from 个记录开始找。
返回值：int 找到的记录的序号，若找不到则返回-1。
工作方式：根据给定的关键字，查找符合记录的序号。
要求：找不到则返回-1。

9．查询指定学生信息的函数

函数原型：void queryinfo(void)
功能：将一个文件的内容追加到另一个文件的尾部。
参数：void
返回值：void
工作方式：可以按照学号、姓名或名次来查询。
要求：打印查询到的学生的信息或给出相关信息。

10．记录复制函数

函数原型：void copyrecord(stuinfo*,stuinfo*)
功能：将 stc 指向的一条记录复制给 dest 指向的记录。
参数：stuinfo*src:源记录　stuinfo*dest:目的记录。
返回值：void
工作方式：将源记录逐条复制到目的记录。
要求：正确复制字符串。

11．修改指定学生信息函数

函数原型：void modifyrecord(void)
功能：找到指定记录并修改。
参数：void
返回值：void
工作方式：可以按照学号、姓名或名次找到要修改的记录，确认后方可修改。
要求：同时需调整名次。

12．学生信息排序函数

函数原型：void sortinfo(void)
功能：对记录进行排序。
参数：void
返回值：void
工作方式：可以按照学号、姓名或名次排序。
要求：升序或降序排序。

13．菜单处理函数

函数原型：void handle_menu(void)

功能：处理选择的菜单命令。

参数：void

返回值：void

工作方式：根据命令，调用相应函数。

要求：给出结束信息。

14．菜单选择函数

函数原型：int menu_select(void)

功能：接受用户选择的命令代码。

参数：void

返回值：int

工作方式：返回命令代码的整数值。

要求：只允许选择规定键，如果输入不合要求，则提醒用户重新输入。

15．新建学生信息记录的函数

函数原型：void　newrecords(void)

功能：重新建立输入信息记录。

参数：void

返回值：void

工作方式：根据修要调用 saverecords 函数。

要求：若原来信息没有保存，则保存原来的信息，然后重新输入信息记录。

16．结束程序运行函数

函数原型：void　quit(addr*)

功能：结束程序运行。

参数：void

返回值：void

工作方式：根据要求决定在推出前是否将修改的记录存入文件。

要求：结束运行之前，询问是否对修改的记录进行存储。

17．主函数

函数原型：void　main(void)

功能：控制程序。

参数：void

返回值：void

要求：管理菜单命令并完成初始化。

18．头部文件

文件名称：student.h

功能：声明函数原型，包含文件及自定义宏和数据结构。

要求：报告是否能正常打开文件执行存入操作及记录的条数。

11.2.3　学生成绩管理系统参考源代码

1．student.h 文件

```
#ifndef   H_STUDENT_HH
#define   H_ STUDENT_HH

#include<stdio.h>
#include<stdio.h>
#include<stdio.h>
#include<stdio.h>

#define   INITIAL_SIZE   100                  /*树组初始大小 */
#define   INCR_SIZE   50                      /*数组每次增加的大小 */
#define   NUM_SUBJECT   5                     /*科目数 */

struct student_info
   {
      char   number[15];                      /*学号 */
      char   name[20];                        /*姓名 */
     char    gender[4];                       /*性别 */
     float    score[NUM_SUBJECT];             /*分别为该学生 5 门课的成绩 */
     float    sum;                            /*总分 */
     float    average;                        /*平均分 */
     int       index;                         /*名次 */
  };
typedef   struct   student_info   stuinfo;

extern    int   numstus;                      /*记录的学生数 */
extern    stuinfo*records;                    /*记录学生信息的数组 */
extern    char   savetag;                     /*信息是否已保存的标志,0 为以保存,1 位未保存 */
extern    int   arraysize;                    /*数组大小 */
extern    char* subject[];

void      handle_menu(void);
int        menu_select(void);
void      addrecord(void);
void      modifyrecord(void)
void      display(void);
void      queryinfo(void);
void      removerecord(void);
void      sortinfo(void);
int        saverecords(void);
int        loadrecords(void);
void      newrecords(void);
void      quit(void);
void      showtable(void);
```

```
int        findrecord(char*target, int   targettype, int from);
int        getindex(float sum);
void       copyrecord(stuinfo*src, stuinfo*dest);

#endif       //H_STUDENT_HH
```

2. student.c

```
#include<student.h>
int   numstus=0;
stuinfo   *records=null;
char    savedtag=0;
int       arraysize;
char*    subject[ ]={"语文", "数学", "英语", "物理", "化学"};

int   main()
{
    /*初始化数组 */
records=(stuinfo*)malloc(stuinfo)*INITIAL_SIZE);
if (records= =null)
{
        printf(“memory   fail!”);
        exit(-1);
}
arraysize = INITIAL_SIZE;
printf(“\n”);
printf(“\t******************************\n”);
printf(“\t*          这是一个               *\n”);
printf(“\t*         学生成绩管理程序        *\n”);
printf(“\t     可以对学生成绩进行管理     *\n”);
printf(“\t         欢迎使用管理程序         *\n ”);
printf(“\n”);

handle_menu();
}

void   handle_menu(void)
{
      for(  ;   ;   )
        {
            switch(menu_select())
              {
                  case   0:
                            addrecord();
                            break;
                  case   1:
                            modifyrecord();
                            break;
```

```
            case   2:
                    display();
                    break;
            case   3:
                    queryinfo();
                    break;
            case   4:
                    removerecord();
                    break;
            case   5:
                    sortinfo();
                    break;
            case   6:
                    saverecords();
                    break;
            case 7:
                    loadrecords();
                    break;
            case 8:
                    newrecords();
                    break;
            case 9:
                    quit();
            }
        }
}

int   menu_select()
{
    char   s[2];
    int     cn=0;
    printf(“\n”);
    printf(“\t0.增加学生信息\n”);
    printf(“\t1.修改学生信息\n”);
    printf(“\t2.显示学生信息\n”);
    printf(“\t3.查询学生信息\n”);
    printf(“\t4.删除学生信息\n”);
    printf(“\t5.对学生信息进行排序\n”);
    printf(“\t6.保存学生信息至记录文件\n”);
    printf(“\t7.从记录文件读取学生信息\n”);
    printf(“\t8.新建学生信息文件\n”);
    printf(“\t9.结束运行\n”);
    printf(“\n\t 左边数字对应功能选择，请选 0-9：”);

    for( ; ; )
    {
        gets(s);
```

```
        
            cn=atoi(s);
            if(cn= =0&&(strcmp(s, "0")!=0)) cn=11; //处理键入的非数字键，过滤出数字 0
            if(cn<0||cn>9) printf("\n\t 输出错误，重选 0—9：");
            else   break;
        }
        return   cn;
    }
        /*新建学生信息记录 */
    void newrecords(void)
  {
      char   str[5];
      if(numstus!=0)
      {
          printf("现在已经有记录,选择处理已有记录的方法。\n");
          printf("是否保存原来的记录？(Y/n) ");
          gets(str);
          if(str[0]!='n'&&str[0]!= 'N' )
              saverecords();
      }
  }

    numstus=0;
    addrecord();
}
    /*结束运行，退出 */
void   quit(void)
{
    char   str[5];
    if   (savedtag= =1)
    {
        printf("是否保存原来的记录？(Y/n)");
        gets(str);
        if(str[0]!= 'n'&&str[0]!= 'N' )
            saverecords();
    }
    free(records);
    exit(0);
}
```

3．add_disp.c

```
#include<student.h>
/*打印表头 */
void   showtable(void)
{
    int   j;
     printf("学号\t 姓名\t 性别");
```

```
        for(j=0;j<num_subject;j++)printf("\t%s",subject[j]);
        printf("\t 总分\t 平均分\t 名次\n");
}
/*显示所有的学生信息 */
void   display(void)
{
     int i,j;
     if(numstus= =0)
     {
          printf("没有可供显示记录！ ");
         return;
     }
     shoetable();
     for (i=0;i<numstus;i++)
     {
         /*打印学生信息 */
     printf(("%s\t%s\t%s",records[i].number,records[i].name, records[i].gender);
     for(j=0;j<num_subject;j++)
     printf("\t%.1f",records[i].score[j]);
     printf("\t%.1f\t%.1f\t%d\n",records[i].sum,records[i].average,records[i].index);
     /*打印满 20 个记录后停下来 */
     if (i%20= =0&&i!=0)
     {
        printf("输入任意字符后继续…\n");
        getch();
        printf("\n\n");
        showtable();
     }
   }
}
  /*在当前表的末尾增加新的信息 */
void   addrecord(void)
{
     char   str[10];
     int   j;
     float   mark,sum;
     if(numstus= =0)
        printf("原来没有记录，现在建立新表\n");
     else
        printf("下面在当前表的末尾增加新的信息\n");
     while(1)
     {
         printf("您将要添加一组信息，确定吗？(Y/n)");
         gets(str);
         if(str[0]= = 'n' ||str[0]= = 'N' )        /*不再添加新的信息 */
                 break;
          if(numstus>=arraysize)                    /*数组空间不足，需要重新申请空间 */
```

```
            {
                records=realloc(records,(arraysize+INCR_SIZE)*sizeof(stuinfo));
                if(records= =NULL)
                {
                    printf("memory    failed!");
                   exit(-1);
               }
               arraysize=arraysize+INCR_SIZE;
           }
           printf("请输入学号：");
           gets(records[numstus].number);
           printf("请输入姓名：");
           gets(records[numstus].name);
           printf("请输入性别（0 为女，1 为男）：");
           gets(str);
           if(str[0]= = '0')
                strcpy(records[numstys].gender, '女');
           else
                strcpy(records[numstys].gender, '男');
           sum=0;
           for(j=0;j<NUM_SUBJECT;j++)
           {
               printf("请输入%s 成绩：", subject[j]);
               gets(str);
               mark=(float)atof(str);
               records[numstus].score[j]=mark;
               sum+=mark;
           }
           records[numstus].sum=sum;
           records[numstus].average=sum/NUM_SUBJECT;
           records[numstus].index=getindex(sum);
           numstus++;
       }
       printf("现在一共有%d 条信息\n",numstus);
       savedtag=1;
    }

    int    i;
    int    count=0;                                  /*总分大于 sum 的人数 */
    for (i=0;i<numstus;i++)
    {
        if (records[i].sum<sum)
        {
            records[i].index++;                      /*总分小于 sum 的记录名次增 1 */
        }
        else    if (records[i].sum>sum)
        {
```

```
                count++;
        }
    }
    return   count+1
}
```

4．sav_load.c

```
#include<student.h>
int saverecords()
{
    FILE   *fp;
    Char   fname[30];
    If(numstus= =0)
    {
      printf( “没有记录可存！”);
      return –1;
    }
    printf(“请输入要存入的文件名（直接回车选择文件 stus_info）:”);
    gets(fname);
    if(strlen(fname)= =0)
        strcpy(fname,”stus_info”);
    if((fp=fopen(fname,”wb”))= =NULL)
    {
      printf(“不能存入文件！ \n”); ；
      return –1;
    }
    printf(“\n 存文件…\n”);
    fwrite(records,sizeof(stuinfo)*numstus,1,fp);
    fclose(fp);
    printf(“%d 条记录已经存入文件，请继续操作。\n”,numstus);
    savedtag=0;
    return 0;                                   /*更新是否已保存的标志 */
}

int   loadrecords(void)
{
  FILE   *fp;
  Char   fname[30];
  Char   str[5];

  If (numstus!=0&&savedtag= =0)
  {
      printf(“请选择您是要覆盖现有记录（y）,还是要将”);
      printf(“读取得记录添加到现有记录之后(n)?\n”);
      printf(“直接回车则覆盖现有记录\n”);
      gets(str);
      if(str[0]= = ‘n’ ||str[0]= = ‘N’ )
```

```
        {
            savedtag=1;
        }
        else
        {
            if ( savedtag= =1)
            {
                printf("读取文件将会更改原来的记录，");
                printf("是否保存原来的记录？(Y/n)");
                gets(str);
                if (str[0]!= = 'n' &&str[0]!= = 'N' )
                    saverecords();
            }
            numstus=0;
        }
    }
    printf("请输入要读取得文件名（直接回车选择文件 stu_info）:");
    gets(fname);
    if(strlen(fname)= =0)
            strcpy(fname,"stu_info");
    if((fp=fopen(fname,"rb"))= =NULL)
    {
        printf("打不开文件！ 请重新选择\n");
        return –1;

    }
    printf("\n 取文件…\n");
    while(!feof(fp))
    {
        if(numstus>=arraysize)
        {
            records=realloc(records,(arraysize+INCR_SIZE)*sizeof(stuinfo))
            ;
            if(records= =NULL)
            {
                printf("memory   failed!");
                exit(-1);
            }
            arraysize= arraysize+INCR_SIZE;
        }
        if (fread(&records[numstus],
                sizeof(stuinfo),1,fp)!=1) break;
        records[numstus].index=getindex(records[numstus].sum);numstus++;
    }
    fclose(fp);
    printf("现在共有%d 条记录。"numstus);
    return 0;
}
```

5. quee_remv_modi.c

```
#include<student.h>
int  findrecord(char*target,int  targettype,int from)
{
     int i;
     for (i=from;i<numstus;++)
     {
        if((targettype= =0&&strcmp(target,records[i].number)= =0)||
           (targettype= =1&&strcmp(target,records[i].number)= =0)||
           (targettype= =2&&atoi(target)= =records[i].index))
        return  i;
     }
     return  -1;
}

void  queryinfo(void)
{
     char  str[5];
     char  target[20];
     int  type;
     int  count;
     int  i,j;
     if(numstus= =0)
     {
        printf(“没有可供查询的记录！”);
        return;
     }
     while(1)
     {
        printf(“请输入查询的方式：（直接输入回车则结束查询）\n”);
        printf(“1.按学号\n”);
        printf(“2.按姓名\n”);
        printf(“3.按名次\n”);
        gets(str);
        if(strlen(str)= =0)
             break;
        if(str[0]= = ‘1’ )
        {
             printf(“请输入欲查询的学生的学号：”);
          gets(target);
          type=0;
         }
         else  if  (str[0]= = ‘2’ )
         {
           printf(“请输入欲查询的学生的姓名：”);
           gets(target);
```

```
                type=1;
            }
            else
            {
                printf(“请输入欲查询的学生的名次：”);
                gets(target);
                type=2;
            }
        i=findrecord(target,type,o);
        if(i= =1)
        {
            showtable();
        }
        count =0;
        while(i!=-1)
        {
            count++;
            printf((“%s\t%s\t%s”,records[i].number,records[i].name, records[i].gender);
            for(j=0;j<num_subject;j++)
            printf(“\t%.1f”,records[i].score[j]);
           printf(“\t%.1f\t%.1f\t%d\n”,records[i].sum,records[i].average,records[i].index);
            I=findrecord(target,type,i+1);
          }
          if (count= =0)
            printf(“没有符合条件的学生!\n”);
          else
              printf(“一共找到了%d 名学生的信息\n\n”,count);
        }
    }

    void   removerecord(void)
    {
          char   str[5];
          char   target[20];
          int   type;
          int   tmpi;
          int   i,j;
        if(numstus= =0)
        {
              printf(“没有可供删除的记录！”);
              return;
        }
        while(1)
        {
                printf(“请输入如何找到欲删除的记录的方式：”);
                printf(“（直接输入回车则结束移除操作）\n”);
                printf(“1.按学号\n”);
```

```
            printf("2.按姓名\n");
            printf("3.按名次\n");
            gets(str);
            if(strlen(str)= =0)
                break;
            if(str[0]= = '1' )
            {
                printf("请输入欲查询的学生的学号：");
                gets(target);
                type=0;
            }
           else  if  (str[0]= = '2' )
           {
              printf("请输入欲查询的学生的姓名：");
              gets(target);
              type=1;
           }
           else
           {
              printf("请输入欲查询的学生的名次：");
              gets(target);
              type=2;
           }
         i=findrecord(target,type,o);
         if(i= =-1) printf("没有符合条件的学生!\n");
         while(i!=-1)
         {
          showtable();
          printf(("%s\t%s\t%s",records[i].number,records[i].name, records[i].gender);
          for(j=0;j<num_subject;j++)
          printf("\t%.1f",records[i].score[j]);
          printf("\t%.1f\t%.1f\t%d\n",records[i].sum,records[i].average,records[i].index);
          printf("确定要删除这个学生的的信息吗？(Y/N)");
          gets(str);
                       }
       if(str[0]= = 'y' ||STR[0]= = 'Y' )
       {
            numstus--;
            tmpi=records[i].index;
            for(j=i;j<numstus;j++)
            {
                copyrecord(&records[j+1],&records[j]);
             }
            for(j=0; j<numstus;j++)
            {
                if(records[j].index>tmpi)
                     records[j].index--;
```

```
                }
                i=findrecord(target,type,i++);
            }
        }
        savedtag=1;
    }

    void   copyrecord(stuinfo*src,stuinfo*dest)
    {
        int   j;
        strcpy(dest->number,src->number);
        strcpy(dest->name,src->name);
        strcpy(dest->gender,src->gender);
        for(j=0;j<NUM_SUBJECT；++)
        {
                dest->score[j]=src->score[j];
        }
        dest->sum=src->sum;
        dest->average=src->average;
        dest->index=src->index；

    void    modifyrecord(void)
    {
            char   str[5];
            char   target[20];
            int   type;
            int   tmpi;
            float   sum,mark;
            int   count=0;
            if(numstus= =0)
            {
                printf("没有可供选择的记录！")；
                return;
            }
            while(1)
        {
            printf("请输入如何找到欲修改的记录的方式：");
            printf("（直接输入回车则结束移除操作）\n");
            printf("1.按学号\n");
            printf("2.按姓名\n");
            printf("3.按名次\n");
            gets(str);
            if(strlen(str)= =0)
                break;
            if(str[0]= = '1')
            {
                printf("请输入欲查询的学生的学号：");
```

```
                gets(target);
                type=0;
            }
            else  if  (str[0]= = ‘2’ )
            {
                printf(“请输入欲查询的学生的姓名：”);
                gets(target);
                type=1;
            }
            else
            {
                printf(“请输入欲查询的学生的名次：”);
                gets(target);
                type=2;
            }
           i=findrecord(target,type,o);
           if(i= =-1) printf(“没有符合条件的学生!\n”);
           while(i!=-1)
           {
            showtable();
            printf((“%s\t%s\t%s”,records[i].number,records[i].name, records[i].gender);
            for(j=0;j<num_subject;j++)
            printf(“\t%.1f”,records[i].score[j]);
            printf(“\t%.1f\t%.1f\t%d\n”,records[i].sum,records[i].average,records[i].index);
            printf(“确定要修改这个学生的的信息吗？(Y/N)”);
            gets(str)
            if(str[0]= = ‘y’ ||STR[0]= = ‘Y’ )
            {
                tmpi=records[i].index;
                printf(“下面请重新输入该学生的信息：\n”);
                printf(“请输入学号：”);
                gets(records[numstus].number);
                printf(“请输入姓名：”);
                gets(records[numstus].name);
                printf(“请输入性别（0 为女，1 为男）：”);
                gets(str);
                if(str[0]= = ‘0’ )
                    strcpy(records[numstys].gender, ‘女’ );
                else
                    strcpy(records[numstys].gender, ‘男’ );
                sum=0;
                for(j=0;j<NUM_SUBJECT;j++)
                {
                    printf(“请输入%s 成绩：”, subject[j]);
                    gets(str);
                    mark=(float)atof(str);
                    records[i].score[i]=mark;
```

```
                    sum+=mark;
                }
                records[i].sum=sum;
                records[i].average=sum/NUM_SUBJECT;

                count=0;
                for(j=0;j<numstus;j++)
                {
                    if(j= =I)continue;
                    if(records[j].index>tmpi&&records[j].sum>sum)
                    records[j].index--;
                    elseif(records[j].index<=tmpi&&records[j].sum<sum)
                    records[j].index++;
                    if(records[j].sum>sum)
                      count++;
                }
                records[j].index=count+1;
            }
            i=findrecord(target,type,i++);
        }
    }
    savedtag=1;
}
```

6．sort.h

```
#include<student.h>
void   sortinfo(void)
{
            char   str[5];
            int   i,j;
            stuinfo     tmps;
            if(numstus= =0)
            {
                printf("没有可供排序的记录！ ");
                return;
             }
             printf("请输入您希望进行排序的方式：\n");
             printf("1.按学号进行升序排序\n");
             printf("2.按学号进行降序排序\n");
             printf("3.按名称进行升序排序\n");
             printf("4.按名称进行降序排序\n");
             printf("5.按名次进行升序排序\n");
             printf("6.按名次进行降序排序\n");
             printf("7.按错了，我并不想进行排序 \n");
             gets(str);
             if    (str[0]< '1' || str[0]> '6' ) return;
             for   (i=0;i<numstus-1;i++)
```

```
        {
            for  (j=i+1;j<numstus;j++)
            {
                if((str[0]== '1'&&strcmp(records[i].number, records[j].number)>0)||(str[0]= ='2'&&strcmp(records[i].number,records[j].number)<0)|| (str[0]= ='3'&&strcmp(records[i].name, records[j].name)>0)||(str[0]= ='4'&&strcmp(records[i].name,records[j].name)<0)||(str[0]= ='5'&&records[i].index>records[j]. index))||str[0]= ='6'&&records[i].index<records[j].index))
                {
                    copyrecord(&records[i],&tmps);
                    copyrecord(&records[j],& records[i]);
                    copyrecord(&tmps, &records[j]);
                }
            }
        }
    printf("排序已经完成\n");
    savedtag=1;
}
```

习　　题

一、请试试对科学计算器按下述要求进行扩展。

1．数制转换功能：可进行十进制、二进制、八进制、十六进制整数的相互转换；角弧度转换等运算。

2．函数运算：幂运算、模运算，平方根运算、三角函数、对数、指数运算。

3．统计计算：可计算一系列数据的和，平均值等。

4．求阶乘、求素数运算。

5．其他：如联立方程、复数运算、矩阵运算、微积分、傅立叶变换、算式解析等。

二、请对学生成绩管理系统按下述要求进行扩展。

本书所述学生成绩管理系统几乎应用到了本书所有章节的内容，而且还对算法、数据结构、函数封装、代码风格等方面的内容进行了讨论。但对于实际的学生成绩管理系统，还需具有以下功能，请各位同学思考和完善：

1．对各科成绩进行分析（即求单科平均成绩、及格率和优秀率）。

2．对每个学生的成绩分析（求其平均成绩，并将将学生成绩转化为等级）。

3．根据条件进行学生成绩汇总。

另外，程序没有对用户输入数据的有效性进行限制和检查。例如，成绩的录入应是 0—100 之间的数值，姓名的录入应是 2～4 个字的汉字或英文字母。如果用户输入有误，在输入前可以修改，而在输入确认后就没有办法再修改了，输入的无效数据也作为有效数据保存起来了，此时，要么强制中断，要么将余下的数据输入完毕才能结束程序运行，这对用户的要求过高。那么，请同学们在程序中加入异常处理，检查用户输入数据的有效性，以保证程序的健壮性。

此外，上述学生信息排序函数使用的是冒泡排序方法，请试试用选择法排序或者索引排序，并比较它们之间的执行效率。

附录

附录 A　ASCII 码表

ASCII 值	控 制 字 符	ASCII 值	控 制 字 符	ASCII 值	控 制 字 符	ASCII 值	控 制 字 符
0	NUT	32	(space)	64	@	96	、
1	SOH	33	!	65	A	97	a
2	STX	34	”	66	B	98	b
3	ETX	35	#	67	C	99	c
4	EOT	36	$	68	D	100	d
5	ENQ	37	%	69	E	101	e
6	ACK	38	&	70	F	102	f
7	BEL	39	,	71	G	103	g
8	BS	40	(	72	H	104	h
9	HT	41	)	73	I	105	i
10	LF	42	*	74	J	106	j
11	VT	43	+	75	K	107	k
12	FF	44	,	76	L	108	l
13	CR	45	–	77	M	109	m
14	SO	46	.	78	N	110	n
15	SI	47	/	79	O	111	o
16	DLE	48	0	80	P	112	p
17	DCI	49	1	81	Q	113	q
18	DC2	50	2	82	R	114	r
19	DC3	51	3	83	X	115	s
20	DC4	52	4	84	T	116	t
21	NAK	53	5	85	U	117	u
22	SYN	54	6	86	V	118	v
23	TB	55	7	87	W	119	w
24	CAN	56	8	88	X	120	x
25	EM	57	9	89	Y	121	y
26	SUB	58	:	90	Z	122	z
27	ESC	59	;	91	[	123	{
28	FS	60	<	92	/	124	|
29	GS	61	=	93	]	125	}
30	RS	62	>	94	^	126	~
31	US	63	?	95	—	127	DEL

控制字符的控制解释

NUL 空	BEL 报警	SO 移位输出	NAK 否定	FS 文字分隔符
SOH 标题开始	BS 退一格	SI 移位输入	SYN 空转同步	GS 组分隔符
STX 正文开始	HT 横向列表	DLE 空格	ETB 信息组传送结束	RS 记录分隔符
ETX 正文结束	LF 换行	DC1 设备控制 1	CAN 作废	US 单元分隔符
EOY 传输结束	VT 垂直制表	DC2 设备控制 2	EM 纸尽	DEL 删除
ENQ 询问字符	FF 走纸控制	DC3 设备控制 3	SUB 换置	
ACK 承认	CR 回车	DC4 设备控制 4	ESC 换码	

附录B　C语言运算符的优先级与结合性

优先级	运算符	功能	适用范围	结合性
15	( )	整体表达式、参数表	表达式	→
	[ ]	下标	参数表	
	.	存取成员	数组	
	->	通过指针存取的成员	结构/联合	
			结构/联合	
14	!	逻辑非	逻辑运算	←
	~	按位求反	位运算	
	++	加 1	自增	
	--	减 1	自减	
	-	取负	算术运算	
	&	取地址	指针	
	*	取内容	指针	
	(type)	强制类型	类型转换	
	sizeof()	计算占用内存长度	变量/数据类型	
13	*	乘	算术运算	→
	/	除		
	%	整数取模		
12	+	加		
	-	减		
11	<<	位左移	位运算	→
	>>	位右移		
10	<	小于	关系运算	→
	<=	小于等于		
	>	大于		
	>=	大于等于		
9	= =	恒等于		
	!=	不等于		
8	&	按位与	位运算	→
7	^	按位异或		
6	|	按位或		
5	&&	逻辑与	逻辑运算	→
4	||	逻辑或		
3	?:	条件运算	条件	←

续表

优先级	运 算 符	功 能	适用范围	结合性
2	= op=	运算且赋值 op 可为下列运算符之一：*、/、%、+、-、<<、>>、&、^、|		←
1	,	顺序求值	表达式	→

说明：

1．表中运算符优先级的序号越大，表示优先级别越高。

2．结合性表示相同优先级的运算符在运算过程中应当遵循的次序。其中符号“→”表示同优先级运算符的运算次序要自左向右进行；符号“←”表示同优先级运算符的次序要自右向左进行。

附录C　C语言中的关键字及其用途

用途分类	关键字	说明
数据类型	char	定义字符型数据
	const	定义一个常量
	double	定义双精度实型数据
	enum	定义枚举类型
	float	定义单精度实型数据
	int	定义基本整型数据
	long	定义长整型数据
	short	定义短整型数据
	signed	定义有符号类型数据
	struct	定义结构体类型
	union	定义共用体类型
	unsigned	定义无符号类型数据
	void	空类型，用空类型定义的对象不具有任何值
	volatile	用于定义可变类型的数据
存储类别声明	auto	自动变量声明
	extern	声明外部变量
	register	寄存器变量声明
	static	静态变量声明
程序控制流程	break	退出本层循环或 switch 语句
	case	switch 语句的分支
	continue	结束本次循环
	default	switch 语句的其他情况标号
	do	do…While 循环的起始标记
	else	if 选择语句的另一个分支
	for	for 循环的标识
	goto	无条件转移语句
	if	二分支选择语句的标识
	return	函数返回语句
	switch	用于多分支选择
	while	while 循环和 do…while 循环的标识
求字节数运算符	sizeof	用于求某类型的字节数
更改数据类型名	typedef	给某数据类型定义一个新名字

附录D　C语言常用语法摘要

1. 标识符

可由字母，数字和下划线组成。标识符必须以字母或下划线开头。大，小写的字母分别认为是两个不同的字符。不同的系统对标识的字符的字符数有不同的规定，一般以 7 个字符为宜。

2. 常量

可以使用：

1）整型常量

十进制常数。

八进制常数（以 0 开头的数字序列）。

十六进制常数（以 0X 开头的数字序列）。

长整型常数（在数字后加字符 L 或 L）。

2）字符常量

用单撇号括起来的一个字符，也可以使用转义字符。

3）实型常量（浮点型常量）

小数形式。

指数形式。

4）字符串常量

用双撇号括起来的字符序列。

3. 表达式

1）算术表达式

整型表达式：参加运算的运算量是整型量，结果也是整型数。

实型表达式：参加运算的运算是实型量，运算过程中先转换成double 型，结果为double 型。

2）逻辑表达式

用逻辑运算符连接的整型量，结果为一个整数 0 或 1。逻辑表达式可以认为是整型表达式的一种特殊形式。

3）位表达式

用位运算符连接的整型量，结果为整数。位表达式也可以认为是整型表达式的一种特殊形式。

4）强制类型转换表达式

用“(类型)”运算符使表达式的类型进行强制转换。

5）逗号表达式（顺序表达式）

形式为：

表达式 1，表达式 2　表达式 n。

顺序求出表达式 1，表达式 2　表达式 n 的值。结果为表达式 n 的值。

6）赋值表达式

将赋值号“=”右侧表达式的值赋值号左边的变量。赋值表达式的值为执行赋值后被赋值的变量的值。

7）条件表达式

形式为：

逻辑表达式？表达式 1：表达式 2。

逻辑表达式的若为非零，则条件表达式的值等于表达式 1 的值；若逻辑表达式的值为零，则条件表达式的值等于表达式 2 的值。

8）指针表达式

对指针类型的数据进行运算。例如，p-2，p1-p2 等（其中 p，P1，P2 均已定义为指向数组的指针变量，p1 与 p2 指向同一数组中的元素），结果为指针类型。

以上各种表达式可以包含有关的运算符，也可以是不包含任何运算符的初等量（例如，常数是算术表达式的最简单的形式）。

4．数据定义

对程序中用到的所有变量都需要进行定义。对数据要定义其数据类型，需要时要指定其存储类别。

1）类型标识符可用

```
int
short
long
unsigned
char
float
double
struct  结构体名
union   共用体名
enum    枚举型名
用 typedef 定义的类型名
结构体与共同体的定义形式为
struct  结构体名
  {成员表列};
union  共用体名
   {成员表列};
```

用 typedef 定义新类型名的形式为

```
typedef  已有类型  新定义类型;
```

如：

```
typedef int COUNT;          /*就是在有 INT 的地方都可以用 COUNT 代替 */
```

2）存储类别可用

```
auto//一般默认
static
register
extren
(如不指定存储类别，作 auto 处理)
变量的定义形式为
```

```
存储类别　数据类型　变量表列;
```

例如：

```
static  float  a,b,c;
```

注意　外部数据定义只能用 extern 或 static,而不能用 auto 或 register。

5．函数定义

形式为

```
存储类别　数据类型　函数名(形参表列)
```

函数体

函数的存储类别只能用 extern 或 static。函数体是用花括弧括起来的,可包括数据定义和语句。函数的定义举例如下:

```
static  int  max (int,int y)
{ int z;
    z=x>y?x:y;
    return (z);
    }
```

6．变量的初始化

可以在定义时对变量或数组指定初始值。

静态变量或外部变量如未初始化，系统自动使其初值为零或空。对自动变量或寄存器变量,若未初始化,则其初值为一不可预测的数据。

7．语句

（1）表达式语句;

（2）函数调用语句;

（3）控制语句;

（4）复合语句;

（5）空语句.

其中控制语句包括:

（1）if(表达式)语句

或

```
if(表达式)语句 1
else 语句 2
```

（2）while(表达式)语句

（3）do 语句

```
while（表达式）;
```

（4）for（表达式 1；表达式 2；表达式 3）

语句

（5）switch（表达式）

```
    {case  常量表达式 1：  语句 1;
```

```
case  常量表达式 2:   语句 2;
case  常量表达式 n:   语句 n;
default; 语句 n+1;
}
```

前缀 case 和 default 本身并不改变控制流程，它们只起标号作用，在执行上一个 case 所标志的语句后，继续顺序执行下一个 case 前缀所所标志的语句，除非上一个语句中最后用 break 语句使控制转出 switch 结构。

（6）break 语句

（7）continue 语句

（8）return 语句

（9）goto 语句

8．预处理命令

```
#define 宏名  字符串
#define 宏名（参数 1，参数 2……参数 n）字符串
#undef 宏名
#include "文件名"（或〈文件名〉）
#if     常量表达式
#ifdef   宏名
#ifndef   宏名
#else
#endif
```

附录E　C语言中最常用标准库函数

标准头文件包括：

<asset.h>　<ctype.h>　<errno.h>　<float.h>

<limits.h>　<locale.h>　<math.h>　<setjmp.h>

<signal.h>　<stdarg.h>　<stddef.h>　<stdlib.h>

<stdio.h>　<string.h>　<time.h>

一、标准定义（<stddef.h>）

文件<stddef.h>里包含了标准库的一些常用定义，无论我们包含哪个标准头文件，<stddef.h>都会被自动包含进来。

这个文件里定义：

类型 size_t　（sizeof 运算符的结果类型，是某个无符号整型）；

类型 ptrdiff_t（两个指针相减运算的结果类型，是某个有符号整型）；

类型 wchar_t　（宽字符类型，是一个整型，其中足以存放本系统所支持的所有本地环境中的字符集的所有编码值。这里还保证空字符的编码值为 0）；

符号常量 NULL　（空指针值）；

宏 offsetor　（这是一个带参数的宏，第一个参数应是一个结构类型，第二个参数应是结构成员名。offsetor(s,m)求出成员 m 在结构类型 t 的变量里的偏移量）。

注　其中有些定义也出现在其他头文件里（如 NULL）。

二、错误信息（<errno.h>）

errno.h>定义了一个 int 类型的表达式 errno，可以看作一个变量，其初始值为 0，一些标准库函数执行中出错时将它设为非 0 值，但任何标准库函数都设置它为 0。

<errno.h>里还定义了两个宏 EDOM 和 ERANGE，都是非 0 的整数值。数学函数执行中遇到参数错误，就会将 errno 置为 EDOM，如出现值域错误就会将 errno 置为 ERANGE。

三、输入输出函数（<stdio.h>）

ANSI C 标准要求在使用输入输出函数时要包含头文件“stdio.h”，使用输入输出函数时，应该在该源文件中使用以下命令行：

```
# include <stdio. h>或# include 'stdio. h'
```

函数名	函数原型	功能	返回值	说明
clearerr	void clearerr（FILE＊fp）;	使 fp 所指文件的错误，标志和文件结束标志置 0	无	
close	int close（int fp）;	关闭文件	关闭成功返回 0；不成功，返回－1	非　ANSI 标准
creat	int creat（char＊filename，int mode）;	以 mode 所指定的方式建立文件	成功则返回正数；否则返回－1	非　ANSI 标准
eof	int eof（int fd）;	检查文件是否结束	遇文件结束，返回 1；否则返回 0	非　ANSI 标准

续表

函数名	函 数 原 型	功 能	返 回 值	说 明
fclose	int fclose（FILE＊fp）;	关闭 fp 所指的文件，释放文件缓冲区	有错则返回非 0；否则返回 0	
feof	int feof（FILE＊fp）;	检查文件是否结束	遇文件结束符返回非零值；否则返回 0	
fgetc	int fgetc（FILE＊fp）;	从 fp 所指定的文件中取得下一个字符	返回所得到的字符，若读入出错，返回 EOF	
fgets	char＊fgets（char*buf．int n，FILE＊fp）;	从 fp 指向的文件读取一个长度为（n-1）的字符串，存入起始地址为 buf 的空间	返回地址 buf，若遇文件结束或出错，返回 NULL	
ftopen	FILE＊fopen（char＊filename，char＊mode）;	以 mode 指定的方式打开名为 filename 的文件	成功，返回一个文件指针（文件信息区的起始地址）；否则返回 0	
fprintf	int fprintf（FILE＊fp，char＊format，args，…）；	把 args 的值以 format 指定的格式输出到 fp 所指定的文件中	实际输出的字符数	
tputc	int fputc （char ch，FILE ＊fp）;	将字符ch输出到fp指向的文件中	成功，则返回该字符；否则返回非 0	
fputs	int fputs（char＊str，FILE＊fp）;	将 str 指向的字符串输出到 f 所指定的文件	成功返回 0；若出错返回非 0	
fread	int fread（char＊pt，un—signed size，unsigned n，FILE＊fp）;	从 fp 所指定的文件中读取长度为 size 的 n 个数据项，存到 pt 所指向的内存区	返回所读的数据项个数，如遇文件结束或出错返回 0	
fscanf	int fscanf （ FILE ＊ fp ，charformat，args，…）;	从 fp 指定的文件中按 for—mat 给定的格式将输入数据送到 args 所指向的内存单元（args 是指针）	已输入的数据个数	
fseek	int fseek（FILE＊fp，long offset，int base）;	将 fp 所指向的文件的位置指针移到以 base 所给出的位置为基准，以 offset 为位移量的位置	返回当前位置；否则，返回-1	
ftell	long ftell（FILE＊fp）;	返回 fp 所指向的文件中的读写位置	返回 fp 所指向的文件中的读写位置	
fwrite	int fwrite（char＊ptr，unsigned size，unsigned n，FILE＊fp）;	把 ptr 所指向的 n＊size 个字节输出到 fp 所指向的文件中	写到 fp 文件中的数据项的个数	
getc	int getc（FILE ＊ fp）;	从 fp 所指向的文件中读入一个字符	返回所读的字符，若文件结束或出错，返回 EOF	
getchar	int getchar（void）;	从标准输入设备读取下一个字符	所读字符。若文件结束或出错，则返回-1	

续表

函数名	函数原型	功　能	返回值	说　明
getw	int getw（FILE＊fp)；	从fp所指向的文件读取下一个字（整数)	输入的整数。如文件结束或出错，返回-1	非ANSI标准函数
open	int open（char＊filename，int mode)；	以mode指出的方式打开已存在的名为filename的文件	返回文件号（正数)；如打开失败，返回-1	非ANSI标准函数
printf	int printf（char＊format，args，…)；	按format指向的格式字符串所规定的格式将输出表列args的值输出到标准输出设备	输出字符的个数，若出错，返回负数	format可以是一个字符串，或字符数组的起始地址
putc	int putc（int ch，FILE＊fp)；	把一个字符ch输出到fp所指的文件中	输出的字符ch，若出错，返回EOF	
putchar	int putchar（char ch)；	把字符ch输出到标准输出设备	输出的字符ch，若出错，返回EOF	
puts	int puts（char＊str)；	把str指向的字符串输出到标准输出设备，将'\0'转换为回车换行	返回换行符，若失败，返回EOF	
putw	int putw（int w，FILE＊fp)；	将一个整数w（即一个字)写到fp指向的文件中	返回输出的整数，若出错，返回EOF	非ANSI标准函数
read	int read（int fd，char＊buf，unsigned count)；	从文件号fd所指示的文件中读count个字节到由buf指示的缓冲区中	返回真正读入的字节个数，如遇文件结束返回O，出错返回-1	非ANSI标准函数
rename	int rename（char　＊old-name，char＊newname)；	把由oldname所指的文件名，改为由newname所指的文件名	成功返回0；出错返回-1	
rewind	void rewind（FILE＊fp)；	将fp指示的文件中的位置指针置于文件开头位置，并清除文件结束标志和错误标志	无	
scanf	int scanf（char＊format，args，…)；	从标准输入设备按format指向的格式字符串所规定的格式，输入数据给args所指向的单元	读入并赋给args的数据个数，遇文件结束返回EOF，出错返回0	args为指针
write	int write（int fd，char＊buf，unsigned count)；	从buf指示的缓冲区输出count个字符到fd所标志的文件中	返回实际输出的字节数，如出错返回-1	非ANSI标准函数

四、数学函数（<math.h>）

ANSI C标准要求在使用数学函数时要包含头文件“math.h”，使用数学函数时，应该在该源文件中使用以下命令行：

```
# include <math. h>或# include 'math. h'
```

函数名	函数原型	功能	返回值	说明
abs	int abs（int x）；	求整数 x 的绝对值	计算结果	
acos	double acos（double x）；	计算 $\cos^{-1}$（x）的值	计算结果	x 应在-1 到 1 范围内
asin	double asin（double x）；	计算 $\sin^{-1}$（x）的值	计算结果	x 应在-1 到 1 范围内
atan	double atan（double x）；	计算 $\tan^{-1}$（x）的值	计算结果	
atan2	double atan2（double x，double y）；	计算 $\tan l^{-1}$（x/y）的值	计算结果	
cos	double cos（double x）；	计算 cos（x）的值	计算结果	x 的单位为弧度
cosh	double cosh（double x）；	计算 x 的双曲余弦 cosh（x）的值	计算结果	
exp	double exp（double x）；	求 e^x 的值	计算结果	
fabs	double fabs（double x）；	求 x 的绝对值	计算结果	
floor	double floor（double x）；	求出不大于 x 的最大整数	该整数的双精度实数	
fmod	double fmod（double x，double y）；	求整除 x/y 的余数	返回余数的双精度数	
frexp	double frexp（double val，int ＊ eptr）；	把双精度数 val 分解为数字部分（尾数）x 和以 2 为底的指数 n，即 $val=x*2^n$，n 存放在 eptr 指向的变量中	返回数字部分 x 0.5≤x<1	
log	double log（double x）；	求 $\log_e x$，即 ln x	计算结果	
logl0	double logl0（double x）；	求 $\log_{10} x$	计算结果	
modf	double modf（double val，double * iptr）；	把双精度数 val 分解为整数部分和小数部分，把整数部分存到 iptr 指向的单元	val 的小数部分	
pow	double pow（double x，double y）；	计算 x^y 的值	计算结果	
rand	int rand（void）；	产生-90 到 32767 间的随机整数	随机整数	
sin	double sin（double x）；	计算 sinx 的值	计算结果	x 单位为弧度
sinh	double sinh（double x）；	计算 x 的双曲正弦函数 sinh（x）的值	计算结果	
sqrt	double sqrt（double x）；	计算 $\sqrt{x}$	计算结果	x 应≥0
tan	double tan（double x）；	汁算 tan（x）的值	计算结果	x 单位为弧度
tanh	double tanh（double x）；	计算 x 的双曲正切函数 tanh（x）的值	计算结果	

五、字符处理函数（<ctype.h>）

ANSI C 标准要求在使用字符函数时要包含头文件“ctype.h”。有的 C 编译不遵循 ANSI C 标准的规定，而用其他名称的头文件。请使用时查有关手册。

如要使用字符函数，应该在该源文件中使用以下命令行：

```
# include  <ctype.h>或# include "ctype.h"
```

函 数 名	函 数 原 型	功　能	返 回 值
isalnum	int isalnum（int ch）;	检查 ch 是否是字母(alpha)或数字(numeric)	是字母或数字返回 1；否则返回 0
isalpha	int isalpha（int ch）;	检查 ch 是否字母	是，返回 1；不是，则返回 0
iscntrl	int iscntrl（int ch）;	检查 ch 是否控制字符（其 ASCII 码在 0 和 0xlF 之间）	是，返回 1；不是，返回 0
isdigit	int isdigit（int ch）;	检查 ch 是否数字（0～9）	是，返回 1；不是，返回 0
isgraph	int isgraph（int ch）;	检查 ch 是否可打印字符(其 ASCII 码在 ox21 到 ox7E 之间），不包括空格	是，返回 1；不是，返回 0
islower	int islower（int ch）;	检查 ch 是否小写字母（a～z）	是，返回 1；不是，返回 0
isprint	int isprint（int ch）;	检查 ch 是否可打印字符（包括空格），其 ASCII 码在 ox20 到 ox7E 之间	是，返回 1；不是，返回 0
ispunct	int ispunct（int ch）;	检查 ch 是否标点字符（不包括空格），即除字母、数字和空格以外的所有可打印字符	是，返回 1；不是，返回 0
isspace	int isspace（int oh）;	检查 ch 是否空格、跳格符（制表符）或换行符	是，返回 1；不是，返回 0
isupper	int isupper（int ch）;	检查 ch 是否大写字母（A～Z）	是，返回 1；不是，返回 0
isxdigit	int isxdigit（int ch）;	检查 ch 是否一个十六进制数字字符（即 0～9，或 A～F，或 a～f）	是，返回 1；不是，返回 0
tolower	int tolower（int ch）;	将 ch 字符转换为小写字母	返回 ch 所代表的字符的小写字母
toupper	int toupper（int ch）;	将 ch 字符转换成大写字母	与 ch 相应的大写字母

注：条件成立时这些函数返回非 0 值。最后两个转换函数对于非字母参数返回原字符。

六、字符串函数（<string.h>）

ANSI C 标准要求在使用字符串函数时要包含头文件“string.h”。有的 C 编译不遵循 ANSI C 标准的规定，而用其他名称的头文件。请使用时查有关手册。

如要使用字符串函数，应该在该源文件中使用以下命令行：

```
# include  <string.h>或# include 'string.h'
```

函 数 名	函 数 原 型	功　能	返 回 值
memcpy	void *memcpy（void *str1，const void *str2，size_t n）	将 str2 指向的内存块内 n 个字符复制到 str1 指向的内存块	返回结果对象的指针
memmove	void *memmove（void *str1，const void *str2，size_t n）	将 str2 指向的内存块内 n 个字符复制到内存中的临时空间，在从临时空间复制到 str1 指向的内存块内	返回结果对象的指针

续表

函数名	函数原型	功能	返回值
memcmp	void memcmp（const void *str1，const void *str2，size_t n）	用于比较str1和str2所指向的内存块中前n个字符的大小，返回比较结果	
memchr	void *memchr(const void *s, int c, size_t n)	查找s所指向的内存块的前n个字符内第1次出现c的地方。	如果找到了c，则返回str1中c的指针，否则返回null
memset	void *memset（void *s，int c，size_t n）	将c复制到s指向的内存块的前n个字符中	返回产生的指针
strcat	char*strcat（char*strl，char＊str2）；	把字符串str2接到strl后面，strl最后面的'\O'被取消	strl
strncat	char *strncat(char *str1, const char *str2, size_t n)	将字符串str2开始的n个字节追加到字符数组str1中的字符串后	返回str1的指针
strchr	Char*strchr（char*str，int ch）；	找出str指向的字符串中第一次出现字符ch的位置	返回指向该位置的指针，如找不到，则返回空指针
strrchr	char *strrchr（const char *s，int c）	返回C所代表的字符在s中最后一次出现的位置指针，否则返回NULL	
strcmp	int strcmp（char*strl，char*str2）；	比较两个字符串strl、str2	strl<str2，返回负数；strl＝str2，返回0；strl>str2，返回正数
strncmp	int strncmp（const char *str1，const char *str2，size_t n）	比较字符串str1与字符串str2前n个字符	返回值与strcmp类似
strcpy	char*strcpy（char*strl，char*str2）：	把str2指向的字符串复制到strl中去	返回strl
strncpy	char *strncpy（char *str1，const char *str2，size_t n）	将字符串str2开始的n个字节复制到字符数组str1中	返回str1的指针
strlen	unsigned int strlen（char*str）；	统计字符串sir中字符的个数(不包括终止符'\0')	返回字符个数
strstr	char * strstr（char*strl，char*str2）：	找出str2字符串在strl字符串中第一次出现的位置（不包括str2的串结束符）	返回该位置的指针，如找不到，返回空指针
strcspn	size_t strcspn(const char *str1, const char *str2)	计算并返回字符串str1中不包含字符串str2中任何字符的起始段的长度，即在字符串str1中查找是否有字符串str2的字符，若碰到有该字符则返回从开始到该字符之前的字符长度	
strspn	size_t strspn（const char *str1，const char *str2）	计算并返回字符串str1中只包含字符串str2中字符的起始段的长度，即当在str1中没遇到str2在str2中的字符时，返回从开始到该字符之前的字符串的长度	
strpbrk	char *strpbrk(const char *str1, const char *str2)	查找字符串str2中任意字符在字符串str1中首次出现的位置	

续表

函 数 名	函 数 原 型	功 能	返 回 值
strtok	char *strtok（char *str1，const char *str2）	对 strtok（）函数的反复调用将使字符串 str1 分解为若干记号，这些记号用字符串 str2 中所包含的字符分开，第一次调用包含 str1 作为第一个参数，而继续划分相同字符串的后续调用将包含 NULL 作为第一个参数，每次调用将返回指向当前记号的指针。如果当调用函数时没有更多的记号，则返回 NULL	

七、动态存储分配函数

ANSl 标准建议设 4 个有关的动态存储分配的函数，即 calloc( )、malloc( )、free( )、realloc( )。实际上，许多 C 编译系统实现时，往往增加了一些其他函数。ANSI 标准建议在“stdlib．h”头文件中包含有关的信息，但许多 C 编译系统要求用“malloc．h”而不是“stdlib．h”。读者在使用时应查阅有关手册。

ANSl 标准要求动态分配系统返回 void 指针。void 指针具有一般性，它们可以指向任何类型的数据。但目前有的 C 编译所提供的这类函数返回 char 指针。无论以上两种情况的哪一种，都需要用强制类型转换的方法把 void 或 char 指针转换成所需的类型。

函数名	函 数 原 型	功 能	返 回 值
calloc	void * calloc(unsigned n． unsign size)；	分配 n 个数据项的内存连续空间，每个数据项的大小为 size	分配内存单元的起始地址，如不成功．返回 0
free	void free(void * p)；	释放 P 所指的内存区	无
malloc	void * malloc(unsigned size)；	分配 size 字节的存储区	所分配的内存区起始地址，如内存不够，返回 0
realloc	void * realloc(void * P． unsigned size)；	将 P 所指出的已分配内存区的大小改为 size，size 可以比原来分配的空间大或小	返回指向该内存区的指针

八、其他功能函数（<stdlib.h>）

ANSI C 标准要求在使用功能函数时要包含头文件 “stdlib.h”。应该在该源文件中使用以下命令行：

```
# include <stdlib.h>或# include "stdlib.h"
```

函 数 名	函 数 原 型	功 能	返 回 值	说 明
rand	int rand（void）；	产生 0 到 32767 间的随机整数（0 到 0x7fff 之间）	随机整数	
srand	void srand（unsigned seed）	用 seed 为随后的随机数生成设置种子值		
abort	void abort（void）	异常终止一个进程		

续表

函 数 名	函 数 原 型	功　能	返 回 值	说　明
exit	void exit（int state）	程序中止执行，返回调用过程。导致程序按正常方式立即终止。status 作为送给执行环境的出口值，0 表示成功结束，两个可用的常数为 EXIT_SUCCESS，EXIT_FAILURE	state:0-正常中止，非 0-非正常中止	
atexit	int atexit（void （*fcn）（void））	正常终止注册函数。可用本函数把一些函数注册为结束动作。被注册函数应当是无参无返回值的函数	注册正常完成时 atexit 返回值 0，否则返回非零值。	
system	int system（const char *s）;	向执行环境传送命令的函数 system。把串 s 传递给程序的执行环境要求作为系统命令执行。如以 NULL 为参数调用，函数返回非 0 表示环境里有命令解释器。如果 s 不是 NULL，返回值由实现确定		
getenv	char* getenv（const char *name）	返回一个指向环境变量的指针。从执行环境中取回与字符串 name 相关联的环境串。如果找不到就返回 NULL。本函数的具体结果由实现确定。在许多执行环境里，可以用这个函数去查看“环境变量”的值	环境变量的定义	name-环境字符串
putenv	int putenv（const char *name）	将字符串 name 增加到 DOS 环境变量中	0:操作成功，-1:操作失败	name-环境字符串
labs	long labs（long num）	求长整型参数的绝对值	绝对值	
div	div_t div（int n, int m）	求 n/m，商和余数分别存放到结果结构体的对应成员里		
ldiv	ldiv_t ldiv（long n, long m）	同 div，参数为长整数		
atof	double atof（char *str）	将字符串转换成一个双精度数值	转换后的数值	str-待转换浮点型数的字符串
atoi	int atoi（char *str）	将字符串转换成一个整数值	转换后的数值	str-待转换为整型数的字符串
atol	long atol（char *str）	将字符串转换成一个长整数	转换后的数值	str-待转换为长整型的字符串
ecvt	char *ecvt（double value,int ndigit,int *dec,int *sign）	将浮点数转换为字符串	转换后的字符串指针	value-待转换底浮点数，ndigit-转换后的字符串长度

续表

函数名	函数原型	功能	返回值	说明
fcvt	char *fcvt（double value,int ndigit,int *dec,int *sign）	将浮点数变成一个字符串	转换后字符串指针	value-待转换底浮点数，ndigit-转换后底字符串长度
bsearch	void *bsearch（const void *key, const void *base, size_t n, size_t size, int（*cmp）(const void *keyval, const void *datum））;	二分法查找函数。函数指针参数 cmp 的实参应是一个与字符串比较函数 strcmp 类似的函数，确定排序的顺序，当第一个参数 keyval 比第二个参数 datum 大、相等或小时分别返回正、零或负值		
qsort	void qsort（void *base, size_t n, size_t size, int（*cmp）（const void *, const void *））;	qsort 对于比较函数 cmp 的要求与 bsearch 一样。设有数组 base[0],⋯,base[n-1]，元素大小为 size。用 qsort 可以把这个数组的元素按 cmp 确定的上升顺序重新排列		

参 考 文 献

何钦铭，颜晖．2012.C 语言程序设计．2 版．北京：高等教育出版社．

李长云等．2011.C 语言程序设计．北京：国防工业出版社．

苏小红等．2013. C 语言程序设计．2 版．北京：高等教育出版社．

谭浩强．2010. C 程序设计．4 版．北京：清华大学出版社．

Al Kelley, Ira Pohl.2007. C 语言教程．4 版．徐波译．北京：机械工业出版社．

Brian W. Kernigham, Dennis M.Ritchie.2001. C 程序设计语言．徐宝文,等译．北京：机械工业出版社．

Gary J. Bronson.2006.标准 C 语言基础教程．4 版．单先余,等译．北京：电子工业出版社．

K.N.King.2007. C 语言程序设计：现代方法．吕秀锋译．北京：人民邮电出版社．

Stephen, G.Kochan.2006. C 语言编程．3 版．张小潘译．北京：电子工业出版社．

Steve Summit.2008.你必须知道的 495 个 C 语言问题．孙云，朱群英译．北京：人民邮电出版社．